本书由人文在线出版基金资助出版

从『有无之辩』走向『自然』之境

——王弼哲学的精神

丁 虎 ◎ 著

人民日报出版社

图书在版编目（CIP）数据

从"有无之辩"走向"自然"之境：王弼哲学的精神 / 丁虎著 . —北京：人民日报出版社，2019.6
ISBN 978－7－5115－5912－8

Ⅰ . ①从… Ⅱ . ①丁… Ⅲ . ①王弼（226－249）—哲学思想—研究 Ⅳ . ①B235.25

中国版本图书馆 CIP 数据核字（2019）第 059295 号

书　　　名：从"有无之辩"走向"自然"之境：王弼哲学的精神
作　　　者：丁　虎

出 版 人：董　伟
责任编辑：刘　悦
封面设计：人文在线

出版发行：人民日报出版社
社　　　址：北京金台西路 2 号
邮政编码：100733
发行热线：（010）65369509　65369527　65369846　65363528
邮购热线：（010）65369530　65363527
编辑热线：（010）65369511
网　　　址：www. peopledailypress. com
经　　　销：新华书店
印　　　刷：廊坊市海涛印刷有限公司

开　　　本：710mm×1000mm　　　1/16
字　　　数：311 千字
印　　　张：22.5
印　　　次：2019 年 6 月第 1 版　　2019 年 6 月第 1 次印刷

书　　　号：ISBN 978－7－5115－5912－8
定　　　价：88.00

目 录
Contents

绪　论

一、近年研究状况总体简述

以现代为限，魏晋玄学与中国哲学的其他学派相比，在研究方面明显表现出相对的滞后性。19 世纪初，魏晋玄学虽得到刘师培、鲁迅等少数学者的关注，但总的来说，还没形成研究的气候。真正较早关注并研究魏晋玄学的当属冯友兰、容肇祖、陈寅恪、钱穆、汤用彤等人，特别是汤用彤先生，其在 20 世纪 50 年代出版的《魏晋玄学论稿》，可谓是中华人民共和国成立以来第一部影响力较大的有关魏晋玄学的研究专著。书中涉及的"体用之辩""言意之辩""名教与自然之辩"等内容基本上奠定了以后几十年来玄学研究的大致框架，而"本末""体用""有无之辩"等内容的提出，"确立了魏晋玄学作为一种本体之学（本体论）在中国哲学史上的学术性质和地位"。[①] 而就王弼个人的研究来说，汤用彤先生认为，就内容而言，"王弼始以本末体用"[②] 为其核心内容；就学说性质而言，王弼之学是"以无为本"的本体论。多年以来，学人对王弼玄学的研究，从根本上说并没有超出汤用彤先生的上述观点与大致的研究视域，不同的只是对部分内容或主题进一步展开研究或深化，但近

---

① 汤一介、胡仲平.《魏晋玄学研究》，武汉，湖北教育出版社，2008：17 页。
② 汤用彤.《魏晋玄学论稿》，北京，三联书店，2009：199 页。

些年的研究又有些新的变化。笔者收集了近二十年来国内外有关王弼研究的相关资料并进行了简要的梳理，内容大致包括以下几个方面。

（1）重要的哲学概念或范畴的研究。关于这方面的内容，在有关王弼的研究中出现的成果最多，可谓不胜枚举，常见的概念或范畴主要有："无""有""本""末""母""子""一""多""自然""名教"等。这方面研究存在的最大问题是，学者对有些核心概念或范畴的内涵理解表现出明显的分歧，而且直至现在也没能达到完全的共识。例如"自然"是本体论的范畴（见高晨阳《儒道会通与正始玄学》）还是仅为事物存在的一种本然的状态（见王晓毅《王弼评传》），学人各有所见。此外，争议比较大的还有"无""道""本""末"等。

（2）从方法论或诠释学的角度对王弼的思维理路进行梳理和探究。这方面的代表作有刘季冬的《王弼诠释老子哲学思想的进路》、高晨阳的《崇本息末：王弼玄学体现的构建方法》、刘笑敢的《经典诠释中的两种内在定向及其外化——以王弼〈老子注〉及郭象〈庄子注〉为例》、田永胜的《王弼思想与诠释文本》等。

（3）注重对王弼思想的研究。例如林东海的《魏晋思想导论》，把魏晋学术思想的新倾向，包括政治思想、人生观、宇宙思想、文艺思想、时代的清谈等尽入其中，虽然林东海没有将上述思想专门地分离到具体哪个人身上，但在每一方面都涉及了王弼思想；韩强的《王弼与中国文化》，从魏晋玄学的文化渊源到玄学与佛教、宋明理学甚至现代新儒家，逐一展开王弼的思想及对它们的影响。

（4）对王弼所注的古代经典进行的专题研究。最具代表性的莫过于德国作者瓦格纳的《王弼〈老子注〉研究》和蒋丽梅的同名著作，以及刘季冬的《儒道会通：王弼〈老子注〉之思想建构》。瓦格纳注重用诠释学的方法对王弼的《老子注》进行分析和"推论性"的翻译，以及对其哲学的核心问题进行分析，并从多种路径呈现其哲学思想所能达到的高度；蒋丽梅则"从文献和义理两方面着手，结合魏晋之际谈玄成风的历史背景，把王弼的《老子注》放在道家系统、儒道互补的系统中加以研究"，分析王弼哲学内容的理论创新，从而更深刻地理解王弼的思想价值及历史地位；刘季冬将王弼的《老子注》置于儒道会通的视域加以研究，通过对王弼哲学核心范畴的考察和梳理，阐发其哲学思想内容和创新拓展，以及学术贡献、存在的矛盾、获得的启示等。

（5）其他方面。例如对王弼玄学思想架构的研究，对前人关于王弼的研究成果进行反思的研究，在西方哲学理论的背景下对王弼哲学的比较研究（如王中江的《"无"的领悟及中西形上学的一个向度：王弼与海德格尔的视域比较》），某一理论观点的研究，如"言意之辨""圣人有情""守母存子""崇本举末""自然与名教"等（见韩国林秀茂的《王弼玄学四题》），由儒道关系展开、侧重王弼玄学的形成和发展的研究等（如高晨阳的《儒道会通与正始玄学》）。

二、对王弼研究的一些不足

综上所述，这些年的研究成果比较丰富，内容涉及方方面面，而且研究的队伍不断扩大。在中国台湾，除了更早些的牟宗三、唐君毅、劳思光等著名学者以外，近些年也涌现出如林丽真、江建俊等一批专门研究魏晋玄学的著名学者［据不完全统计，林丽真个人直接涉及王弼的论著及文章有 20 余篇（部）］。尽管如此，在笔者看来，仅以对王弼的研究来说，有如下几点缺憾。①专著少、专著内容覆盖面窄。在许多著作之中，王弼哲学只是作为魏晋玄学整体研究的一部分，或笼统地把王弼之学融入整个玄学之中，或截取王弼哲学的几个重点方面而谈，缺少对王弼哲学系统的研究。例余敦康的《何晏王弼玄学新探》，研究的问题具有针对性，而非全面性，因此还不能算是全面系统研究王弼的专著；王晓毅的《王弼评传》同样存在类似的问题；韩强的《王弼与中国文化》则非完全研究王弼学术的本身，重点在学术造成的影响，因此，他的研究也有一定的局限性。②细节研究有矫枉过正之嫌。由于王弼哲学本身内在的思想逻辑比较复杂，因此可能由于太注重于某个细节而不能从整体的哲学架构中去把握，得出的结论则有断章取义之嫌（也与占有事实资料的多少有很大关系）。例如有的仅从某个概念或者范畴的本身出发展开研究，同一概念经过反复研究，不同的学人得出的结论却不相同，有的甚至是大相径庭。最重要的是，有些概念放在整个理论体系中，内涵本来是单一而清楚的，但由于研究离开了概念所在的理论环境，概念的内涵反而变得游离或复杂，这种研究不但造成了对概念内涵争议的虚假性，而且也是一种不必要的重复。③与上一点相联系，无论是细节研究还是综合研究，缺乏对重要概念之间关系的重视，或者说在研究某一概念或问题时，缺少了全局性的视域。④研究思路比较单一或者呆板。20世纪三四十年代，正当魏晋玄学研究刚起步时，西方哲学的思想观念亦开始在中国学界广为传播，由于玄学的本身特征与西方哲学的某些观念具有相通或相似性，再加上当时特殊的社会文化背景与学者个体的学养和喜好，自此以后，玄学的研究者在有意无意间受到了西方哲学的影响，很多学人，但凡玄学（又不仅仅是玄学）的一个概念、一种思想，总是想借助西方哲学思维或范畴进行思考和解释，如王弼曾说过天下万物"以无为本"，有人就把这个"本"与西方的"本体论"联系起来，忘记了中国哲学特有的历史文化背景、中国哲学的"本"与西方哲学的"本体"存在很大的差别这一事实，这样做的结果虽然对理解王弼哲学的某一方面有一定的帮助，但就整体而言，阻碍了对王弼思想的整体把握。此外，当前对王弼政治哲学重视有余，对其人生哲学研究则不足。

三、王弼研究的文献综述（以本书研究内容为重点）

有关王弼"无"和"自然"的研究，笔者以时间为序，从20世纪初开始至现在分五个阶段，选取每一阶段具有代表性的学人及论著分别作简要概述及总结。

第一阶段，20世纪初至20世纪40年代。这一阶段可谓是现代中国研究魏晋学术的起始阶段。主要代表人物及代表作有：容肇祖的《魏晋的自然主义》（1928）、汤用彤的《魏晋玄学论稿》（1957）、冯友兰的

《中国哲学史》（1934）、贺昌群的《魏晋清谈思想初论》（1945）、刘大杰的《魏晋思想论》（1939）、陈寅恪的《魏晋南北朝史讲演录》（1947）。

容肇祖在论述王弼关于"自然"与"无"的思想时，用自然主义的天道论、政治论、人生观对王弼的学说进行梳理，认为"王弼的天道观本于老子的自然主义，天地就是自然，无为，无有恩意"。在政治方面，他认为天道无为自然，圣人也可以无为自然而治，这里"无"的作用最大；在人生观方面，他认为人生不必勉强去违反自然，要顺从自然。虽然他也谈到了"无"，但并没有太多的关注。

汤用彤在这个时期对魏晋玄学的研究主要侧重于玄学的思想渊源、方法、性质及发展阶段等内容，其最大贡献是最早提出玄学为本体论，把魏晋玄学的性质概括地称为哲学本体论，不但在当时产生了很大的影响，甚至对现在魏晋玄学的研究也起到了导向性的作用。关于王弼，他在《魏晋玄学流别略论》中指出，王弼的立论"以无为本"，"无"是"无"之本体，为道之全，他所说的体"非一东西，万有因本体而有，超越时空，超越数量，超乎一切名言之别，且体用不二"。这是汤用彤把魏晋玄学作为本体论的主要依据。在"自然"方面，汤用彤借用王弼对《周易略例·明象》的解释"物无妄然，必有其理"，认为"物无妄然"即"自然"，两句连在一起，即是"道顺自然"。另外，汤用彤还把"言意之辨""体用""有无之辩"和"名教与自然之辩"等联系在一起，构成了较为完整的魏晋玄学的内容框架，其中主要涉及的还是王弼的哲学理论。

冯友兰在 1931 年、1934 年出版的《中国哲学史》魏晋玄学部分中，提出的玄学研究的方式、方法、方向等方面内容与汤用彤先生的玄学研究内容构成了自 20 世纪 30 年代以来整个魏晋玄学研究的基础。在论及王弼"无"的问题时，他认为作为天地之"道"的"道体"为"无"，其作用为"无为"，即"道"以"无"为体，以"无为"为用；在社会理想方面，冯友兰认为，"圣人之行事，亦以此为法，圣人法道之'无'，故以'虚'为主，法道之'无为'，故亦以'无为'为主"；在

"自然"方面，冯友兰认为："人用其力，事竭其功，可以尽天人之助。""就人民之自身言，但任人民之自然，人民自能自求多福，无须乎圣人之代谋。圣人法道，'虚'而'无为'，则圣人自身之事业，无失而必成，而人民万物，亦可适其性也。"

贺昌群的《魏晋清谈思想初论》主要谈儒道两家的心性本体论和内圣外王之学，而理论的社会性意义在于成就了魏晋人士的人格之美和本体境界。贺昌群并没有专门就王弼思想而论"无"，只是笼统地说"无"，认为道家的"无"与儒家的"中"都具有本体论的意义。关于"自然"，从其引用《晋书·阮籍传》中"见司徒王戎，问曰：'圣人贵名教，老庄贵自然，其旨同异？'瞻曰：'将无同'"可以看出，贺昌群把"自然"和"名教"之间的关系，用体用一如的方法把"无"和"仁"联系起来，既为魏晋理想的人格境界奠定了理论基础，也为玄学调和儒道关系做了理论上的说明。

刘大杰的《魏晋思想论》主要从自然主义角度把人性分为自然和伦理两个方面，把儒家的人生意义定在以"日近伦理"来完善人格，完善之人就是儒家的理想人格。但魏晋玄学家认为儒家的伦理是对人性的压制和束缚，并日益趋于虚伪，因此，他们的理想人格应以顺应"自然"为最终归宿。而对"无"，特别是王弼之"无"，刘大杰很少有提及。

总之，这个时期魏晋玄学研究所取得的成就，如"无""道""自然"等概念或范畴的性质、意涵、地位方面，以及人生观的境界和理想人格与"无"和"自然"的关系方面，汤用彤提出的"以无为本"的本体论、言意之辩、体用关系以及大部分学者都涉及"名教与自然"的关系方面，已经为未来魏晋玄学的研究奠定了坚实的理论基础。单以王弼的研究而言，尽管这一时期专门研究王弼之"无""自然"等概念的并不多，但20世纪以后对王弼的研究无不以此为思路和范围。

第二阶段，20世纪50年代到70年代。这一阶段研究魏晋玄学的地域分为祖国大陆和台湾地区两部分。此时中华人民共和国刚成立不久，随之而来的是特殊历史时期，大陆玄学的研究明显与时代政治紧密地结合起来，带有强烈的意识形态色彩，其主要代表人物及代表作有：唐长孺的《魏晋南北朝史论丛》（1955）、侯外庐的《中国思想通史》（魏晋南北朝卷）（1957）、任继愈的《魏晋玄学中的社会政治思想略论》《魏晋清谈的实质和影响》（1956）等；在台湾则有被称作新儒学派的学者，他们以弘扬儒学精神为宗旨，主要的贡献在于把"有无"问题与才性问题紧密联系起来，深入研究了玄理（"道""无"等范畴）与人格理想、人生境界等的内在关系，代表人物及著作有：钱穆的《庄老通辨》（1957）、牟宗三的《才性与玄理》（1963）、劳思光的《新编中国哲学史》（1972）、唐君毅的《中国哲学原论》（1973）等。

唐长孺在《魏晋南北朝史论丛》"玄学的形成"一节中认为，在王弼的理解中，"无为本，有为末，但去有也不能体无"；在"自然"与"名教"的关系上，"自然"为本，"名教"为末，"名教"即是"自然"的体现，并用老子的"朴散则为器"说明礼乐刑政等日用伦常就是"自然"的表现，各按自己的规律有条理地相互配合，因此"名教"不可废弃。

侯外庐在《中国思想通史》"魏晋南北朝卷"中认为，王弼哲学是一典型的天人之际学说，他的"自然的拔得"是就纯粹概念而言的，至于"物情不识"则是玄学家内心空虚的表现；在有无问题上，他认为王弼的"无是有的根本，体是数的根本"，"无"是万物发生的本体，是第一理，"无"为功之"母"，"母"为自然无为，子性不能改变其质而为有为；在"道"与"无"的关系上，他认为"无"称之为"道"；在"自然"问题上，他认为"自然"是从发生之义派生出的，"自然"不是物质的，而是绝对的一，是穷极之辞的另一种说法，并认为无为的"自然"是普遍的神。侯外庐对王弼哲学之解的最大特征就是用政治的眼光对待王弼的理论，几乎每一理论都往政治上靠，如在谈到"执一统众"时，认为"一"是宗主，"多""众"是群众，宗主是贵族，是统治阶级的代表，说其是站在统治阶级的立场上对待人民群众。尽管如此，他在分析文本内容时，许多地方还是有其合理性，具有一定的启发意义。

任继愈在《魏晋清谈的实质和影响》一文中，并没有具体展开"有无"的讨论，也没有具体到某个人，只是泛泛地把"无""道"等范畴和"空洞""虚无"联系起来，从政治思想的角度，把它们作为"清谈"误国的理论基础。但在其后编写的《中国哲学史》中，任继愈则从"本末""动静""一多""自然无为"四个方面论证了王弼哲学是"以无为本"的本体论之学，对后来者研究王弼哲学具有一定的借鉴价值。

这一阶段的魏晋玄学研究对于大陆学者来说，虽然意识形态的偏向影响了学术成就，但唐长孺等人自觉地运用历史的方法，在占有充分材料的基础上，以学术研究的严肃态度，还是得出了许多有价值的结论，其运用历史的方法也成为以后研究魏晋玄学经常采用的方法。

在台湾方面，牟宗三在《才性与玄理》一书中，用四章专门谈论王弼哲学，其中用一整章研究"无""道""自然"的问题。牟宗三认为，王弼所说的"有"指的是具体之物事和具体有形的"定体"，概括地说即天地万物的总称，而"无"是天地（"有"）之始，他还具体把"有""无""母""道"之间的相互关系逐一理顺，认为"无形无名是道之'无'性，有名有形是道之'有'性，道之'无'性为天地之始，此是总持地由天地返其始以为本也，即后返地以'无'为天地之始本也。道之'有'性说万物之母也，即向前看有万物之母也"。这里牟把这四者的关系说得非常清楚，"无"和"有"是"道"的两个不同形的性，"无"是"有"之所始，而"母"之所以说是"有"，是对应具体万物之前而言，是万物的逻辑总称。在"自然"概念方面，牟宗三认为，"自然是冲虚境界所透显之自然，非吾人今日之自然世界或自然主义说之自然也，是浮在实物之上而不着于物者，自然界中的物皆是他然，是相依相待而有条件者，而境界上自然既不着于物，则自亦无物上之他然，而却真正是自然"。此"自然"因其空虚而没有时空性，由此可以看出"自然"之特征和性质。在"道"与"自然"的关系方面，牟宗三认为，"自然"规定"道"，"道"以自然为性。例如他在解释王弼"道不违自然，乃得其性"时说："道以自然为性，非道以上复有一层曰自然也，"

"道不是一实有其物之独立的概念，而是一冲虚之玄德，故其本身只是一大自然，大自在。"

劳思光对王弼的评价不是很高，认为王弼的思想，只是以老子之形而上的观念为主要内容，"注《老》时已不能正面接触老子所言之自我境界，注《易》时更不了解《易传》思想之立场，实属贫乏浅陋"。尽管如此，他对其学术的理解也不乏个人的真知灼见。他认为"王弼的思想方向系老子之方向，故基本论点是以'道'为实有，又视'道'与'无'为同一事"，对此他又进一步地解释："实有"不是一"现象"，而是超"现象"的"实有"，在王弼看来就是"无"；在谈到"道"与"无"的关系时，劳思光认为，"道"字乃对"无"之称号，以表示其为普遍规律，即王弼所持之"道"一方面是"无"，一方面是现象共循之规律，此规律是"实有"，但不是"Existence，而是 Reality"；在谈到"道"与"母"的关系时，劳思光认为，所谓的"为其母"，是指"道"在万物存在的过程中，拥有决定作用、支配作用，如同母和子一样；在对待"自然"的问题上，劳思光认为，王弼所说的"自然"概念很模糊，如果说与"有为"相对，那么人的"有为"怎么能够知道它不属于"自然"？人的饮食属于"自然"，则人的智巧之需求，为什么不属于"自然"？人的智性、意志是天然的，为何要灭此活动方算"自然"。另外，"万物各适其所用"是一事实命题还是理想的陈述？如果是事实命题则任何情况都不能说不适其用；而如果是理想命题，则需另建立，而不能从"自然"中得出，所以他认为，"自然"的概念对王弼来说，本身就是矛盾的。

唐君毅在《中国哲学原论·导论篇》"魏晋玄学与名理"部分中，以"名实之辩""名理之辩"和"言意之辨"理论为基础，展开对王弼有关"无"与"自然"等概念或范畴的讨论。他认为，王弼之"无"来源于"言出意者，而得意在忘言"，所以以无名为名之母，王弼所谓的"道""一""无"皆是名言，能表意表理，但都不是指一特定之实物名，也不表特定的实物之理，更不表一客观存在的外在实体。他对"自然"

的解释有别于今之西方科学哲学中所谓的自然，认为其义是"自是其所是，自然其所然之谓"。在"自然"的来源或性质上，他认为，"其言非指外在之对象，而唯表吾人意中之理而已"。而对于其他概念或范畴，如对于"道"，他表示出同样的观点："谓道只可志慕而不可体，即道只为意中之理之谓也。"例如，他认为，人可以用"无"来表示万物的总名，也可以用"有"来表示，甚至就用万物本身来表示，总之，万物之总名只有一个，然人可以用多个来表示，可见，"名之立，初不系于客观之天地万物，而系于人对天地万物之意"。在"道""无""自然"的关系方面，唐认为，王弼把"道"谓为"无之称也"，是因为"特重无之道相者"，也就是说，"无"只是"道"的外在形象或形式。王弼之所以这样说，就是为了突出"道"的无形无相这个特点，即"无"。对于"道"与"自然"，他说："王弼喜以'自然'代说'道'，"而对于"自然"和"道"之义，他认为，"道"只是"自己如此如此之谓"，而"自然"只是物之"如此如此之相"，而非实体，也就是说"无"和"自然"都是在于特别重"道"相，而"为万物之本母或本始之道体，亦如归于寂，而此寂然之境相，亦即成本，此即王弼之'寂然至无，是其本也'之论所出也"。

第三阶段，20 世纪 70 年代末至 80 年代末。这一阶段可以说进入了魏晋玄学研究的繁荣时期，表现在：被"文化大革命"中断的研究得以继续，而且有较多方面的创新；在人才方面许多老一辈的专家学者在此领域有了研究的新视角、新领域，而新的人才不断涌现，真正实现了新老的交替；研究的内容涉及面越来越广，最突出的特点就是更注重人文精神的价值。代表人物及其代表作有：李泽厚的《魏晋风度》(1980)、《中国古代思想史论》(1985)，冯契的《中国古代哲学的逻辑发展》(中)(1984)，庞朴的《沉思集》(1979)，冯友兰的《中国哲学史新编》(魏晋卷)(1986)，汤一介的《郭象和魏晋玄学》，王葆玹的《正始玄学》(1987)，林丽真的《王弼》(1988)、许抗生等人的《魏晋玄学史》(1989) 等。

李泽厚在《魏晋风度》中认为，魏晋思潮最基本的特征就是人的觉醒，他以哲学－美学的视角把王弼的"以无为本""崇本息末""本在无为，母在无名，弃本舍母而适其子，功虽大焉，必有不济""夫物之所以生，功之所以成，必生乎无形，由乎无名，无形无名者，事物之宗也"作为人内在的精神本体，认为人的觉醒"不是外在纷繁的现象，而是内心的虚无本体，不是自然观而是本体论"。在《中国古代思想史论》里，关于王弼的"有无"问题，李泽厚认为，王弼主张的"以无为本"要求人们从繁杂具体而又有限的"末"事中超脱出来，以达到和把握无限的抽象本体，这个真实的本体是任何语言、概念、形象所不能穷尽的，只有体验才能把握。同时李泽厚强调王弼的"有无""本末"之辩主要是从政治的角度来谈论的，因此与其说是"宇宙本体，又不如说是人格本体，玄学实际是用人格本体来概括、统领宇宙的"。也就是说，魏晋玄学的关键兴趣不在于去探索宇宙本源秩序，自然的客观规则，而在于如何从变动纷乱的人世自然中抓住根本要害，这个根本要害归根结底就是要树立一个最高统治者的"本体"形象，王弼的"本末""有无""母子"等概念和范畴就是为了树立政治理想人格而建立。

冯契在《中国古代哲学的逻辑发展》中，关于"有无"问题，认为王弼之"有"指具体的事物，"有"的产生依靠"无"，"无"是本源（本体），他强调不是在天地之前有个"无"阶段，而是任何事物的生成都要靠"无"；在"无"与"道"的关系上，冯契认为王弼的"无"就是"道"，"道"是对"无"的称谓，是原理和法则，而"道"以自身为原因，天地万物是"道"的作用和表现，"道"不是外力，而是一个内在于万物的原因；在"道"和"名教"的关系上，两者是"母"和"子"、"本"与"末"的关系。

庞朴在《沉思集》"王弼与郭象"一文中认为，王弼思想体系的基石是"无"，是"以无为本"的本体论，他把天地万物都看成假象，是第二性的、派生出来的东西，在它的背后，有一个共同的实质，一个不变的第一性、母体的东西，这个东西叫作"无"，天地万物皆从"无"

开始，有"无"产生，靠"无"养成，天地万物是"子"、是"末"，只有那个"无"才是"本"，才是"母"。总之，王弼是用"本末""母子"来解释本体和万物的关系的，凡是事物发生的一切现象，包括社会现象在内，他都宣布为本体发生作用的结果，从而构成一套完整的玄学体系。

庞朴对王弼的研究没有脱离社会政治意识形态的影响，他有时直接把王弼所说的"无"解释为"贵族老爷依靠'无'而高尚，平民百姓依靠'无'而免灾"，其政治色彩可见一斑。尽管如此，庞朴还是从逻辑上论证了王弼"无"存在的必然性。在"无"与"道"的关系上，庞朴认为，王弼所说的"无"就是"道"，也就是本体，"道与之形反也"的"形"指的是万物，就是"有"；在"自然"方面，庞朴以政治的视角把它与"名教"联系起来，把"自然"解释为"天道自然""本体自然"，而把"名教"也看作与具体的事物一样，是本体的体现，这样，"名教"就等同于"自然"，但与"自然"相比，"自然"为本，"名教"为末，"自然"是根本的、第一性的，而"名教"则是派生的、暂时的；在"有无"和"自然"的关系上，庞朴认为王弼本体论上的"有"和"无"，也就是认识层面上的"象"和"意"，在实践层面上被说成"名教"与"自然"。

冯友兰的《中国哲学史新编》（魏晋卷），无论内容还是形式，与前《哲学史》相比都有很大的改动，他把魏晋玄学分为"贵无论"和"崇有论"两个派别，而王弼则是"贵无论"的代表。关于"无"，他认为王弼的"无"就是什么都不是，正因为它什么都不是，所以它才什么都是；关于"有"，他认为"有"为万物之称，但"有"只是个类名，并且是最大的类名，没有任何规定性，没有规定性就是"无"，即抽象的"有"就是"无"，而"无"与"有"则是共相和殊相、一般和特殊的关系。他还认为，王弼的"体无"实际上是一种精神境界，并且王弼是用"辩名析理"的方法把"无"与"有"之间的关系和人的精神境界内在地联系起来的。关于"道"与"无"的关系，与在《中国哲学史》中所述不同的是，冯友兰直接说"无"就是无名无形的"道"。

汤一介在《郭象和魏晋玄学》中指出，王弼哲学的基本命题是"以无为本"，"有"从"无"生，"无"即是"道"，是"有"之本体，"无"为"有"之本体，则本体之种种表现（万有）必反于本体"无"而存在。在对"无"的内涵的理解方面，汤一介认为，"无"不过是没有任何规定性的抽象概念或者说是无任何内容的抽象形式，是无形无名的，是不能说的，但并不是"虚无"，不是不存在，而是事物存在的根据，它超出事物而又离不开事物。在"自然"的问题上，汤一介认为，玄学本来就是想解决"天道"（自然）和"人道"（名教）关系及其统一的问题，王弼讲"反本"、"抱一"，是说要求返回到"道"，返回到本体之"无"，即要求一切事物统一于"无"（本体）。汤一介实际是把"道""无""自然"等同起来，而"道"和"无"是两物一体的关系，不过，他又说："'道同自然'，并非'自然'（本体）本身，同'自然'即同'无'，'道同自然'仍是一种精神境界，"这种精神境界可以通过人的内在超越，即自我身心修养而达到的一种理想的人生境界。

第四阶段，20世纪90年代。这一阶段继续20世纪80年代研究的繁荣局面，研究最主要的成就还是在基本理论方面，部分延伸到人的生命、意义、命运及理想人格和人生境界等实践方向。这一阶段可谓新人辈出，成果丰硕（限于篇幅，仅列举与本书研究相关的学者及其成果），主要有：方立天的《中国古代哲学问题发展史》（上）（1990），余敦康的《何晏王弼玄学新探》（1991），王晓毅的《中国文化的清流》（1991）、《王弼评传》（1996），罗宗强的《魏晋玄学与士人心态》（1991），孔繁的《魏晋玄谈》（1991），唐翼明的《魏晋清谈》（1992），洪修平的《玄学与禅学》（1993），王葆玹的《玄学通论》、戴燕的《玄意幽远——魏晋玄学风度》（1997），刘宗坤的《觉醒与沉沦——魏晋风度及其文化表现》（1997）等。

余敦康在《何晏王弼玄学新探》中认为，王弼哲学以本体论代替了两汉的神学目的论，实现了人类依靠理性直接思考宇宙和人生的重大转变。在社会意义方面，余敦康认为，魏晋玄学就是一种内圣外王之道。

具体到王弼哲学，在"有无"关系方面，余敦康认为，王弼的"有"指的是有形有象的现象，"无"指无形无象的本体，"有"和"无"不仅指自然界的物，还包括社会在内的人事，即把人事也分为本体和现象两个层次，本体即"无"，现象即"有"，而王弼"以无为本"的意思是无形无象的本体乃是有形有象现象产生的根由、存在的根据以及最后的归宿，即对有形有象的存在起着支配和主宰作用。"有"和"无"与"母"和"始"相对应，因而两者是相互联系、不可分离的，同时"无"也是和"体用"联系在一起的，"体"是根本，"用"是由"体"自然发出的实践功能，因而有"体"必有"用"，"体用"不二。在"自然"方面，关于"道"与"自然"的关系，余敦康认为"自然"是对"道"的内涵即对"道"的本性的一种规定，但非凌驾于"道"之上的实体，"自然"和"道"可以合起来说，也可以分开来说，合起来说就是"自然"为一，是支配天地万物的一条总规律。另外，不仅"道"以"自然"为性，而且天地万物也都以"自然"为性，并且认为"道""无""本"都是指"自然"；至于"自然"与"名教"，余敦康认为，二者的关系是在特定时代哲学上升的必然探索。

王晓毅在《王弼评传》中认为，王弼是以形名的方法解读"道"和"无"之名的来源的，老子之所以把宇宙本根取名为"道"，是因为既然名是用来定形的，由于"道"本身无形，也就无法定名，"道"的意思是万物所遵循的原则，属最高层次的称呼，是宇宙本根的勉强称呼；再者，既然宇宙的本根是无形无名的，就无法命名，就是无名，简称为"无"，"道"和"无"是宇宙本根的不同"称"名，也就是说在王弼哲学里，"道"和"无"是同出而异名。在"有无"及"本体"的问题上，王晓毅认为王弼的"无"和"有"包含着两层关系："无"是"有"的生成者，同时又是"有"存在的根据，也就是他说的"以无为本"既有宇宙生成论，又有宇宙本体论的含义。宇宙本体论中的"无"，本也，宇宙生成论中的"有"相当于"母"与"子"，末也。在解释"以无为用"时，他认为，天地万物的运行是靠无形的"本"作用的，这个无形的"本"就是"道"，就是"无"，如果从形名的角度看，可以将有形有名的万物看作"有"，将无形的本体看作"无"，万物是因为各自发挥了内在无形的本体而实现了自己的价值功能。在"自然"方面，王晓毅反对把"自然"与"无"看作是相同的范畴，认为"无"是指宇宙的本体，而"自然"则是指事物在没有人为因素作用下的本来面貌和状态，并从两个方面论述了"自然"的指向：一是用来描述自然界的秩序，认为天地覆载万物，万物之间的相互平衡就是"自然"；二是指向有情思的人类的本能，如人的生理上的"自然"、野鸭和野鹤腿的长短，也是指的自然，如果不能够顺其形名，则会反伤其"自然"。简单地说，"自然"的内容是指万物之间关系的自我平衡和万物存在的状态与本性的体现。在"自然"与"无"的关系上，王晓毅认为，"自然"不是指宇宙本体，而是指事物"自然而然"的状态，"无"是施加作用的主体，无形无为是它的作用方式，"自然"是被施加作用客体的本来状态，万物发挥内在本体"无"的作用完成自身的过程，也是宇宙本体"无"以"无为"顺应万物自然状态和本性的过程。

孔繁在《魏晋玄谈》中，对于"道"和"无"的问题并没有提出太多的新意，他把"道"称作宇宙永恒的本体，而"道"就是"无"；在"有无"关系方面，孔繁认为不但"有"生于"无"，更重要的是"无"是"有"的本原和根本，"有"和"无"的关系是"用"和"体"的关系，"有"的存在和功用是"无"发生的功用，"无"具有普遍性的抽象义，而"有"只具有特殊性。

在这一阶段，我们可以看出学人对王弼哲学的基本观点："无"与"道"是等同的，都是事物内在的本体，或者"无"扮演着生成和本体合二为一的角色；而它们与"自然"的关系是，"自然"不过是它们在生化万物过程中所呈现出的一种非外来干涉下自然而然状态的描述，但也有认为"无""自然""道"是合而为一的，同时他们还认为，"无为"和"自然"也是紧密联系在一起的，没有本体"无"的"无为"，则没有万物生化过程中的"自然"。

第五阶段，21世纪初至今。这一阶段对魏晋玄学的研究可以说空前地活跃，研究的内容涉及方方面面，其最大特点是以玄学为基础，从不同的视角（文学、美学、宗教、文化学、社会学、自然科学等）对魏晋学术的实践意义进行了广泛而又深入的剖析与挖掘，不足之处是真正把玄学整个理论体系作为研究对象的论著越来越少，研究的思路和方法以及基本内容并没有根本的改变或突破。涉及王弼哲学的主要代表作有：高晨阳的《儒道会通与正始玄学》（2001）、章启群的《论魏晋的自然观——中国艺术自觉的哲学考察》（2000）、韩强的《王弼与中国文化》（2001）、康中乾的《有无之辩——魏晋玄学本体论思想再解读》（2003）、田永胜的《王弼思想与诠释文本》（2003）、胡海的《王弼玄学的人文智慧》（2007）、李昌舒的《意境的哲学基础——从王弼到慧能的美学考察》（2008）、蒋丽梅的《王弼〈老子注〉研究》（2012）等。

高晨阳在《儒道会通与正始玄学》中明确指出，玄学的主体是"自然与名教之辩"，玄学的本体论是"有无之辩"。具体到王弼哲学的内容，有关于"无"，高晨阳认为，"无"既不是表示实体的概念或者实物形式存在的概念，也不是一个非存在的概念，而是万物由之而生成的一个特定形态的形而上的概念。在"道"与"有无"的关系上，高晨阳认为，"道"具有"无"和"有"两方面的内容，当道体为"无"时，说明道体乃万物的主宰；当道体为"有"时，说明"道"有成物之用，但他接着又说这种关系可以转换成"无"专指道体，"有"专指物，这时双方的关系就成了本末或体用的关系，或本体与现象的关系。在"无"与境界关系问题上，高晨阳认为，冲虚之"无"只有关联着主观性的心境才有真实的意义，因此"无"在本质上应该是一个关于生命存在的价值性命题，即"道体"，即"心体"。关于"自然"，高晨阳认为，"自然"是一个比"无"更重要、更根本的范畴，他对"自然"的理解是"自然"不是实体，是不为而然，自己而然之谓也，它表示无执无着，任万物自生自化。在"自然"与"道"的关系方面，高晨阳认为，"自然"规定着"道"，"道"本身就是"自然"，"道"以"自然"为性，"自然"即是"道"的内容，在"自然"与"名教"的关系上，以"自然"为本，"名教"为末。

章启群在《论魏晋的自然观》"王弼"一节中认为，王弼的"无"是宇宙万物产生之源，"无"即"无形无名"者，在万物生成以前，并不存在一个实体性的宇宙本原和实体，"道"对于王弼来说只是一个假设，而非实体，"道"实质上也就是"无"，与"无"是一回事。① 可见，有关"无"的问题，章启群并没有跳出前人的观点，只是对"无"的解释稍有不同，认为"无"只是一个抽象的逻辑意义的本体。在有关"自然"的问题上，章启群把王弼的"自然"首先放在与"道"的关系上分析，认为历代对"道"与"自然"关系的看法相近，如"道性自然"（《老子·河上公本注》），"道"纯任自然，自己如此（陈鼓应《老子注译及评介》），道之作用，非有意志的，只是自然如此（冯友兰《中国哲学史新编》）等，而章启群自己认为"道即自然"，非在"道"上还有一个更高的本体，但又说"自然"规定"道"；其次单独看"自然"之义，章启群认为并非完全是"顺其自然""自然而然"，还含有对自然原始崇拜的意味，是对自然力量无可奈何地认可，对事物来说，"自然"是对事物本身内在必然性的肯定（宇宙没有一个超自然的主宰，万物的生成、发展，才能是真正自然而然的）。也就是说，王弼不但以"道"为"自然"，以天地为"自然"，而且以至理为"自然"，以物性为"自然"。除此之外，在"自然"之义方面，章启群还列举了其他一些学者的观点，如汤用彤的"自然，无妄然也"②、楼宇烈的"自然无为，也就是必然"③ 等。在"自然"与"名教"的关系方面，章启群认为，王弼的"名教"和"自然"是一致的，"自然"的含义就是"合理"，根据是"自然"是人的本质或本性，认为这种思想是王弼全部学术的关怀所在。

_____

① 章启群之所以这样说，是根据钱穆说"王弼之说老子，乃主天地万物以无为体，以无为始，此实失老子书之真意"。钱穆的言下之意是老子是以"道"为体，而章启群说王弼的"无"同于"道"不过是在调和钱穆与王弼之间有关"本体"问题看法不一致性的结果而已。

② 汤用彤.《汤用彤学术论文集》，北京，中华书局，1983：238 页。

③ 楼宇烈.《王弼集校释》，北京，中华书局，1980：10 页。

　　韩强在《王弼与中国文化》中，对"有无"和"自然"的问题并没有太多的新意，他仍认为王弼哲学是"以无为本"的思想体系，只是在些细节方面的解释稍有不同，如对"以无为用，不能舍无以为体"，他解释说，并不是说"有"为体、"无"为用，而是"有""无"互为体用，"无"仍然是本体；在"自然"与"名教"的问题上，只是强调它们的理论来源是从"以无为本""崇本举末"的宇宙本体论中推理出来的。

　　康中乾的《有无之辩——魏晋玄学本体思想再解读》是近几年对王弼"有无"问题研究较为详尽的著述，康中乾首先对自 19 世纪 30 年代以来有关王弼"无"的研究至如今的情况进行了较为详尽的梳理，把"无"的性质分为五种：①抽象的一般；②一种共相；③万物的"本始"或生成者；④相当于黑格尔哲学中"纯无"的意义；⑤某种"作用方式"或原理、原则。其内容指自然无为，认为王弼"无"的范畴本身就具有多义性、过渡性和不成熟性，并依此为根据，把"无"的范畴分为三种（五方面）含义：①本体义的"无"；②生成义的"无"；③抽象义的"无"；④功能义的"无"；⑤境界义的"无"。三种是指：本体义、生成义、抽象义，指出三种意义之间的相互矛盾和产生矛盾的内在原因与演化趋向。关于"自然"与"名教"的问题，康中乾仍以政治背景展开，"自然"是玄学家们所主张的"道"，它包括自然观、人生观等方面，认为王弼"名教"出于"自然"的理论旨在为"名教"寻找本体论上的依据，以重建新时期的"名教"的价值观。

　　田永胜在《王弼思想与诠释文本》有关"道"和"无"的问题上指出，"无"并非王弼玄学的核心，且把"无"理解为单一的本体论性质也是有问题的，"无"实际有多种含义而非全部指本体；对"无"与"道"关系的理解也存在误区，"道""无"之间并不存在等同的关系，"无"不过是"道"的一个属性，"无"为"道"之虚无性，"有"为"道"之实存性；有关"自然"的问题，田永胜认为"自然"之义指按照事物本来的特征所表现出物的行为，并不是指本体的"道"或"无"，

"道"不是"自然",也不是用"自然"代"道",对于"自然"与"名教"的关系,王弼主要考虑人的行为内合人的自然性与外合社会的规范性,是本然和应然关系的内在具体表现。

胡海在《王弼玄学的人文智慧》中涉及王弼"无"的问题,胡海主要从中西哲学比较和诠释学的角度,把王弼哲学界定为"无本论",认为"道"和"无"是一致的,本道就是本无。他特别指出,"无"不是一个概念,没有什么确定的内涵,只是一种本体论的精神和意蕴,因此对"无"只能寄言出意的理解或领悟,而不能执着于具体的"有"或人事现象。不过他特别强调,"无本论"不过是其玄学的出发点,而其旨归在于人本主义价值指向。关于"道"与"自然"的关系,胡海认为,"自然无为"是"道"与人本主义联系的纽带,即由自然观转向人生观的桥梁。

李昌舒的《意境的哲学基础——从王弼到慧能的美学考察》在有关王弼"无""道"的概念及其关系方面,观点并没有超出前人,认为"无"是本体论上的本体,"无"代替"道",但在其他方面却有着自己的理解,表现在:①他认为王弼的"自然"不仅有物之性,而且有"道"之性,物之"自然"是自为,而"道"之"自然"是"无为",都是针对物而言。②在"自然"与"无""有"的关系上,李昌舒认为,"自然"是从"有"到"无"的超越,只有"有"反于"无",与"无"同体,才可以进入"自然"状态。从另一方面说,只有"无"与"有"皆进入"自然"状态,才可"无""有"一如。③在"无"的作用和意义上,"无"有两方面的作用:一是"无"使得人的思想获得了解放,心灵获得了自由;二是"以无为本"及"崇本举末"给中国美学带来的重要影响或价值。

最后需补充说明的是,还有一些有关魏晋玄学的研究著作,因为其涉及的主要是正始玄学以后或者说没有涉及王弼哲学内容,或者即使是研究王弼的专题,但与本课题并没有太大的联系,在这里并没有列出。

四、王弼"无"与"自然"研究的简要总结与存在的问题或不足

综上分析可以看到：①大部分学人把"无""道""自然"作为本体看待，但对三者各自的性质学界还有相当大的争议；②对王弼"无"的研究，绝大多数学者都从认知的层面展开；③对"无""道""自然"概念内涵的理解存在一定的差异；④"无""道""自然"三者之间形成相互交错的关系，且情况相当复杂，如相互之间的等同关系、主宰关系、包含关系、先后关系等，这还不包括学人研究得出的本末、体用、一般与特殊、本质与现象等关系的说法；⑤很少有人把这三者放在一起梳理它们之间的关系，当然这里面可能有两者被看作相同的原因。根据上述情况，将梳理出的问题或研究的不足简述如下：

关于"无"的"本体"问题。正确把握"无"的问题是研究王弼哲学的前提和基础。在上述研究得出的结论中，几乎都以本体来处置王弼的"无"，但这里的问题是：在王弼文本中，"无"义并非仅有一个，为什么会出现本体中的多义性？换句话说，在一系统理论中，"无"作为本体之义，为什么还有明显的非本体意义？这种情况允不允许？这些"无"义之间又是什么关系？例如与本体之义相对的"空间""绝对没有"等；被学者引以为据的"以无为本"（见《老子·四十章注》《周易·复卦注》），"本"是否真的具有本体义？与中西哲学本体论中的本体是否存在差异？笔者认为，西方本体论多从认知或知识的角度考察，讲求的是知识的"真"；中国古代哲学多从社会生活的角度考察，欲明白的是一个"理"字，如王弼"以无为为本"中，"无为"显然是指生活中的"理"字，而不是知识中的"真"。另外如果是西方意义上的"本体"之义，而学者常以"有无"与"本末""体用""动静""一多"及"母子"等对举，首先"母子"关系何以成为本体意义上的关系？王弼说"以无为用"，而"无"指的是"本体"，这就是说"体""用"与其他"本末"等并不相对等，有的学者认为王弼所说的"本体"为"道"，这岂不是直接否定了王弼"以无为本"之说？或是证明了"本"

与"本体"是两回事？若如有许多学者所言，认为王弼把老子的"道""无"化了，即以"无"代替"道"、"无"等同于"道"、"道"同"无"等，那么既然是"代替""等同于""同"，这就要求"无"与"道"内含和外延方面须保持一致，"无"具不具备这样的条件？且"道"在王弼哲学中也有着多义性，① 以本体为出发点来看"无"与"道"的关系，这种思维方式本身就有把"道"及"无"的概念内涵单一化的倾向，何况当多义的"无"与多义的"道"相连接时，如何能够使它们匹配一致、恰如其分已相当的困难，且还会引起其他许多方面的理论矛盾或冲突，再者，如果"无"同于"道"，这也证明用"以无为本"概括王弼哲学的特征显然犯了以偏概全之病，并不能表达出王弼哲学根本的实际。上述所有问题皆是由把王弼之学看作"以无为本"的本体论所引发，因此把王弼哲学作为"以无为本"的本体论显然是不合适的。而造成这个局面的根本原因，笔者认为应是研究思路的问题，正如在上文提到的，近些年来，人们对中国古代哲学的研究受到了西方哲学思维模式的影响，总是要以认知为起点，把社会人生的实践建立在它们的基础上，把西方哲学的一些概念或者术语不自觉地用于解释或者比附中国哲学的一些思想观念，对于王弼"无"的研究同样存在类似的问题或缺陷。研究王弼的"无"，一直以自然的物性为视域，由之引出他的政治哲学、人生哲学和社会哲学等，但实际上，中国古代哲学的形成和发展源于人们对社会实践经验教训的总结，来自人内心真实社会生活的体验和对影响到人们生活的自然界的关注，它们总是和社会历史的发展进步紧密联系在一起，是人们对所处历史时期存在的问题的反思，也是社会生活中人们共同遵守的行为规范和价值理想的体现，并非是以自然科学理论作为研究出发点和理论支撑，或者说并不是直接来自对自然界物性

---

① 仅从认知的角度来看，道本身既有生成义，又有本体义。例如王弼《老子·五十一章注》："物生而后畜，畜而后形，形而后成，何由而生？道也；何得而畜？德也；何由而形？物也；何使而成，势也。唯因也，故能无物而不形；唯势也，故能无物而不成。凡物之所以生，功之所以成，皆有所由，有所由焉，则莫不由乎道也。故推而极之，亦至道也。""道"明显具有生成之义与本体之义。

的认识，这已为学术界所公认。换句话说，中国古代哲学的实际生成和存在背景与我们现在研究的逻辑思路正好相反，它是以社会实践经验来认知自然界及其万物的，因此，对自然万物的考察必须以社会人生为背景，而且对自然万物的认知不能完全站在"真"的方面理解，而是将万物之真与人事之理相结合，才有可能较为准确地把握中国哲学的理论思维与精神实质。对王弼"无"概念的理解也应秉承这种思维理路，"无"的多义性内涵不仅仅是对自然万物的认知，更主要的是与人的社会实践相关联。人格是王弼"无"的哲学本质（李泽厚语），而人格无疑涉及人的观念意识及情感，这时再仅以认知的角度来理解"无"很难不出现矛盾或问题，可见重新认识并选择适当的方式研究"无"是必要的。

从王弼哲学的最终价值取向看，并不在对自然万物的认知上，而是在此为基础的实践上。正如上文所言，目前学人大部分把研究的视域重点放在对"无"与物的关系方面，而忽视了"无"与人的关系，或者说只注重"无"的认知，而忽略了"无"的实践意义。实际上，关于认知与实践的关系，王弼本人说得非常清楚："论太始之原以明自然之性，推幽冥之极定罔惑之迷。"如果说"无"表示"太始之原"，用来"明自然之性"是认知层面的，那么"幽冥之极"所呈现的"无"是关于人，用来"定罔惑之迷"则是实践层面的。显然，如果说"定罔惑之迷"是目的，而实现的前提是明"自然之性"，或者更明确地说，后者是前者的实现条件，那么对王弼"无"的研究偏向任何一面都不足以完全理解王弼的思想，因此，有必要改变现在重前者而忽视后者的现象。

从上述对王弼研究的状况看，不但在大的研究方向上存在一定的问题，而且对一些基本或核心概念的理解也存在很大的争议，除"无"以外，对"自然"的理解亦是如此。目前对"自然"解释较为普遍的是自然而然、本然、自己如此、生来如此等，但也有个人独特的见解出现，如楼宇烈的"必然"，杨国荣的"使然""实然"，章启群的"偶然"等。是"自然"本身有那么多内涵，还是人理解的偏向使得"一"变成了"多"？这种多义性对王弼哲学思想的研究有何影响？如何理解才能反映出王弼哲学的本质？这是研究王弼哲学当前必要的工作。

　　研究王弼的"自然"还要涉及另外一个与其联系紧密的概念："道"。关于"道"与"自然"关系，王弼不但有着直接的描述，如他说"信不足焉，则有不信，此自然之道也"①，还有直接的解释②，但学人对其进行研究时，却和对"无"与"道"关系的研究一样，观点各有不同，如认为"道"即"自然"、"道"同"自然"、"道"与"自然"交替使用、"自然"是对"道"性的一种描述，是"道"的属性等。在这种情况下，是不是在王弼思想或理论中两者之间的关系真的如此？如果说前三者勉强被看作同一意思，则后两者却与前者有本质上的区别，而不同关系的理解必然会影响到对其他内容的把握，因此如何处理上述理解的不同，使得对两者之间关系的理解更接近王弼思想的事实，从而更能抓住问题的关键，有益于更好地揭示王弼玄学的真实内涵，正是我们需要进一步要探讨的。

　　在一个系统理论中，既然"无"与"道"、"道"与"自然"互为关系，以逻辑而言，"无"与"自然"之间存在联系应是理所当然的事情，这也与王弼的"论太始之原以明自然之性"，即从"无"到"自然"的主题相一致，可见，如何"论无"以"明自然"，从而把握两者之间关系，是研究王弼哲学的核心与关键，但到目前为止，还没有多少学者真正明确或直接地论述这个问题，当然，表面上看是在研究"无"和"自然"的关系，但严格地说，根据上述逻辑，实际上是研究"无""道""自然"三者之间的关系。从"无"到"自然"是一个动态的逻辑推理过程，而最终的结果是三位一体，归为"自然"，而"道"作为"无"与"自然"联系的中介，同样在研究中占据重要的地位。也就是说，把"无""道""自然"三者作为基础性的概念来研究王弼哲学体系或哲学精神的学人并不多。这三者之间的关系之所以如此重要，是因为王弼哲

① 《老子·十七章注》。
② 见《老子·二十五章注》。

学就是以天道为基础，凭借天道指导人道，或者更为明确地说，王弼是如何在认知上实现自然的人化，在实践中实现人化的自然，以重建社会价值体系的？"无""道""自然"正是这个体系的关节点，它们之间的联系则是体系的大动脉，没有了它们的存在，王弼哲学也就失去了存在的可能，同时抓住三者相互之间的关系也是理解王弼哲学的基础所在。

王弼哲学既可称为贵无之学，亦可称为自然之学，后者多偏倚实践而言，但王弼哲学绝非如现在学人所关注的只有"名教"与"自然"方面的政治意义。自正始以后，虽仍在谈两者之间的关系，如嵇康的"越名教而任自然"，郭象的"名教同于自然"等，但从实践意义看，王弼的"名教本于自然"理论并未产生明显的社会效应（后续者亦如是），其提出的治国思想也从未得到当时统治阶级的重视（东晋以后中国社会动乱与分裂又延续了一百多年，即 420—589 年），因此他的"君道无为"的政治思想也就慢慢地从人们的思想中淡出。但其人生哲学却有所不同，其影响不仅在当时就初见端倪，而且在元康时代得到迅猛发展（并非说是王弼一人的理论功绩），这一点对现实生活中名士的影响可以明显地体现出来，其后逐渐成为文人墨客及仁人志士特有的人格取向和生活态度，并渐积为中华民族的一种固定的心理结构。可见，若以客观事实为准，王弼人生哲学理论的影响力已远远超过政治哲学，但从近几年研究的情况看，现有的研究一般都以阮籍、嵇康等人为重点或起点，王弼的人生哲学被忽略，因此，我们认为对此加以重视是必要的。

仅从本书研究的现有成果及其内容看，就"有无之辩"和"自然"之间关系的研究而言，目前所能掌握的有关研究"有无之辩"的有陈来1991 年发表的《有无之境：王阳明哲学的精神》、康中乾 2003 年发表的《有无之辩：魏晋玄学本体思想再解读》、高新民 2013 年发表的《有无之辩与人生哲学》。前两者仅从书目就可以看出与本书所要研究的内容有着明显的区别，虽然康中乾涉及的也是魏晋玄学的"有无之辩"，但他在题目中明确指出是从本体论的角度对整个魏晋时代的"有无之辩"进行分析，此与本书不但内容不同、角度不同，而且研究的范围也不同。高新民则主要是从宗教特别是从佛教的视域来研究魏晋玄学，相对于整本书中的内容，魏晋部分太少，即使这一小部分也没有具体地展开研究。关于"自然"，最早以"自然"为题作专门研究的当属容肇祖在20世纪30年代出版的《魏晋的自然主义》，他以何、王、阮、嵇、向、郭等玄学家具有代表性的思想为主要内容，系统地评价了魏晋玄学思想积极的方面，但在理论上却没有把"自然"与"有无之辩"联系起来，而章启群2000年发表的《论魏晋的自然观》，虽名为"自然观"，但他主要是从中国艺术的角度考察，严格地说还不能算对"自然观"本身的研究。2011年复旦大学的肖能以与容肇祖相同的题目从行为方式、生活趣味、人格理想、文学艺术等方面展开研究，以求探明自然观的演化过程及其内涵，也非本书研究的范围。由此可以说，把"有无之辩"与"自然之境"放在一起作为王弼哲学研究的内容，就笔者个人知识面而言，暂时还没有发现。另外，关于"无""道""自然"之间的联系，以心性作为三者关系研究的切入点，笔者个人认为，其也是本书研究的一个新视角。

需要特别说明的是，上述问题的不足都不是绝对的，也就是说，并不是前人没有注意到，而是在这方面研究不够或者有缺陷而已。例如就价值取向而言，早在20世纪30年代，汤用彤就已明确指出，魏晋玄学并不在于探索宇宙的本原秩序和客观规则，而是在如何恢复社会秩序、安抚人心方面。此后，李泽厚直接把王弼玄学定义为"人格本体伦"，王晓毅也持类似的看法，但尽管如此，学界对此并没有给予足够的注意，还是多在"名教"与"自然"的关系方面打转，至少在20世纪90年代以前是这种情况。而90年代以后有关魏晋玄学的实践意义，如人生哲学的主题，基本上是以阮籍、嵇康等人为主要研究对象，而单独研究王弼人生哲学的到目前为止基本上寥若晨星。基于以上对文献的综合分析，王弼的人生哲学也是本书研究的重要内容之一。

五、历史对王弼哲学的评价及本书研究的思路

王弼，子辅嗣，山阳高平人①，生于公元 226 年，卒于公元 249 年，年仅 24 岁。对于王弼的评价，无论是对他的学术本身还是其学术思想对社会生活或政治的影响，自当世就褒贬不一。

最早对王弼等人提出批评的是西晋的傅玄，他在《举清远疏》中说："近者魏武好法术，而天下贵刑名；魏文慕通达，而天下贱守节。其后纲维不摄，而虚无放诞之论，盈于朝野，使天下无复清议，而亡秦之病，复发于外矣。"② 而后，范宁则有言："王何蔑弃典文，不遵礼度，游辞浮说，波荡后生，饰华言以翳实，骋繁文以惑世。缙绅之徒，翻然改辙，洙泗之风，缅然将坠。随令人义幽沦，儒雅蒙尘，礼坏乐崩，中原倾覆……王何叨海内之浮誉，资膏粱之傲诞，画魑魅以为，巧不少扁无献检以为俗。郑声之乱乐，利口之覆邦，信矣哉！吾固以为一世之祸轻，历代之罪重，自丧之衅小，迷众之愆大也。"③ 北齐的颜之推批评说："何晏王弼祖述玄宗，递相夸尚，景附草靡，皆以农黄之化在乎身，周孔之业弃之度外。"④ 明末顾炎武竭尽否定的态度也溢于言表："至正始之际，而一二浮诞之徒，聘其智识，蔑周孔之书，习老庄之教，风俗又为之一变。"⑤ 又说："（正始）名士风流，胜于雒下，乃其弃经典而尚

---

① 冯友兰在《中国哲学史新编》中，认为王弼是魏国山阳人（今河南焦作人）（见《三松堂全集》卷九，河南人民出版社 2001 年，第 354 页），冯契也持相同的观点（见《冯契文集》卷五，华东师范大学出版社 1997 年，第 116 页），而王晓毅在《王弼评传》"王弼年谱"中，根据其考证，认为把王弼看作河南焦作人是错误的，而应是山阳高平人，即今天的山东金乡县人（见《王弼评传》，南京大学出版社 1996 年，第 166 页），但随后经其研究，又认为王弼的原籍在山东金乡，却出生和生活在当时的都城洛阳，而死后葬在河南偃师县南三里山阳王氏家族的墓地，也就是说，如果以祖籍而言，他是山东人，而以实际生活地而言则是河南人（见王晓毅．《儒释道与魏晋玄学的形成》，中华书局 2003 年：66—75 页）。这样说似乎亦有它的合理之处。

② （唐）房玄龄．《晋书·傅玄传》，卷四十七，北京，中华书局，1974：1317—1318 页。
③ 《晋书·范宁传》，卷七十五，1984 页。
④ （北齐）颜之推．《颜氏家训集解·免学》，王立器集解，上海，上海古籍出版社，1980：17 页。
⑤ （清）顾炎武．《日知录集释·西汉风俗》，黄汝成集释，长沙，岳麓书社，1994：469 页。

老庄，蔑礼法而崇放达，视其主之颠危若路人然，即此诸贤为之倡也。自此以后，竟相祖述，演说老、庄，王弼、何晏为开晋之始。以至国亡于上，教沦于下，羌戎互僭，君臣屡易，非林下诸贤之咎而谁哉？"还说，"有亡国有亡天下，亡国与亡天下奚辨？曰：易姓改号谓之亡国，仁义充塞而至于率兽食人，人将相食，谓之亡天下"。①

侯外庐对以上批评评价道："清以前各家对清谈的评价，有一点是共同的，即多不究其学术内容，而将之所谓内乱外患相系在一起，以明因果。"② 由上可知，侯外庐所说就学术本身而言并非全部事实，但至少说明了时人认为王弼等人的学术对社会产生了负面影响因而对其否定是客观存在的。

相反，有人对王弼等人及其学说大加赞扬，如南北朝的刘勰评价说，王弼、何晏之学，"师心独见，锋颖精密，盖人伦之英也"。③ 唐孔颖达在对王弼进行评价时说："其传《易》者，西都则有丁孟京田，东都则有荀刘马郑。大体更相祖述，非有绝伦，唯魏世王辅嗣之注，独冠古今。汉儒言易，或流入阴阳灾异之说，弼始倡其义理。"④ 清代的朱彝尊说："汉儒言《易》，或流入阴阳灾异之说，弼始倡义理。"很显然，这是对王弼哲学的肯定；清代的另一位著名历史学家钱大昕则直接对之赞叹有加："自古以经训颛门者，列于儒林，若辅嗣之《易》，平叔（晏字）之论语，当时重之，更数千载不废。方之汉儒，即或有间，魏晋说经之家，未能或先之也。"⑤ 近人章太炎说："周易、论语，辅嗣之注、皇生之义，近古莫能尚也。余说胜义，复更玄远……若夫专家说经者，自有仪法，当如王皇而止。"⑥ 刘师培则从总体上给予魏晋学术较高的评述："两晋六朝之学，不滞于拘墟，宅心高远，崇尚自然，独标远致，

① （清）顾炎武.《日知录集释·西汉风俗》，黄汝成集释，长沙，岳麓书社，1994：470页。
② 侯外庐.《中国思想史》，魏晋南北朝卷，北京，人民出版社，1957：36页。
③ （南北朝）刘勰.《文心雕龙·论说》，北京，人民文学出版社，1957：327页。
④ （唐）孔颖达撰.《周易正义·序》上，北京，中国书店，1987：1—2页。
⑤ （清）钱大昕撰.《潜研堂集》上，吕友仁校点，上海，上海古籍出版社，2009：30页。
⑥ 转引侯外庐等.《中国思想通史》魏晋南北朝卷，第37页。

学贵自得……虽曰无益于治国,然学风之善犹有数端。"① 梁启超虽然在社会学方面对王弼等人有所贬抑,但在学术上却对其作了充分肯定,他说:"若著政治史,则王、何等伤风败俗之罪,故无可假借,若著学术思想史,则如王弼之于《老》《易》,郭象、向秀之于《庄》,张湛之于《列》,皆有其心得之处,成一家之言,以视东京末叶咬文嚼字之腐儒,殆或过之焉。"②

上述评价主要从学术的角度对王弼哲学进行赞扬,而很少涉及其对社会政治方面的影响,今人则从多角度、多层次对王弼哲学进行了较为全面的研究,总体上对王弼哲学表现出积极肯定的态度。③ 例如容肇祖指出:"弼注《老子》既能发明《老子》意旨,使利用《老子》五千文之笼统文义以为奸者失其依托,又注《易》,能打破汉以来的'道士易',扫空一切五行灾异等之说,在当日学说上,自是很大的贡献。"④ 李泽厚评价王弼说:"以天才少年王弼为代表的魏晋玄学,不但远超过繁琐和迷巧,创立做出了巨信的汉儒,而且也胜过清醒和机械的王充。"⑤

笔者认为,作为玄学的开创者或奠基者,王弼虽然只有短暂的人生经历,⑥ 但凭借自己天才般的思辨能力,及其对宇宙人生独特的体悟,

---

① 转引侯外庐等.《中国思想通史》魏晋南北朝卷,第37页。

② 梁启超、章太炎、闻一多等.《国学大师说老庄及道家》,昆明,云南人民出版社,2009:4页。

③ 但同样也存在不同的观点或看法:劳思光对王弼的评价则有褒有贬,但主要以否定为主,认为"王弼解老,大体与老子本义相近,解易则属张冠李戴,强以老子观点说《易》,不了解《易传》思想之立场,严格论之,实属贫乏浅陋",但又说"王能避开谶纬象数、阴阳五行、祥瑞灾异,而独取形而上学立场,以说《易》及《老子》,亦可不谓是有独立思想能力者"。(见劳思光.《新编中国哲学史》卷二,广西师范大学出版社,2005:142页。)田永胜也认为王弼注老"既没有提出新的概念,也没有发展《老子》的本有概念,其作注的思想与《老子》的整体思想基本相似"。(见田永胜.《王弼思想与诠释文本》,光明日报出版社,2003:91—94页。)

④ 容肇祖.《魏晋的自然主义》,北京,东方出版社,1996:29页。

⑤ 李泽厚.《美学三书》,合肥,安徽文艺出版社,1999:90页。

⑥ 劳思光因王弼年轻而认为其学术贫乏浅陋,未必能站住脚,古人自幼习读史书典籍,许多甚至达到会背诵的程度,即使按王弼读书20年计,如果再加上天资聪慧等天然条件,并非不可能达到很高的水平,现代国际上著名大学的教授年龄最小也有没有超过30岁的。

在 17 岁时，其玄学思想就已初步形成，① 18 岁开始注释《老子》《周易》，在这之后的短短几年里，完成了其玄学思想的构建，形成了自己较为严密的理论体系，为魏晋玄学的形成和发展做出了基础性的贡献，在中国哲学史上亦占据了重要的地位，因此，王弼哲学的学术本身价值是不容置疑的，以此为基础，在社会生活与政治层面，王弼以注《老子》《周易》《论语》为理论背景，② 试图以一种新的解读方式，在尊重理性，崇尚自然的基础上，紧紧抓住时代精神脉搏，从哲学的高度寻找治理社会的有效途径，这也是学术最终的价值取向。从他对《老子》《周易》和《论语》作注的情况看，前者注重对"无"的阐发，后者则注重对"有"的理解。如果说王弼以"无"喻天道，以"有"喻人事，那么他的真实目的则是推天道以明人事，为当下建立正常合理的社会秩序、平复人心之危、重塑人格理想提供了形而上的理论，这也符合儒学传统中贵族的个体"内圣"是成功维系整个氏族民众生存秩序"外王"理念的另一种体现方式，因为原始儒家认为，"王"是圣自然发展的必然结果，只要是能够达到圣人的人格修养，就可以成为一国之君，就如荀子说"圣者尽伦，王者尽制"，又说"非圣人莫之能王"。③ 从原始儒家看，儒家注重的是个体人格的养成及理想人格圣者目标的实现，圣者为有资格称王者提供一个人格判断上的标准。从另外一个角度看，君王

---

① 见《三国志·魏书》卷二十八《钟会传》注引《王弼传》；王晓毅.《王弼评传》，南京，南京大学出版社，1996：364 页。

② 对王弼学术的理解还应该放在更宽广的理论视域中去对待，如在王弼《老子注》或《周易注》中，很多的地方都可以见到直接或间接引用《庄子》中的思想，甚至是直接的语言，同时也能够看到其受黄老学派思想的影响，如《管子》《淮南子》《列子》中的一些观点。

③ 《荀子·正论》；李泽厚先生认为："从原始社会后期到西周以至春秋时代，一直延续着氏族政治的传统，即群体命运经常取决于首领们的才德，所以在那里，道德常常就是政治。"（见李泽厚.《中国思想史论》，安徽文艺出版社，1999：274 页）李泽厚的这一观点在《论语》中可以得到证实。子贡曰："如有博施于民而能济众，何如？可谓仁乎？"子曰：何事于仁，必也圣乎！尧舜其犹病诸？"（《论语·雍也》）这一段可以倒过来理解：只有统治者有仁德或圣的品格，才能"博施于民而济众"，才能统治好国家，即才能称得上"外王"，王弼显然有此思路，但实际的内容和实行的方式又与原始儒家有所不同，下文具体的论述对此皆有所体现，此处暂不展开。

的圣者品质也间接为侯王提供治国之道的基础，其核心是通过君主的"无为"以"消解对人民过多的控制与干涉，给百姓以更多的生存空间，以使社会恢复并保持和谐与秩序"。[①] 由此看来，治国原则的制定、可行性及多大程度上得以执行与统治者自身的人格品质有着很大的关系。（在中国古代，君王的权力具有绝对性，其任何言行都可以被上升到国家法律层面或当作最高指令来理解。）因此，治国理念的产生与君王的"修身"有着极其重要的关系，就如陈鼓应所说："道家三派（老学、庄学、黄老学派）所关注的范围，不外乎治身及治国两个方面……治国与侯王个人之品质有密切的联系，故治国亦须以修身为依据。"[②] 换句话说，治国必须以"修身"为前提，但就个体的修身而言，无非是提高个体的心灵境界。[③] 之所以如此，"中国传统哲学的主流派认为，人的心灵从根本上说是完善的，自足的"[④]，是老子说的"心德"、庄子说的"真心"、孟子说的"心性之善"等。在这个意义上的"修身"就是"修心"，而"修心"不过是使得个体的感官活动能够"涤除玄览"而不外驰，即保持内心的虚无以达到清明之境而使得常德不离。经过这样的"修身"，人的内心因"虚无""清明"而达到了自然的状态，此时的心上通"天道""天德"，因为自然之心与世界原本是相通的——"只心便是天"；而下通世间万物，"尽之便知性"[⑤]，人格修养达到与天德合一的"至人"，即最高的人格品质与人生境界。王弼亦认为"与天地合德，乃能包之，如天之道。如人之量，则各有其身，不得相均，如惟无身无私乎，自然然后乃能与天地合德"。[⑥] 虽然这种圣人品格的实现还只是一种理想，但在王弼看来，在生活实践中，虽不能"与天合德"，但人们可

①　陈鼓应.《道家的人文精神》，北京，中华书局，2012：15页。

②　同上，5页。

③　蒙培元先生认为："中国哲学的根本任务是提高人的心灵境界。"蒙培元.《心灵超越与境界》，北京，人民出版社，1998：63页。

④　同上，68页。

⑤　（宋）程颢、程颐.《二程集·程氏遗书》，卷二上，北京，中华书局，1981：15页。

⑥　楼宇烈.《王弼集校释》，《老子·七十七章注》，北京，中华书局，1980。（以下《老子注》皆引该书）

以通过主观的努力做到"无心"，即内心"无私""无欲"，以便能够"应物而不累于物"，人生活在社会之中，心却可以不被外在社会事务所限制而变得无拘无束，形成自由开放的个性品格，人也会因精神境界的提升使心反哺人格品质之身。可见，从表面上看，似乎王弼哲学是在给君王提供治理国家的为君之道，但从实践层面的实际意义上看，其真正的价值在于它延续了中国传统儒家文化注重个体人格品质塑造的价值取向，并在吸取儒道两家思想精华的基础上将实践的方法或途径具体化。具体来说，王弼通过心性的修养而形成的"应物而不累于物"的思想已经深深融入了中华民族每一个士人或知识分子的血液里，内化并积淀为人们的一种心理结构，成为中华儿女塑造优秀人格品质的重要途径之一。

在对王弼哲学的研究中，"自然"与"名教"的关系被看作其哲学实践意义的核心所在，① 许多学人认为，王弼通过调和儒道之间的差异，在学术上为儒学提供新的理论依据，以挽救儒学颓败的趋势，在实践层面提出"无为"的政治思想，为君主提供具体的治国方略，后者可谓是王弼哲学最终的目的所在。且不论"自然"与"名教"的关系是否为王弼哲学思想的核心，但由于学人过于注重其政治哲学的意义而轻视了其他层面实践意义的存在，也产生了对许多问题理解或看法的片面性，只看到其思想理论所带来的负面效应而忽略其积极向上的一面，或是将本来并不完全属于其理论造成或至少不是直接造成的后果亦算到了王弼玄学的头上。例如有人认为晋朝的官员或名士多"薄综世之务，贱功烈之用，高浮游之业，卑经实之贤"，使得"世俗放荡，不遵儒术，口谈浮

---

① 关于"名教"与"自然"的关系及在玄学中的地位，也有着不同的声音。王晓毅认为，"'名教'与'自然'的关系只是学术界约定俗成的学术归纳。魏晋时期除嵇康《释私论》中有'越名教而任自然'一句外，查遍何晏、王弼到阮籍、郭象的著作，都不见如此使用。应当说'名教与自然'这一学术主题是后人从当时的各种论题中总结提升的玄学主题，而圣人及其心性问题是玄学家关注、讨论的，频率高于所有论题。"对于王晓毅的这一观点，笔者非常赞同。（见王晓毅.《儒释道与魏晋玄学的形成》，2003：335 页。）

虚，不遵礼法，尸禄耽宠，仕不事事"①，皆是"贵无"或"清谈"惹的祸。这些对少数人或社会现象产生的负面影响掩盖了王弼哲学思想在弘扬优良社会风气特别是对人个性及品质塑造的正面作用，甚至掩盖了王弼原先设定的政治目的，至于以后的"王衍之徒，声誉太盛，位高势重，不以物务自婴，遂相放效，风教凌迟"② 并不是玄学精神实质的体现，与王弼代表的正始玄学并没有直接的关系。不过，也正是学人在这方面对王弼不正确的批判，证实了王弼哲学并不只关注政治，其对社会人生的影响或意义也非同一般。遗憾的是，到目前为止，真正系统或独立研究王弼人生哲学的学者可谓寥寥无几。

上述理解的偏差，直接导致了对王弼哲学基本观念或范畴的把握不同，因为任何一门学说都具有其整体性、系统性，对它任何一方面的理解偏差都将会影响到对其他方面内容的理解，这里包括对王弼哲学核心概念"无""道""自然"等的认知，而"无"又是它们之中的重中之重，因此，正确理解"无"的内涵及其属性，是研究王弼哲学的起点和基础。

而在一定意义上说，当前对这些概念研究存在争议最多的也莫过于"无"了，对于王弼"无"的研究状况与存在的问题我们在上文中已经给予了综合分析，虽然有些学人已经注意到了这些问题，也作了些有建设性的探索和研究，如有学者为了化解把王弼哲学的性质称为"以无为本"的本体论所带来的矛盾，称之为中国式的本体论③，但这并不能从根本上阐释"无"的内涵，只能把本来已经很模糊的东西变得更加似是而非。

上述事实说明，随着对王弼哲学认识的不断深入，作为玄学始基的"无"不但具有重新被审视的必要性和空间，也是当今王弼玄学研究的

---

① 《晋书·裴頠传》，卷三十五，北京，中华书局，1974：1044 页。
② 同上，第 1044 页。
③ 康中乾.《有无之辩——魏晋玄学本体论思想再解读》，北京，人民出版社，2003：134 页。

根本或前提。

总之，王弼哲学在学术上为中国哲学思维的发展开启了智慧之门，在中国哲学发展史上占据重要的地位，在实践层面上促使了人性的觉醒和思想的解放，对构筑中华民族独特的人文品质起到开创性的作用，尽管其理论还可能有不足或罅隙，但总体而言应是值得肯定的，这一点从其学说成立开始就已得到学人的肯定，也在清代以后对王弼的研究中得到了证实（非常时期除外）。至于在其学说存在的过程中人们为什么会对其有那么多的误解或批判，笔者个人认为，除去社会政治等外在的因素外，就学术本身而言，还是没能抓住王弼哲学的根本思维理路与实践的价值取向，而要真正做到这一点，必将其学说放在整个系统的视域中，正确理解核心的概念和范畴，理顺理论思维方法，抓住各个概念或范畴之间的逻辑关系，这也是研究任何一门学术的前提和基础。正如张立文先生所说："一个时代的思潮或一个哲学家的理论思维体系，是由若干概念（范畴）来表达的，是由诸多相互联系、相互作用的范畴间的逻辑序列或结合方式构成的，范畴作为人类体认过程中的网上扭结，显现着对象的规定性和联系性，是对于理论思维发展的内在逻辑和外在必然的把握。"① 且从时代的层面说："任何概念范畴都有它出现的世纪，它是时代思潮的精华的概括，又与时代思潮交织在一起，与时代同步，并打上时代的印记。"② 因此，对王弼哲学几个核心观念的分析又应是多角度多层面的。③

---

① 张立文.《中国哲学逻辑结构论》，北京，中国社会科学出版社，2002：11 页。
② 同上，第 87 页。
③ 从内容上看，王弼哲学一般被学人称为"贵无"之学，与"无"在其哲学思想中的核心地位有着密不可分的关系；从其整个哲学体系看，"道"与"自然"在其哲学思想的构成中同样占据着重要的地位，它们的重要性会随着论文内容的展开逐步地显现出来；从形式上看，"无""道""自然"等概念几乎相互交错在王弼文本的始终，虽然王弼哲学被称为"贵无论"，但据不完全统计，"无"在文本中出现的次数，除去否定性的意义之外，远远低于"道"，而与"自然"几乎持平；从文本的文字的关系上看，这三者的关系也是相互交叉、相互联系的，所以我们这里有一个预设，三者皆为王弼哲学的重要或核心概念，这也与我们的论题基本上是契合的。

第一章　简论中国哲学"无"概念的起源及基本内涵

第一节　"无"的概念在哲学中的地位及对中国哲学"无"的概念的历史追溯

对于"无"的范畴在哲学方面的重要性，海德格尔是这样说的："追问无的问题既是必要的，又是必然的，没有这样的问题，就没有形而上学。"① 他对此解释说："若'无'以任何一种情况成为问题，那就不仅是此种对立关系获得了更明确的规定，而是此对立关系才唤起人们提出追问者的在这一真正的形而上学问题。"② 海德格尔这是就一般哲学意义对"无"作出的判断；而就中国哲学而言，高新民认为："在以中国和印度为轴心的东方哲学中，'无'一直是主流哲学中的中心话题之一。"③ 柳田圣山则把东方哲学说成是"无"的哲学；④ 具体说到中国哲学的"无"，牟宗三说，不仅道家、佛家讲人生的功夫、境界之"无"，而且"儒圣亦不能违背于此主观功夫上的无的智慧"，讲主观功夫上

---

① ［德］海德格尔．《形而上学导论》，熊伟、王庆节译，北京，商务印书馆，1996：24 页。
② ［德］海德格尔．《形而上学是什么》，熊伟译，《存在主义哲学资料选集》，北京，商务印书馆，1997：358 页。
③ 高新民．《有无之辨与人生哲学》，武汉，华中师范大学出版社，2013：625 页。
④ ［日］柳田圣山．《禅与中国》，北京，三联书店，1988，序言第 1 页。

"无"的境界，它是"任何大教、圣者所不可免者"。① 由此看来，"无"作为王弼哲学核心概念的出现是顺理成章、不足为奇的，而我们研究王弼的"有无之辩"不仅能对王弼哲学或魏晋玄学本身的发展起到作用，而且对整个中国哲学乃至世界哲学也具有一定的普遍意义。

对概念的地位或意义的认知与把握，是建立在对概念的实质和规定性有着较为准确理解的前提或基础上的，对"无"亦是如此，必须对"无"的基本含义、内容、性质、涉及的范围及表现方式等进行有效的界定，才能正确领会基于"无"的概念而提出的命题或思想导向。这样一来，欲深入理解王弼的"无"，对"无"基本的语义及作为哲学概念的历史内涵做一考察就成了必然，正如杨国荣先生说："追溯概念的原始语言形态或原始语义无疑是重要的。"②

关于"无"的原始语言形态或原始语义，最早见于许慎的《说文解字》："无，亡也，无声。无，奇字无，通于元者，虚无道也。王育说，天屈西北为无。"③ 刘翔认为，许慎从"无"与"元"之间的字形关系得出"无，通于元者，虚无道"，实在是一种"臆测"，并把现代人庞朴对其的进一步发挥看成"析字游戏，不可信据"④。他认为"无"最早是作没有之义的，而在殷代卜辞记录里，只有"亡"具有词义，不过并非是"无"，因此，表达"没有"之义的"无"最先只能是汉字"亡"，所以追溯"无"的"没有"之义只能从"亡"开始，当然，这也反映了刘翔对许慎前半部分解释的认同及许慎解释的逻辑可循性。而《说文解字》中对"亡"的解释是："亡，逃也，从入，从乚。凡亡之属皆从亡。"刘翔从西周金文的字形上分析，认为"亡"字的形像刀，在刀的上面加一点，则表示本来完好的刀刃上由于钝而亡失，而由此延伸出的意念就是

---

① 牟宗三.《才性与玄理》，长春，吉林出版集团有限责任公司，2010，原版自序一。
② 杨国荣.《存在之维——后形而上学时代的形上学》，北京，人民出版社，2004：3 页。
③ 许慎.《说文解字》，北京，九州出版社，2001：745 页。
④ 刘翔认为："'无'与'元'之字形不类，且元字语义与有无之意思悬远不相及。'无'当是由'無'的形体省变隶化而来。"（见刘翔《中国传统价值观诠释学》，第 238 页。）

与经验性的"有"相对应的"无"。庞朴虽然赞成许慎所说的"无"通"亡"字，且读音相同，但又认为从字的结构上把"亡"解释成"无"只是汉代人的一厢情愿①，而他自己认为在甲骨文中"有"字的原形是人的右手，如果把"有"字去掉一半，那就成了甲骨文中的"无"字，用"有"去掉一半表示没有，就是原来有，现在没有了，"这就是'无'，这就是逃亡的'亡'，这与《说文》'入于乚'没有关系"。庞朴、刘翔的诠释与汉代人《说文解字》的解释未必正确，但说"无"通"亡"的结论在古代的经典中倒可以得到证实，如《诗经·邶风·谷风》中有"何有何亡，黾勉求之；凡民有丧，匍匐救之。"《论语·八佾》中有"夷狄之有君，不如诸夏之亡也。"这里的"亡"皆通"无"，都是与"有"相对的"无"。

上述还只是从语言本身的角度对"无"的来源及内涵进行分析，实际"无"的概念的形成也可以从人们的日常生活中寻找到它的本原，"无"的另一种写法"無"就是在感性经验的基础上通过抽象的思维而形成人意向性的"虚无"观念。

从殷代卜辞上看，"無"是"舞"字的初文，"象形，象人两手各执舞具而舞之状"。② 之所以如此说，是因为"無"在殷代本身就表示舞蹈之义，如"王無"，说的就是殷王跳舞。后来"無"成了用舞蹈进行祭祀的一种仪式，如"贞：我無，雨"，大致的意思就是我用跳舞的方式进行祭祀，可以求得降雨吧。③ 而到西周金文时，从"無"中真正衍生出"舞"字，"舞"又演变回"無"，含义也随之回到了有无之"无"，但此时的"有无"不仅是经验中实存方面的有无之意，而且逐渐扩展到人精神上的一种意念。

此外，有人从早期的历史典籍推断，认为是从古代宗教意识形态中

---

① 庞朴的解释是："乚字上面加个入字，就是"入于乚"。本来有个东西，先入于乚了，入于隐蔽状态，就是"无"了。这个解释，就是汉代人自说自话。"亡"字绝对不是"入于乚"。（见庞朴《谈玄说无》，光明日报 2006 年 5 月 9 日第 5 版）。

② 刘翔．《中国传统价值观诠释学》，第 247 页。

③ 同上，248—249 页。

的鬼神中孕育出"无"的概念的，只是与其他不同的是，这里的"无"最初是指鬼神的"有形""无形"，后经哲学思维，借助形名学由形象思维蜕变为抽象的概念思维。这种说法也不是没有根据，且在哲学意义上也有这方面的思想或内容。①

第二节 "无"的基本哲学内涵

上文我们对"无"的概念进行了简要的梳理，但正如杨国荣所说："追溯概念的原始语言形态或原始语义无疑是重要的，它有助于理解有关概念的历史内涵，但如果仅仅以原始的词义界定概念本身，则似乎难以把握概念的复杂性和丰富性。起源常常与日常或具体知识层面的用法相联系，但日常的语词在成为哲学概念或范畴以后，总是沉淀、凝结了更为深沉、丰富的含义。"② 下面我们就把"无"放到具体的语境中分析它的基本内涵。

在中国哲学史上，"有无"作为哲学意义上的范畴是从老子开始的。在《老子》一书中，老子首先用"有无"的问题来探索宇宙中天地万物的本源及其存在方式，以此为对应点，落实到社会人生上，形成以"有""无"来表现人的价值观念。换句话说，老子的"无"包括了两个层面的问题：一是认知意义上的"无"，一是实践层面上的"无"。就前者而言，《老子》开篇就说："无，名天地之始，有，名天地之母。"在具体的天地万物之前，老子承认有"无"的存在，它相对于具体之物而言，

---

① 郑开认为，鬼神的无形直接或间接地刺激了最初"有""无"观念的形成，因为考诸早期的"有""无"的辞例，就是"有形""无形"之意。并举《庄子·庚桑楚》中"鬼"实出于"以有形者象无形者"，《中庸》中的"鬼神""视之而弗见，听之而弗闻，体物而不可遗"来说明"古人已经认识到鬼神属于无形的存在"。（见郑开《道家的形而上学研究》，宗教文化出版社，2003：38 页。）

② 杨国荣.《存在之维》，北京，人民出版社，2005：3 页。

但并不是没有，如他说："天下万物生于有，有生于无。"① 老子还用不同的名称指代"无"，如在《老子·十四章》中，他说：

> 视之不见，名曰夷；听之不闻，名曰希；搏之不得，名曰微。此三者，不可致诘，故混而为一。其上不皦，其下不昧。绳绳今不可名，复归于无物。是谓无状之状，无物之象，是谓惚恍，迎之不见其首，随之不见其后。执古之道，以御今之有。能知古始，是谓道纪。

"夷"为"隐"之义，"希"为"暗"之义，"微"为"无"之义，此三者就感性而言浑然一体，难以穷究而为之"一"。由于其无形无相，不可名状，故言为"虚无"，而这种"虚无"或"一"的变化发展过程，老子称为"道纪"，可见，"无""道""一"实际指的是一回事，只不过"无"在于对"道"的描述，"一"是从整体上把握或指代"道"。在此之外，"无"在不同的地方表示出不同的含义，但总体上张岱年将其概括为三种：一是指个体物中空虚的部分，二是指个体物在未有之前与既终之后的情况，三是指超越一切个体物的最高本原。② 可以看出，张岱年所说的"无"的含义仅就认知层面而言，但实际上老子的"无"不仅具有认知层面的含义，而且指向人的精神层面，用于指导人的社会实践。《老子·四十三章》中说："无有入无间，吾是以知无为之有益。不言之教，无为之益，天下希及之。"这里，老子把"空无"的"无间"性转化为人之实践上的"无为""不言"，以达到其"有益"与"教化"的目的，这样，老子就实现了从认知层面的"无"向实践层面的"无"的自然转化。在转化的过程中，可以发现，他是利用了"无"的特征所能发挥的功能而实现其转化的，所以如果把认知上的"无"看作"本

---

① 《老子·四十章》。
② 张岱年.《中国古典哲学概念范畴要论》，北京，中国社会科学出版社，1989：73页。

体"的话，那么实践意义上的"无"其实就是"用"，即一般所说的"体用"合一。

总之，老子的"无"的概念，不但具有多重的称呼，而且具有多重的内涵，因此把"无"理解为其中某一种含义是与老子思想不相一致的。

如果说老子认为天地万物是以"无"为开端的，那么庄子却不这样认为。以庄子看，"无"并非世界之始，"无"与"有"是相对的："因其所有而有之，则万物莫不有；因其所无而无之，则万物莫不无。知东西之相反而不可以相无，则功分定矣。"① 对于世界的起源，庄子同样表现出与老子不同的观点和态度，他说：

> 有始也者，有未始也者，有未始有夫未始有始也者。有有也者，有无也者，有未始有无也者，有未始有夫未始有无也者，俄而有无矣，而未知有无之果孰有孰无也。②

这说明在庄子看来，追溯世界本原以寻求最终的实体或标志物是无法实现的、徒劳的，或者说，用"有"与"无"的概念是难以表现出天地万物的本原之在的。

在《管子》一书中，"无"所体现出的哲学意义总是首先和"道"相联系，《心术上》中说："虚无无形谓之道，化育万物谓之德。"又说："天之道，虚其无形，虚则不屈。"③ 无论是化育万物之道还是"遍流万物而不变"之道，都以"虚无无形"的方式呈现在人感性的视野里，因此就其外在形式上，"道"即"无"。有时"无"还作为与具体有形之物相对的意义，《心术上》说："无之，则与物异矣。异则虚，虚者万物之始也。"这里"无"则直接被视为万物之始的存在形态，就如刘向所释：

---

① 《庄子·秋水篇》。
② 《庄子·齐物论》。
③ 《诸子集成》第五卷，《管子校正·心术上》，北京，团结出版社，1996年。

"有形生于无形也。"① 在实践层面，"无"则用于指向人心："人者，立于强、务于善、未于能、动于故者也，圣人无之。"② 就是说人必然有较强的意志才能有所立，有了善心才能成人，能力尚未成熟者，必须用心方能成之。这就证明，人之所为一定有其"故"者。这里的"故"就是指人的"意志""善心""用心"，因为有了思想意识，才能具体指导人的行动，但圣人却"无之"，圣人之心以天下人之心为心，显然，这里的"无"是相对于人之有心而言的，所以，刘向说的圣人之"无""谓无宰物之心也"。③ 圣人如此，其他人如何呢？"君子之处也若无知，言至虚。其应物也若偶之，言时适也，若影之象形，响之应声也。故物至则应，过则舍矣，舍矣者，言复所于虚也。"④ 在管子看来，修道在贵因，因则不能为，因此，他说："以无为谓之道。"人只有在无心时才能无所为，可见上述所谓"无知"非是没有认知，⑤ 而是指心中没有个人的主观意志，是相对于个人的主观意志而言的。

《淮南子》有关"有无"的问题似乎是延续庄子的《齐物论》而来，在《淮南子·俶真训》中说：

> 有始者，有未始有有始者，有未始有夫未始有有始者。有有者，有无者，有未始有有无者，有未始有夫未始有有无者。⑥

与庄子所言的"有""无"又有所不同，《淮南子·俶真训》说的

① 《管子校正·心术上》，第 684 页。
② 《管子·心术上》。
③ 《管子·心术上》。
④ 《管子·心术上》。
⑤ 安乐哲解释说："'无知'实际上意味着没有某种由本体论存在决定的知识，这些知识假定现象背后有某种不变的本体。"又说："'无知'是对每一适逢现象'道德'关系的一种领会，提供的是对'德'这特定焦点及其所释场域'道'的认知。"（参见安乐哲、郝大维著，何金俐译《道不远人—比较哲学视域中的老子》，学苑出版 2004：49 页。）安乐哲不但回答了"无知"非真正之无，而且指出了"无知"的本质。
⑥ 《诸子集成》第七卷，《淮南子·俶真训》，北京，团结出版社，1996：46 页。

"有有者，言万物掺落，根茎枝叶，青葱苓茏，萑蔰炫煌，蠉飞蠕动，蚑行哙息，可切循把握而有数量。"① 这里的"有"是指可感知的具体之物，而"有无者，"视之不见其形，听之不闻其声，扪之不可得也，望之不可极也，储与扈冶，浩浩瀚瀚，不可隐仪揆度而通光耀者。"② 相对于有形之物，这里的"无"不过是超越了感性思维而已，就"有""无"本身而言，它们是不具有万物本原之义的，这从对"有未始有夫未始有有无者"一句的解释中可以看出来：

> 天地未剖，阴阳未判，四时未分，万物未生，汪然平静，寂然清澄，莫见其形，若光耀之间于无有，退而自失也，曰："予能有无，而未能无无也。及其为无无，至妙何从及此哉！"③

由此可知，万物之本原是不能用"无"来表达的，这一点又与庄子的结论存在类似之处。

在《淮南子》中，指万物本原的仍然是"道"，《淮南子·原道训》中说："夫道者，覆天载地，廓四方，柝八极，高不可际，深不可测，包裹天地，禀授无形。"④ "道"不仅具有创生义，还具有绝对的本体义。《淮南子·天文训》中说："道始于虚廓，虚廓生宇宙，宇宙生气，气有涯垠，清阳者薄靡而为天，重浊者凝滞而为地。"⑤ "虚廓""无形之貌"，"道"以"无"的形态存在于万物之前，具有绝对性、超越性，但却是实存的。由此可见，无论是创生义还是本体义，"道"总是以"无"的形式给予人的感性存在，因此，虽然《淮南子》中并没有说"无"为万物之本原，但"道"的"无形""虚廓"似乎对万物存在与发展的理解仍然是"无"为本、为始，"有"为末、为终，循环往复运行的。

---

① 《诸子集成》第七卷，《淮南子·俶真训》，第46页。
② 《淮南子·俶真训》，第46页。
③ 同上。
④ 《淮南子·原道训》，第31页。
⑤ 《淮南子·天文训》，第58页。

上述三家，虽然还不能完全代表先秦时期"无"的哲学含义，但从实际来看，至少能够反映出"无"的基本意义，可以说这些意义从根本上成为中国古代哲学"无"的观念的基石，此后并没有太大的超越。

第三节　王弼"无"与"自然"概念的
时代学术背景

一、魏晋时期的"有无"之义

东汉王朝的灭亡实际已宣布了"天人感应"论失去了在政治、社会实践中的核心地位，而道家天道无为的思想从来都没有退出过历史舞台，只是在政治的高压下由显至隐而已。当这种政治的外在强制力环境变得宽松的时候，道家理论的自身特点与社会实际需要的相互作用必然会使得其学术思想由隐而显，这一点首先在魏晋初期玄学的创始人之一何晏的身上体现出来。何晏在其《道论》中说："有之为有，持无以生，事而为事，由无以成。夫道之而无语，各之而无名，观之而无形，听之而无声，则道之全焉。"[①] 显然，何晏已经完全抛弃了万物由一个人格化的神主宰的思想，而把天道与自然之物、人间之事与"无"联系起来，这里的"有"泛指客观事物的总体，也指相对于具体自然之物在人事方面实际现象的显现，它们之所以能成物、成事而成为"有"，当以"持无"和"由无"。换句话说，"有"与"无"紧密相连，"无"虽然无形无相，但对于"有"来说，是万物由来的根源。但"无"又是什么呢？在何晏看来，"道之而无语"，"无"无法用语言作恰当的描述，"各之而无名，观之而无形"，"名"是用来指"实"的，但"无"不是具体之物，无形无象，因此亦无名。正因为它无名无象，不固定指向任何具体

---

①　杨伯峻.《列子集释·天瑞篇》张湛注引，中华书局，2012：10 页。

之物，才能涵盖万物，对物如此，对人事亦如此，所以何晏最后得出的结论是"道之全焉"，就是说，是"无"成就了"道"，也可以反过来看，"无"体现了"道"的基本特质，不过是不是如后人理解的"无"同于"道"，何晏并没有给予明确的说明。不过从其论题称为"道论"及其所论内容上看，无论是论"道"还是论"无"，他的理论明显是建立在道家学术思想的基础上或受道家思想的影响而形成的，这一点在魏晋时期其他的史料中也可以得到证实，而且被学人所公认，但他与王弼一样，在论"道"时更注重对"无"的阐发，所以时人称其"贵无"是有道理的。

对于何晏、王弼等人的"有无"之论，裴頠明确表示反对他认为由于"形器之故有证，空无之义难检"，结果是"巧辩之文可悦，似象之言足惑"，而有些人"因谓之虚无之理，薄综世之务，贱功烈之用，高浮游之业，埤经实之贤，人情所殉，笃夫名利，于是文者衍其辞，讷者赞其旨，染其众也。是以立言籍于虚无，处官不亲其所司，奉身散其廉操，故砥砺之风，弥以凌迟。放者因斯，或悖吉凶之礼，而忽容止之表，渎弃长幼之序，混漫贵贱之级"。① 针对这些"高名于世，口谈浮虚，不遵礼法，尸禄耽宠，仕不事事"的状况，裴頠认为皆是由何晏等人的"贵无"思想所造成的，因此写成《崇有论》，从理论上对"贵无"思想进行驳斥，以便"疾世俗尚虚无之理、矫虚诞之蔽"，他说："夫至无者无以能生，故始生者自生也。自生而必体有，则有遗而生亏矣，生以有为己分，则虚无是有之所谓遗者也。"② 裴頠讲的"有"指的是具体的"有"，即具体的事物，"无"则指相对于"有"的否定，或者称作绝对的没有，这样的"无"并不能作为万物之根据，万物的产生是物之自生。需要指出的是，虽然"无"不能生有，但并不代表裴頠不承认

---

① 《晋书·裴頠传》卷三十五，北京，中华书局，1974：1045 页。
② 同上。

"无"的存在，①　毕竟客观的事实是自然界的万物的确从无到有，但他认为，"无"是没有，是不存在，是有的"所遗者"，和有形世界是完全对立的，不可能"无中生有"；"有"一旦产生和存在，"无"就是相对"有"而存在，当"有"消失的时候，"无"又作为消失的状态，对"有"存在时在本质上没有任何意义。由此，裴頠说："济有者皆有也，虚无悉益于已有之群生哉。"裴頠对王弼的"无"理解的正确与否暂且不说，从裴頠的言论之中可以发现，在认知方面，与王弼的"有""无"概念或范畴在具体的内容上存在一定的矛盾或不可通约性。裴頠反对"贵无"，强调"崇有"，其目的也不是获取有关万物的自然知识，而是有着明确的政治目的，因此，他所指的"有"不仅仅是自然界中的物，还包括了世间由人事产生的各种非物质的现象，如政治、经济、文化等活动，也就是说，"不仅山河大地是'有'，政治人伦、道德教化也是'有'"②，但是，证明万物的自生而非生于"无"，最多只能克服人虚无的思想，并不能消除人们对现实存在的合理性认可，且自然万物是自生而成，人事这种现象也是如此吗？与万物的自生有什么关系？在裴頠看来，既然万物是自我生成，那么它们的存在就是合理的，否则就不会自生，但为什么自生的就一定是合理的呢？再者，如果说现实存在就是合

---

①　《晋惠帝起居注》中说："（裴頠）著《崇有》、《贵无》二论。"（《三国志·魏书·裴潜传》注引），但《晋诸公赞》言（裴頠）"疾世俗尚虚无之理而著崇有二论"（《世说新语·文学》注引），似乎是说《崇有论》有两篇，而不是说有《崇有》《贵无》两篇。今人汤一介认为裴頠的确曾经著有《贵无论》，虽已遗失，但其借《资治通鉴》中《崇有论》中的一段话，认为裴頠《贵无论》存在，而且能够大致了解到"贵无"的思想主旨"可能包含两方面的内容：一方面承认有一个'无形的世界'（无），另一方面却把这'无形的世界'架空，有形世界产生之后，无形世界对有形世界就无意义，无形世界被有形世界抛弃了，而有形世界就独立运作。"汤一介引用的这段话如下："夫万物之有形者，虽生于无，然生以有为己分（原注："物之未生，则有无未分；既生而有，则与无为已分矣"），则无是有之所遗者也。"（原注："遗，弃也。"参见汤一介《郭象与魏晋玄学》，北京大学出版社，2000：127页）；冯友兰则表达了不同的看法，他认为既然裴頠反对"贵无"，就不可能著《贵无论》，"贵无"可能是后人所加，而"二论"中的"二"字可能是"之"字之误。（参见冯友兰《中国哲学史新编》第四册，《三松堂全集》卷九，河南人民出版社，2001：415页）认为，无论裴頠有没有作《贵无论》，并不否认其承认"无"的存在，它和"贵"应该是两回事。

②　汤一介．《郭象与魏晋玄学》，北京，北京大学出版社，2000：133页。

理的，为什么当下的社会还会出现各种不和谐的现象呢？对此，裴頠并没有给予进一步的解释或说明，这些问题反而被后来同样反对"贵无"思想的郭象一一作出了自己的理解，从这一点上看，似乎郭象是接着裴頠讲，而不是另起炉灶。

郭象与裴頠一样，反对何晏等人的"无中生有"说，他的学说也可以被看作"崇有论"。他对"无"的理解似乎和裴頠并没有根本的区别，认为"无"就是没有，就是不存在，既然是不存在的东西，怎么可以生成"有"呢？他说："夫造物者有耶无耶？无也，则胡能造物哉？"① "生物者无物，而物自生耳。自生耳，非为生也，又何有为于己生乎？"② 这里的"无"同样以与人主观相对的具体存在为出发点，作为没有实际存在的理解，如果是实际存在则不能叫作"无"，而"无"如果能生有，那"无"一定是"有"，而非"无"，"若无能为有，何谓无乎？一无有则遂无矣，无者遂无，则有自欻生明矣。"③ 从另外一个角度说，郭象眼中的"有"应该是具体存在的事物，非但"无"不能生"有"，"有"也不能变为"无"，这一点与裴頠有着根本的不同。他说："非唯无不得化而为有也，有亦不得化而为无矣。是以夫有之为物，虽千变万化，而不得一为无也，不得一为无，故自古无未有之时而常存也。"④ 这段话不但再次说明了"无"的非实在性，而且认为尽管万物变动不居，"有"却是无始无终、绝对存在的，"无"不能生"有"。郭象还认为，"有"也不能生出具体的物，"有也，不足以物众形。故明众形之自物，而后始可与言造物耳"。⑤ "有"既然是具体之物，则任何一具体之物都无法满足其他的众物之形，它只能代表其个体。那么"有"是怎样产生的呢？郭象也意识到了这个问题，他说："无既无矣，则不能生有；有之未生，又不能为

---

① 《庄子·齐物论注》，郭庆藩．《庄子集释》，北京，中华书局，2012。（下引关于郭象的《庄子注》皆出此书，不再注明）
② 《庄子·在宥注》。
③ 《庄子·庚桑楚注》。
④ 《庄子·知北游注》。
⑤ 《庄子·齐物论注》。

生，然则生生者谁哉？"① 当然，这只是郭象的自我设问而已，在他的心中早已有了答案："夫有之未生，何以为生乎？故必自有耳，岂有之所能有乎？此所以明有之不能为有，而自有耳，非谓无能为有也。"② 进一步说，就是"上不资于无，下不待于知，突然而自得此生矣"③，即"独化"。这样郭象就回答了裴頠在"无"不能生"有"的情况下"有"的来源问题。需注意的是，裴頠承认"无"的存在，只是"有"一旦存在之后，"无"对"有"就没有任何作用了；郭象则认为"无"就是"无"，就是绝对的不存在，与"有"根本没有联系。不过，同裴頠一样，郭象的"有""无"也不仅指认知层面的，而且包括实践意义上的，如他说："无则无所能推，有则各自有事。然则无事而推行事者谁乎哉？各自行耳。"④ 再如，他说："唯无而已，何精粗之有哉？夫言意者，有也；而所言所意者，无也，故求之于言意之表而入乎无言无意之域，而后至焉。"⑤

由之，郭象的"无"可以分为认知和实践两个层面，前者以存在为内容，后者以人的思想境域为根基。但需要指出的是，认知层面的"无"又包含两层含义：一是绝对的无或空；二是虚无，不是绝对的没有，而是形式上的非有非无，就如郭象自己所言，"玄冥者，所以名无而非无"。之所以可以被称为"无"，一是人类靠感性无法认识或辨别"玄冥之境"；二是，玄冥本性就是无形的，它潜在于各个物体之中，只有凭借物的种种展现才能了解其存在。

总的说来，对于魏晋时期的何晏、裴頠、郭象等人，他们理论的共同之处是从具体存在的角度来表述"有"和"无"的关系，但他们之间的区别也是明显的：何晏认为"无"不但是"有"的根本，而且是万物存在和发展变化的原则；而生活在何晏、王弼之后的裴頠、郭象，以

① 《庄子·齐物论注》。
② 《庄子·庚桑楚注》。
③ 《庄子·天地注》。
④ 《庄子·天运注》。
⑤ 《庄子·秋水注》。

何、王为批判对象①，从创生的角度看待"贵无"思想，即"有"被看作客观世界的具体存在，是对具体之物的肯定，而"无"则是绝对的没有，因此"无"不能生"有"，这是他们否定"贵无"理论的核心所在；而裴頠与郭象相比，两者也有所不同，裴頠的"崇有论"是针对"贵无"思想在社会上造成的危害性而发的，关注的是理论的结果，而不是理论的本身，所以难免显现出对对方理论理解的有些肤浅或者有诸多不完善的地方，可以说，裴頠的《崇有论》对玄学发展的贡献并不大，最多只能起到过渡作用。但郭象的"独化论"不但回答了裴頠"崇有论"许多没有回答的问题，而且使得"崇有论"得到进一步的发展和完善，魏晋玄学也因郭象理论的存在达到了发展的最高峰，郭象也因此名声鹊起。《世说新语·文学》注中的《文士传》中说："（象）慕道好学，托志老庄，时人咸以为王弼之亚。"这一方面说明了郭象的学术渊源和在玄学中的重要地位；另一方面也可以看出，王弼与郭象在学术上必然存在某种内在的联系。郭象的"自生""独化"说是针对王弼、何晏等人的"无"而言说的，"自生"或"独化"的本质就在于否定万物非"无"而生，是对何、王"本无"思想的扬弃和超越。

虽然何、王的"贵无"与裴、郭的"崇有"在对万物的认知上有着根本的区别，但他们的价值取向却是"殊途而同归，百虑而一致"，以万物本性为出发点，王弼"论太始之源以明自然之性，演幽冥之极以定惑罔之迷"。② 而郭象则"通天地之统，序万物之性，以达生死之变，而明内圣外王之道。"③ "明内圣外王之道"与"定惑罔之迷"在本质上是

---

① 严格地说，除何、王以外，具有"贵无"思想的还有夏侯玄，其为"名重士林，为太和浮华分子的领袖和正始玄学的推动者。"（见程宇宏、夏当英《道家与中国哲学》，人民出版社 2004：45 页。）《三国志·魏志·夏侯玄传》注引《魏氏春秋》中说，其"著乐毅、张良及本无、肉刑论，辞旨通远，咸传于世"。关于"无"，张湛《列子·仲尼篇》注引夏侯玄的话说："天地以自然运，圣人以自然用，自然者，道也。道本无名，故老氏曰强之为名。""道本无名"，因为"道"无形无相，所以被称作"无"，但不是真的没有，否则天地就无法以其为运作规律了。因此夏侯玄也是"本无论"者，也应是裴頠、郭象等反驳的对象。

② 《王弼集校释·老子略例》。

③ 《庄子注·庄子序》。

一致的，皆以社会的和谐发展为目的，因此，对郭象哲学作一较为准确的理解和反思无疑对研究王弼哲学具有积极的意义。

二、魏晋时期佛教的"有无"之义

佛教起源于印度，大约从西汉末年就已开始在我国民间传播，佛教经籍于公元150年左右在洛阳就有了多种译述，但"佛教经典之译文，本多是外国人习中文后所为，其运用词语，已多不合中文习惯，且皆属直译，每有谬误或欠通之处"。[①] 而且也只是在部分区域或民间传播，影响并不是很大。到了魏晋时期，佛学在官方逐渐流行开来，学习和研究的队伍也迅速壮大。作为一种外来的宗教，为了易于中国人接受其思想，得到封建统治者的允许和支持，佛教不得不融入中国固有的思想文化之中，而当时正值玄学盛行，"佛学的中国化首先表现为玄学化"，最明显的原因就是翻译佛教典籍的"西晋名僧多半依附老庄以谈佛理"[②]，也就是说，当时佛学的存在是依附于老庄思想的，至少是老庄思想更多影响到佛学的思想，因此，"从中国吸收佛教的过程上看，道家玄学在前"。[③] 而老庄思想正是魏晋玄学的理论基础，玄学又为时下的显学，这样，佛学在翻译和传播的过程中难免会渗入玄学的理论或受其影响，而不是相反。[④] 退一步说，即使佛学在这个时期已经开始传播，虽然适逢文化自由的时代，但由于历时太短，佛教没来得及进入玄学之士的精神视野之中，只被看作下层俗士平常所作的把戏，这一点也可以大致说明

---

① 劳思光.《中国哲学史新编》卷二，桂林，广西师范大学出版社，2005：196 页。

② 同上。

③ 牟宗三.《中国哲学十九讲》，上海，上海古籍出版社，1997：141 页。

④ 但王晓毅认为，"早在东汉后期，小品般若《道行经》已译出"。所译般若经中宇宙本根的缘起性空观念与何晏的《无名论》中"无所有"概念相当，因此得出结论，"何晏玄学理论在孕育过程中曾受到佛教的刺激，其宇宙哲学出现了既不同于传统也不同于佛教的本体论的变形"。显然，王晓毅主要的意思是何晏的哲学思想受到了佛教的影响，但笔者认为，简单把两者之间的相似类比作为两者之间的联系，且说的也比较模糊，这在理论上是缺乏说服力的，因此并不可信。何况，即使如上所说，何晏以"潜在的，以社会环境为背景的方式"受到佛教的影响，但与王弼则未必有必然的联系。见王晓毅.《儒释道与魏晋玄学的形成》，中华书局，2003：4 页。

上述问题。虽然佛教在这个时期对玄学来说是一缺失，但道安作为佛教的中心人物，在制定戒律、推动佛教的传播等方面仍做了大量的工作，特别是在对佛教释义、改正译文等工作中采取的仍是"格义"之法，用道家的观点诠释佛教的理论。这样，道安及其各家易被玄学或道学所浸染也应是顺理成章的。

从时间上看，道安生于公元312年，卒于公元385年，而何晏在公元249年遭司马懿杀害，王弼也于同年病死，因此，道安所代表般若学的思想不可能影响到何晏、王弼，只可能是被何、王影响，且"在王弼、向秀、郭象的时代，般若学还没有进来"。[①] 因此，关于"有无之辩"，我们选择离王弼哲学最近的道安等人的思想进行简单的梳理和介绍，目的是通过窥一斑而知全豹的方式从他们相关的思想理论中反观何、王的思想（本书只选取与"有无"相关的理论）。

在本无宗里，吉藏说："释道安明本无义，谓无在万化之前，空为众形之始，夫人之所滞，滞在末有，若托心本无，则异想便息。"[②] 这里"无"与"空"是一回事，"有"或始于"无"，或始于"空"，"无"是万物之本，但"无"不是从本体意义上说的，而是与具体存在相对而言的，因为很明显，"无"是相对众形，是物之具体，因此，"无"也应指万物存在的最初形式。从这一点来看，其与老子的"有生于无"有类似之处。即使道安把"无"看作"空"，老子学说中也曾出现过类似的内容，如《老子·六章》中说："谷神不死，是谓玄牝，玄牝之门，是谓天地根。"所以道安的思想受到道学的影响是有一定根据的，但在万物的本质问题方面他却与老子有着根本的不同，他把自然界及人世间都看作是虚无的，而现存的"有"不过是现象或者表象，本质上万物万事皆空，因此他说，"有"是心之所滞的假象，一旦心"无"则"异想便

---

① 牟宗三.《中国哲学十九讲》，第141页。所以说笼统地说"道家老子与佛家般若均为汉晋谈玄者之依据"并不十分准确。参见高新民.《有无之辩与人生哲学》，武汉，华中师范大学出版社，2013：626页；汤一介.《汤用彤选辑》，天津，天津人民出版社，1995：233—234页。

② （隋）吉藏.《中论、北论、十二门论》上，《中观论疏》卷二，上海，上海古籍出版社，2011：136页。

息"，这时的"无"不再是万物的"有无"，而是心的"有无"。

在心无宗中，吉藏说，"心无者，无心于万物，万物未尝无。此释意云：经中说诸法空者，欲令心体虚妄不执，故言无耳"。① 此"无"单独指心之"无"而与物无涉，心不执着于外物而心中呈现的"无"，即心"虚无"。不过，这里的"虚无"不是心中无任何意识，而是人的一种精神状态，或者说"无"是人心的一种境界。与本无宗不同的是，心无宗虽然人若保持着心"无"，对外物不能有所执，但却承认外物的存在，不是把事物看成完全虚妄的。

在缘会宗中，吉藏说："于道邃明，缘会故，有，名为世谛，缘散故，即无，称第一义谛。"② 佛教讲因缘和合，世间万物"有"皆是因缘和合而生，如果"缘散"，万物将不再存在，则变成"无"，第一义谛指的是至高无上圆满的真理，有时也称本性、本心、真心、真我等，但由于认为一切诸法皆是虚假，或称万法皆空，因此名为世谛的本义是"有"即是"无"，"无"即是"有"，但在实际上，佛教也承认"有"即"世谛"的存在，而且"世谛"无不受"缘会"的支配而来，而且会随着"缘会"散而回到"无"。

从上述对"有无"的分析可以看出，道安及其他派别不仅受道家思想的影响，而且受玄学理论的启发，如在本无宗中，"无"作为万物无形之始，"有"作为具体万物之思想，王弼有同样的思路和观点，他说："凡有皆始于无，故未形无名之时，则为万物之始。"③ 心无宗里的"无心于万物，万物未尝无"，"无"指心之无，指心的一种境界，而王弼则有"应物而不累于物"，之所以能够如此，是因为人能够保持心在面对外物的时候，不为外物所动，视外物为"无"，同样指的是心之"无"。当然，佛学毕竟有其自身的思想理论，正如上文所分析的，如把世俗的一切都看作是虚无不真的、空的，万物的形成与消失是"缘会""缘散"

---

① （隋）吉藏．《中论、北论、十二门论》上，《中观论疏》卷二，第 136 页。
② （隋）吉藏．《中观论疏》卷二，第 137 页。
③ 《老子·一章注》。

的结果，世俗的呈现是心的作用等。而它与玄学或者道学理论的交叉从另外一个角度说明，佛学在当时中国还没有脱离对道家的依附地位，但随之而来以僧肇为代表的佛学思想则表现出理论上特有的成熟和独立，已经与玄学没有太大的关系了。

僧肇，东晋著名的佛学大师，生于公元 384 年，卒于公元 414 年，代表作有《不真空论》《物不迁论》《般若无知论》等。他的佛学思想中，充满了较强的思辨性质，在"有无"概念方面也很难看出与道学或者玄学理论有太多的联系，他说："万物果有其所以不有，有其所以不无。有其所不有，故虽有而非有。有其所以不无，故虽无而非无。虽无而非无，无者不绝虚，虽有而非有，有者非真有。"[①] 简单地说，"有"不是真实的有，"虽有，不可谓有也。"[②] 因为世间万物都是因缘和合而生，并没有"自性"，所以僧肇认为，它们都是非有，即不是真的有；另外，僧肇认为，虽然它们不是真的有，没有"自性"，但毕竟表现出千差万别的现象来，因此，它们又不是真的"无"，因为如果是真的"无"，这些现象应该也不会出现，所以"无"又叫作非无。不过凡事都没有绝对，何况他生活的时代魏晋玄学风行，如下面这段话中则明显带有王弼的思维逻辑："欲言其有，有非真生；欲言其无，事象既形，象形不即无，非真非实有。然则不真空义，显于兹矣。"[③] 尽管如此，最后的"然则不真空义，显于兹矣"还是表明了作者在佛学空义的基本立场，与王弼玄学之旨已大相径庭了。

基于僧肇佛学的特征，以及东晋时期与我们探讨的王弼玄学相隔的时间相对较远，对本书研究无太大的帮助，不再对其"有无"思想进行分析，有关佛学"有无"理论的概述也到此为止。

---

① 僧肇著，革和、张春波校释.《肇论校释》，北京，中华书局，2010：47 页。
② 《肇论·不真空论》，第 54 页。
③ 同上，第 56 页。

三、汉代"自然"的观念——以《淮南子》《论衡》为例

"自然"之义，从文字表面义理解，早在春秋时期编写的《诗经》中就曾出现，《诗经·大雅》中说："天生烝民，有物有则。""则"指的是天之生"物"和"民"的规则，对"物"和"民"，"则"是自然而然的，是自己如此，非关它们之事，而又离不开它。真正直接用"自然"表达此义的是《老子》一书，《庄子》中亦可见到，成书于战国末期的《吕氏春秋》中也出现了"自然"的概念。不过容肇祖说："老子一派自然主义思想，自汉文帝、景帝以后，直至三国之初，除《淮南子》以外，几乎不大见有人称道了……见于著述者，只有王充的《论衡》。"[①]从现有的文献及个人所掌握的资料看，容肇祖说得极是，因此，我们把这两个地方出现的"自然"观念作为理解王弼"自然"概念的历史背景首先进行简单的介绍，其他的"自然"概念则在下文详述。

《淮南子》中的"自然"虽然涉及的对象不同，但内涵却相差无几，《淮南子·齐俗训》中说："喜怒哀乐，有感而自然者。"这是针对人的本然之性而言，指"喜怒哀乐"之"自然"；《淮南子·主术训》中写道："舟浮于水，车转于陆，此势之自然也。"这是针对事而言，指的是"势"之"自然"；而《淮南子·原道》中说："万物固以自然，圣人又何事焉。"这里指的是物的"自然"，它们的"自然"有着共同的特点，就是指自己如此，自然而然。所谓的"自己如此"，或是指自我存在的状态，或是指没有外力干涉下物的自成。正因为如此，对于物而言，人才当无事而为，即"无为"。对于"无为"，《淮南子》有着较为清晰的解释："所谓无为者，不先物为也，所谓无不为者，因物之所为。"[②] 首先，"无为"是人的行动对万物自相治理的时间性的先后，只有心里没有行动的意识才可实现，即心"无"；"无不为"对于自己来说，虽是

---

① 容肇祖 .《魏晋的自然主义》，北京，东方出版社，1996：27—28 页。

② 刘文典 .《淮南鸿烈集解·原道篇》，《刘文典全集》卷一，合肥，安徽大学出版社，1999：22 页。

"为",但这种"为"非来自个体的"有"心而为,不是因个人的意愿而为,而是顺物性而为,从人的层面看,这种"为"仍然可以看作"无"心为,"物之所为"实际是指物的自为,即"自然"。可见,"自然"的本质相对于他者而言,就是"无为"、无心而为,而对物之自身则体现出物之自为自在,而非属于他者。

除上述从认知的角度来认识"自然"外,《淮南子》还以另一视域从实践的层面理解"自然"。《淮南子·修务训》中说:"若吾所谓无为者,私志不得入公道,嗜欲不得枉正术……非谓其感而不应,攻而不动者。若夫以火熯井,以淮灌山,此用己而背自然,故谓之有为。"所谓的"公道""正术"实际上指的是符合事情发展的原则,而"私志""嗜欲"的存在却与前者的存在相悖,或者说由个体的私心或嗜欲而发出的行为是违背事情的"公道"与"正术"的,而它们"以火熯井,以淮灌山"作比喻,称这样的行为是违背"自然"的,可见这里的"自然"非是指物,而是指人行为的结果,已经与人事紧密联系起来。从上还可以看出,人只有保持内心的无私,无嗜欲,即人心之"无",才能做到"无为"而不"背自然"。换言之,人的"无为"与遵"公道""正术""自然"是一致的。

王充的思想如他自己所言:"虽违儒家之说,合黄老之义也。"[1] 虽然他说的"违儒家"具体指向不明,但他的学说反对当时董仲舒的"天人感应论"是比较清楚的,这在他的"自然"概念上能够体现出来。他说:"天地,含气之自然也。"[2] 即认为天地万物构成的基本物质是气,气是天地无为的本然。他又说:"天之行也,施气自然也,施气则物生,非故施气以生物也。"[3] "故",意味着外力或者有预先的目的,"非故"则表现出物产生的偶然性与天的非意志性。王充不但认为物的形成是偶然的,是物自己如此,而且王充还指出,万物是自生,而不是天生:

---

[1] (汉)王充.《论衡·自然》卷十八,上海,上海人民出版社,1974:283页。
[2] 《论衡·谈天》卷十一,第165页。
[3] 《论衡·说日》卷十,第174页。

"天动不欲生物，而物自生，此则自然也；施气不欲为物，而物自为，此则无为也。谓天自然无为者何？气也恬淡无欲，无为无事也。"① 既然"天动不欲生物"，那么相对于物，天是无为的，而没有了天的外力，"物自生"只能是自己如此了，但这里的"自生"对于构成物的气是有意之为，因为气本身也是"恬淡无欲"的；"欲"，"有欲故动，动则有为。凡动行之类，皆本有为"，反之则无为，可见，正是由于物之自身的无欲及天的无为，才有物之生成的"自然"，即物之"自然"。这一点与《淮南子》中"自然"的性质并没有什么不同，但他并没有将"自然"仅仅停留在物的身上，而是沿此逻辑继续走下去，认为既然物自为自生，而天亦无为，那么形成物的"道"也是"自然"的，因此王充说："夫天道，自然也，无为；如谴告人，是有为，非自然也。"② 显然，"谴告"与当时的"天人感应"有着直接的关系，他把"道"性也说成了"自然"，其实就是为了反驳董仲舒所说的"天"是有意志的天，因此社会中出现的各种现象并非天的"谴告"，而是人"有为"造成的。同时王充认为，人也应是"自然"的，但为什么会"有为"呢？王充解释道：

> 人生于天地，天地无为。人禀天性者，亦当无为，而有为，何也？曰：至德纯渥之人，禀天气多，故能则天，自然无为。禀气薄少，不遵道德，不似天地，故曰不肖。不肖者，不似也。不似天地，不类圣贤，故有为也。天地为炉，造化为工，禀气不一，安能皆贤？贤之纯者，黄、老是也。黄者，皇帝也；老者，老子也。黄老之操，身中恬淡，其治无为，正身共已，而阴阳自和，无心于为而物自化，无意于生成而物自成。③

---

① 《论衡·自然》卷十八，第278页。
② 《论衡·谴告篇》卷四十二，第224页。
③ 《论衡·自然》卷十八，第280页。

王充用禀受气的多少和气之纯与不纯来解释人的"有为""无为",用现在的眼光看,是没有什么科学道理的,但他说的气之纯能够使身心恬淡,保持心之空灵虚静,这样心无所欲,心无所向,物自然会自化自成,从另外一个角度告诉了我们一个道理,即人心的"虚静"与他者"自然"之间的关系,并且,人对他者所谓的"为"其实是顺物性("天道")而为,是"无为而无不为",非为个人的主观意识而为,亦如黄老无心而为成就物之"自然"是自然而然的一样,人的顺物性而为同样保持自我的"自然"。

王充的"自然"理论是从认知层面展开的,针对的却是两汉时期董仲舒在实践中的"天人感应"与社会上的谶纬迷信,因此,他的理论总是与客观事实相联系,具有很强的目的性,这样就难免使理论带有直观朴素的性质,造成理论的片面性或肤浅性,如他把万物的生成变化和人性完全看成偶然性的,把偶然看成自然,而忽略了其中的必然性,这当然是不对的。尽管如此,笔者也不同意把王充的抽象思维能力看得过低[①],他的一些理论观念已经超出了当下有些学人思维所能达到的水平,何况人的思维能力也是不断发展的,正是有了以王充为代表的学者再次提出"自然"概念及理论,从而推动了自然科学的发展,也对魏晋玄学特别是王弼"自然"学说的形成及今日的呈现起到了巨大的促进作用。

综上所述,我们给《淮南子》与王充的"自然"稍作小结:"自然"首先是物的"自然",对物而言,万物自生自长,物的存在和发展是以自我为动力,无外力而为,是物自己如此,自然而然的,即"自然";由于物是自我如此,因此若保持物的"自然",人对"物"必须顺物之性而为,即"无为",从这个意义上说,"自然"的实践本质在于人的"无为";无论是《淮南子》还是王充,总是把物的"自然"通过人的

---

① 冯友兰持此观点。他说:"汉朝人是伟大的,但是他们的抽象思维的能力是比较低的,汉朝哲学家的根本观念都还是具体思维的。(见冯友兰《中国哲学史新编》卷四,北京,人民出版社,1982:44页)张启群也持同样的看法。(见章启群《论魏晋的自然观》,北京,北京大学出版社,2000:35页。)

"无为"与社会人事联系起来。

四、魏晋时期的"自然"概念

魏晋时期，"自然"的概念几乎出现在各个玄学家的话语体系中，除了存在于王弼的文本之外，同时期的何晏、阮籍、嵇康以及随后的郭象、张湛等在其话语中都涉及"自然"概念，因此，我们只选些与王弼生活年代相近或者虽然年代稍远但在玄学中影响较大的玄学家的"自然"概念作为考察对象，希望能够借此以点带面，既能够了解"自然"概念在整个魏晋时代的内涵，又能够通过比较加深对王弼"自然"概念的理解，以更有利于对王弼哲学思想的准确把握。

作为与王弼同时代正始玄学的领军人物，何晏涉及"自然"的概念并不多，在《景福殿赋》中，他说：

> 大哉惟魏，世有哲圣，武创元基，文集大命。皆体天作制，顺时立政。
> 至于帝皇，随重熙而雷盛。远则袭阴阳之自然，近则本人物至情。

由于阴阳是构成天地万物的根本，因此，这里的"自然"只能是阴阳自己如此，本然如此，而"哲圣""袭"或"本"之来"作制""立政"实际上是说魏的帝皇制定的礼法制度皆是根据物和人的本然之性制定的，是符合天道的。当然何晏在此是为了讨好当时的魏明帝而把社会的礼法制度说成本于天道，以赞扬其统治的英明，事实未必真的如此。但有的学者就此把"自然"与"名教"直接联系起来，认为"何晏借此机会提出了名教本于自然的思想，从本体论的角度论证了那个时代共同的政治理想。"[1] 但笔者认为这样说并不符合逻辑，首先"自然"并非与

---

[1] 余敦康.《何晏王弼玄学新探》，北京，方志出版社，2007：92 页。

"名教"相对的名词，而是描述性的副词，换言之，"名教本于自然"在词性上就说不通；其次"自然"的意思为"自己如此""自然而然"，按"名教本于自然"，那么就是说"名教"是自己如此、自然而然了，显然这样说不是此句话真正的意涵，而是说"名教"来源于天道自然，而非"自然"本身，因此"名教"非本于"自然"，而是本于天道方能说得通。

何晏对《论语·里仁》中的"仁者安仁"解释道："惟性仁者自然体之，故谓安仁也。"[①]"性仁"是说人的本性为"仁"，如果人用心能够自我体会到"仁"，则人就可以做到"安仁"。何谓"安仁"？程树德的解释是"无所为而为之谓之安仁"。[②] 而"无所为而为"只有人之本心才能做到，因此，"自然体之"指以本然之心体之，本然之心即人天生就有的心态，可见，这里的"自然"实际上指的人之本然，自己原来如此。与上文的"自己如此"相比，不同的是，前者的对象是物或"道"，而后者的对象是人自己；在对"知者乐水，仁者乐山"作疏时，何晏说："知者乐运其才智以治世，如流水而不知已也。仁者乐如山之安固，自然不动而万物生焉。"[③]"自然不动"是用来描述"山之安固"的，因此，"自然"应是指"山"的本然，即山自己原来的样子，即是静。何晏在此用山的"自然"之固或者说用物理性的静来比喻"仁者"的内心之静，之所以可以这样，是因为"山水是无情之物，而仁者登临则欣然向之"。仁者见山就会内心"虚壹而静"。在儒家看来，"虚壹之心"即是人的本然之心，所以，表面看何晏说的是山之"自然"，实际想表达的是仁者心之"自然"，也就是心之本然。

虽然何晏涉及"自然"的概念并不多，但我们从上文的分析中可以大致看出他对"自然"概念的基本观点："自然"的含义为自己如此，本然如此。一方面指万物的自我如此，无所而为；另一方面指人性本

---

① 程树德.《论语集释》上，北京，中华书局，2013：265 页。

② 同上。

③ 同上，第 472 页。

仁、本静的本然。

与何晏相比，阮籍涉及"自然"的概念则非常普遍，而且有着自己的理解，他说："天地生于自然，万物生于天地，故天地名焉；天地者由内，故万物生焉。当其无外，谁谓异乎？当其有内，谁谓殊乎？"①《易·坤卦》注中说："天也者，形之名也。""地也者，形之名也。"而《庄子·达生篇》注中说："天地者，万物之父母也。"又说："天地生万物，为有形之名。"由于天地之外无物，阮籍说的"自然"应指"天地"本身，而由于"万物"体现了天地的具体形名，故万物也与"自然"无异，所以陈伯君为其作注说："自然之外无有，天地同生，天地同生于自然，故不异。万物同在自然之内，故不殊。"②实际上，阮籍的另一句话也能够证实我们的理解，他说："人生天地之中，体自然之形。"③

阮籍的"自然"不仅与天地万物联系起来，具有自我如此之义，而且与天地万物的存在或发展原则联系起来，表达出"道"之本然，如他说：

　　夫天地之道，囊括万物之情，道至而反，事极而改。"反"用应时，"改"用当务。应时，故天下仰其泽；当务，故万物恃其利。泽施而天下服，此天下之所以顺自然也，惠生类也。④

"顺自然"即遵从"天地之道"，可见，"自然"就是"道"的"自然"，"道"的本然之义，这也与他所说的"道者，法自然而为化"在逻辑上是一致的。⑤

上述"道"的"自然"是从认知的角度而言的，它同样体现在实践

---

① 阮籍撰，陈伯君校注.《阮籍集校注·达庄论》，北京，中华书局，2014：115 页。
② 《阮籍集校注·达庄论》，第 115 页。
③ 同上，第 117 页。
④ 《阮籍集校注·通易论》，第 96 页。
⑤ 《阮籍集校注·通老论》，第 132 页。

层面上，他说："故王后不称，君子不错，上以厚下，道之自然也。"① 显然，这里的"道之自然"指的是生活人际关系的"道"，"道之自然"即说人际关系中王后、君子"上以厚下"是自然而然、本然如此的。

需要指出的是，阮籍"道"的"自然"的两个层面并不是相互对立、截然分开的，而是相互联系、融为一体的，如他说：

> 夫乐者，天地之体，万物之性也。合其体，得其性，则和；离其体，失其性，则乖……日迁善成化而不自知，风俗移易而同于是乐，此自然之道，乐之所始也。②

"风俗移易同于是乐"是"自然之道"，而"乐"是"天地之体，万物之性"，体现的当然是"自然之道"，所以才说"自然之道"是"乐之始也"，可见，"自然之道"是天地之"乐"与社会风俗共同之道，天道和人道在"自然"的情形下密不可分。

虽然，阮籍所说的"自然"内涵主要指天地万物与"道"的自我存在或存在的方式以及它发挥作用的方式，但有时候在一定意义上更接近我们现在所指的"自然界"概念，如他说："夫山静而谷深者，自然之道也。"③ "圣人明天人之理，达自然之分。"④ 如果把这里的"自然"看作"自然界"之义，不但不会曲解原文，反而更易于准确理解和翻译文本，这或许是以后我们称自然界为大自然的先声。

与阮籍相比，同时期的嵇康对"自然"有更深刻的见解，我们从两个层面给予概述：一是认知的层面，嵇康认为，"元气陶铄，众生禀焉。"⑤ 元气是天地万物包括人产生的本源，或者说人是自然元气的产

---

① 《阮籍集校注·通易论》，第106页。
② 《阮籍集校注·乐论》，第65—68页。
③ 《阮籍集校注·达庄论》，第121页。
④ 《阮籍集校注·通老论》，第132页。
⑤ 鲁迅辑．《鲁迅辑录古籍丛编》第四卷，《嵇康集·明胆论》，人民文学出版社，1999：91页。

物，因此人应该遵守自然元气成人之道，方能长生久视，即嵇康所说："得长生之永久，任自然以托身，并天地而不朽。"① 可见，这里的"自然"即是创生天地万物的"道"，用今日的"自然而然"亦可解释的通。

嵇康的"自然"不仅用来表达万物的生成是自然而然的，而且用来表达万物属性和特性本来如此，如他说："音声有自然之和，无系于人情。"② 音声是物之客观存在的属性，而人的情感则属于人之属性，"心之与声，明为二物。"③ 因此，音声的"自然之和"与人的情感（对音声喜怒哀乐的判断）在本质上毫无干系，音声所谓的哀乐不过是人的"哀心藏于内，遇和声而后发，其所觉悟，唯哀而已。"④ 由此可以看出，"音声之和"是一种无关于人的客观存在，即嵇康所说的"非假以人用"，是天地自然而然的产物，因此，"音声有自然之和"的"自然"可以理解为音声自己如此，非外力所使。

在实践层面上，嵇康所说的"自然"主要是指心的"自然"，他在《释私论》中说：

> 夫称君子者，心无措乎是非，而行不违乎道者也。何以言之？夫气静神虚者，心不存乎矜尚，体亮心违者，情不系予所欲，矜尚不存乎心，故能越名教而任自然；情不系予所欲，故能审贵贱而通物情。物情顺通，故大道无违；越名而任心，故是非无措也。⑤

心如何能"无措乎是非""不存乎矜尚"，而保持"虚静"？"虚静"即人本然之心的特性或状态，即心之"自然"，这种"自然"之心指的是心在没有外在干扰下的存在，而心之"虚静"下的"无措乎是非"，

① 《嵇康集·答难养生论》，第63页。
② 《嵇康集·声无哀乐论》，第72页。
③ 同上，第75页。
④ 同上，第67页。
⑤ 《嵇康集·无私论》，第83页。

是指人心本然之性的发用能够遵循"道"而"越名教",显现出心之"自然",即"不系予所欲""通物情"的自然而然。之所以在"虚静"下心的发用能够遵"道",是因为"道"存在于本然的虚静之心之中,可见,心之虚静与"道"及"越名教"是内在统一的,只不过心之"自然"指心之存在时,"自然"是心的本体,而指心的发用时,"自然"是心的境界。①

郭象被看作玄学思想之集大成者,自然也少不了对"自然"的关注,我们仍以"天""我"的顺序作一简略叙述。

从认知层面看,郭象认为:

> 无既无矣,则不能生有;有之未生,则不能生。然则生生者谁哉?块然而自生耳。自生耳,非我生也。我既不能生物,物亦不能生我,则我自然矣。自己而然,谓之天然。天然,非为也,故以天言之。以天言之,所以明其自然也。岂苍苍之谓哉?②

关于"自然"之义,郭象已经解释得非常清楚了,那就是"自己而然",也称"天然",就如我们在日用伦常中经常说的那样,某某物是天造就、是自然造就的意思一样。

万物的创生是"自然",而在存在的形式方面天地万物也是"自然"的。他说:"天也者,自然者也;人皆自然,则治乱成败,遇与不遇,非人为也,皆自然耳。"③"天也者,自然者"有两层内涵:一是万物的创生是自我如此,不存在造物主;二是包括人在内的万物,都是先天禀

---

① 宁新昌说:"在嵇康论述'越名教而任自然'时,他讲到了'越名任心'。实际上,'越名教而任自然'和'越名任心'是内在统一的,二者的意义也应该是一样的。所以联系起来看,'自然'和'心'是统一的。不同的是,在嵇康那里,'自然'是本体,'心'是境界。"(见宁新昌《论魏晋玄学中的"自然"境界》,《孔子研究》2009 年,第一期,第 55 页。)

② 《庄子·齐物论注》。

③ 《庄子·大宗师注》。

受了"自然"而来、"原本如此"的"命分"①，正如郭象自己所说："万物万同，趣舍不同，若有真宰使之然也。起索真宰之朕迹，而亦终不得，则明物之皆自然，无使物然也。"② 既然"自然"之物不依靠外在力量的主宰，那么内化了的根据决定了物的具体存在，这种内在的根据其实就是万物存在的"道"，郭象称之为"自然天理"，既然是"天理""道"，当然是不以人的意志为转移的，可见，郭象所说的"自然"其实就是一种必然。因此，对天地万物而言，它们形质的大小多少等都已固定化了，被限制在"自然"的范围之内，即"命分"，即"既禀之自然，其理已足"。③ 郭象将此理论用在现实社会生活中，使得人把现实的命运也固定化，要求人们被动地承认或接受现实，其实就是站在统治者的立场，为统治者的统治服务，正如他说："君臣上下、手足内外，乃天理自然，岂真人之所为哉！"④ 郭象说君臣之间的等级与统治秩序皆符合自然天理，实际上一方面是为君主的统治提供合法的理论依据，另一方面是要求人们安心受命，听从统治阶级的统治。

郭象"自然"的另一个实践层面的意义在于人生境界，汤用彤认为："'万物独化于玄冥之境'是郭象哲学的最高要求，他所要求的是事物在所处的位置上按其本性的要求独立自主地生生化化，而求其自身的统一。"⑤ 那么何谓"玄冥之境"呢？郭象说："夫与内冥者，游于外也。独与游外以冥内，任万物之自然，使天性各足。"⑥ 这就是"玄冥之境"的内涵，而对人而言，就是人的"玄冥之境"，这里的"独""自然""天性"同属于对人的描述，"独"为独自、自我，"天性"，人之本然之性，而"自然"正是"独"（自我）与"天性"（本然）的结合，即自我本然。在郭象看来，人一旦进入此境，就会处在独立自主、自由自在的

---

① ［日］沟口熊三.《中国的思维世界》，北京，三联书店，2014：243页。

② 《庄子·齐物论注》。

③ 《庄子·德充符注》

④ 《庄子·齐物论注》。

⑤ 《燕园论学集》，北京，北京大学出版社，1984：229页。

⑥ 《庄子·大宗师注》。

最高境界。

　　总体看来，根据以上论述，魏晋时期的"自然"观念有以下几个特征：一是具有本体之义（非西方意义上的本体概念，而是指物或人的本然之性的存在），不但指向物之自我本体，而且指向人性之本体。就如高晨阳所说："（玄学的）自然是一个本体性范畴，意为自然而然、本来如此，一方面指天地万物的自然无为的本性，另一方面又指人的纯真本性。"① 二是"自然"总是或隐或显地与"道"联系起来，成为"道"的体现。三是"自然"不仅是认知意义上的"自然"，还具有实践层面上心性意义的精神"自然"。四是以"道"为根基，物之"自然"与人之"自然"相互交融，最终涉及的都是社会存在的合理性问题。当然，我们这样总结也只是魏晋"自然"观念的一个大概，而王弼的"自然"观念究竟如何，还需全面地、进一步地挖掘与探讨。

---

① 高晨阳.《儒道会通与正始玄学》，济南，齐鲁书社，2000：369 页。

第二章　王弼"无"概念及思想精神的起源
——历史先导与问题意识

　　"无"是王弼哲学的核心概念，因此准确把握"无"的含义是研究王弼哲学的关键所在。从已有成果看，对"无"的理解无论从方法上还是从结论上，都表现出纷杂不一的情况，特别是在"无"的内涵问题上，更是纷争不断。"无"的意义究竟如何？怎样才能更接近王弼本人之义？笔者认为主要还在于方法的问题。一般来说，常用手段不过是将"无"放在上下文或全文中，参伍错综，以观其中心之义所至，或是就"无"字自身根源，而"印证于吾人之心与生活经验，体会及其义之辐辏者在是"。① 这些方法虽都是必要的，但还不是全部，还有一种较为根本的方法，即追根溯源，从王弼之"无"的由来出发，这对于揭开"无"的庐山真面目具有明显的积极意义。

第一节　"无"对汉代有神论思想的超越

　　西汉时期，董仲舒为了帮助君主巩固汉朝统治，稳定社会秩序，安抚人心，提出了著名的"天人感应"论，论其实质，不过是把人间各种

---

① 唐君毅.《中国哲学原论·原性篇》，北京，中国社会科学出版社，2005：118 页。

事情的发生划归为有意志的天的作用而已，但实际生活中，许多事情并没有如"天人感应"论所说的那种因果关系出现，因此"天人感应"在一开始就必然存在即使是普通大众也会产生对有意志的天不信任的隐患。到了东汉末年，汉王朝即将倾覆，汉朝国君的统治已到了穷途末路，标志着"天人感应"中"君权神授"思想在东汉王朝的破灭，被称作有意志的天的存在也被人们所怀疑，甚至否定。当然，汉王朝的没落并非仅仅是某一种原因造成的，更有其统治集团内部的问题，那就是皇权被削弱，皇帝不再拥有绝对的权力，高居在上位的任何一个官僚贵族，只要有人拥护，都有成为皇帝的可能，就如《三国志》中所言："仕于家者，二世则主之，三世则君之。"① 东汉末年［永康元年（167年），熹平五年（176年）］发生的两次"党锢之祸"就是皇权旁落、宦官交替把持朝政引起的，这无疑对王朝的覆灭起到了加速的作用。在此情况下，以王充为代表的自然主义哲学家从哲学的高度对"天人感应"与谶纬迷信思想的批判，以及王符等一些政论家对汉后期社会的黑暗进行无情的揭露和尖锐的抨击，再加上生活在水深火热之中的人们不断反抗，汉朝最终寿终正寝是在所难免的。另外，在现实的社会生活中，一些有识之士面对政治的腐败、社会秩序的严重混乱、民不聊生、人存在的根本生命都无处安放的社会现实，不由得产生对生的强烈渴望和对人生未来的极度迷茫，《三国志·魏书》注引《九州春秋》说：

> 初平中，是时英雄并起，黄巾寇暴，和务及同盟，俱入京畿，不暇为民保障，引军欲渡河西。入见其清谈干云，出则浑乱，命不可知。②

当朝不保夕的现实和复杂的社会矛盾纠结在一起而无法得到排解

---

① （三国）陈寿著，裴松之注.《三国志·魏志·公孙度传》卷八，第158页。
② 《三国志·魏书》卷七，北京，中华书局，2006：141页。

时，身处上层的士人会试图远离社会现实，"人见其清谈干云"，想不为外物所累，思想进入一个没有任何矛盾的空无境界。其实要做到这一点只能是对人世间所有外在的东西都视而不见，当作"无"一样，虽然有掩耳盗铃之嫌，但在非常时期，这无疑也是一种积极的平衡心灵的方式。

如果说上述的"虚无"是人的内心针对外物而言的，那么"天人感应"论在汉代的破产所造成的另一方面的影响就是人的内心深处对自我人生产生的"虚无"。"天人感应"理论曾经是把自然界运行的法则和秩序看作天或者神的意志，物和人的存在都是合目的性的，当实践证明自然的实际运行法则并不以天的意志为转移时，人们就会对产生天的人格神存在怀疑，甚至完全否定其存在，这样人就没有了天神与社会制度下的控制而直接面对自我之身。事实证明，自然的运行法则既显示出其机械式的特征，又有着令人无法把握的偶然性，这种机械性和偶然性的特征使得天对人间所发生之事常表现出漠然置之的样子。但对人来说，人对天既无法离开，又无法取舍，而在没有对天新的认识之前，面对自然界发生的许多偶然事件，人在更多时候表现出的是无能为力，甚至是绝望，在绝望中升起的是对万事万物存在的一种不自觉的虚无。不过它未必是一种消极的自觉，在很大程度上正如西谷启治所说，这种"虚无的自觉反而潜藏在比自然的必然法则及其合理性的世界更深层，在那个地方开启一个使超然必然的自由以及超越合理性的生成为可能的视域"。① 可见这种"虚无"所能够带来的对人生的另一面就是使人内心摆脱这种虚无的存在而实现心灵自由的思想，正是有了这种潜意识的存在，才有了后文关于王弼的人生自然之境的讨论。

"天人感应"论在汉代终结的直接影响还有人们对天人关系的重新审视以及新学理的自然生发。这意味着"从理论思维发展的本身规律来讲，魏晋玄学是对两汉以来神学目的论思想的一种改造，是对神学目的

---

① ［日］西谷启治.《宗教是什么》，台北，联经出版有限公司，2011：65 页。

论荒诞迷信而烦琐的经学形式的一种否定"。① 也就是说，魏晋玄学代替两汉经学是时代发展的必然，是遵循理论思维发展规律的，但新学术的产生首先是从实践中体现出来的。

既然所谓人格神的天已经失去了其主管人间事务的事实证据，人和天之间就不再是主宰和被主宰的关系，人们开始把视域转向人与物存在的自然本身。人和物从哪儿来的？怎么来的？人死后变成了什么？又去哪儿了？在生与死之间存在什么样的关系？既然人必然要死，那么人存在的价值或意义又是什么呢？所有这些问题都是由天在人们心目中失去了人格意志而可能引起的对现实情况的追问。从物和人的实际情况看，物和人总是有一个从无到有或从生到死的过程。生和有相对于死和无，对一个具体的人或者事物来说，他们的存在于历史的长河中是相当短暂或者说只是暂时的，而无和死则是它们的最终归宿。那么面对生死有无，在生之前我们从何处来，死后又会到何处去，不但在古人那里，即使在科学发展到如此的地步现在，最后得出的结论还只是一种推理，是一种逻辑上的理论。现代科学并不能给予宇宙中构成初生的物质是什么，究竟来自于何方，怎样形成生命，人死后变成物质后究竟去哪儿了准确的回答，因为对这些问题所作的结论都没有足够可靠直接的证据，何况古代科学与现代科学发展水平之间存在如此巨大的差距，古人对感官难以触及或者是理性所能推理到的只能称为"无"或"虚无"。道理很简单，从人的感性直观看，世间的人和物的存在，就是从"无"到"有"、"有"回到"无"的反复往返的过程，最后上升到理性的总结，用语言文字表达出来，就是"无"。

总之，失去了人格意志的天主宰，使得人不得不面对自身寻求存在的根本和源头，得出了对人与万物以"无"为根本存在形式的判断，而社会生活的纷扰，生命在动乱时代里表现出的脆弱，由此对人生、命运和前途产生的迷茫和困惑，以及对自然充满的敬畏和无奈，在人的内心

---

① 楼宇烈.《王弼集校释》，中华书局，1980，前言，第2页。

深处形成了对人生原本"虚无"的认知，当然更有在此基础上对未来人生的希冀。这不但是王弼"贵无论"思想的源泉和哲学基础，而且成了整个魏晋时代的哲学基调。

第二节　从《人物志》看王弼的"无" 另一途径的萌生

　　任何一种学说的形成都是多重因素共同作用的结果，而思想文化的传承是一个富有特色与长久生命力学说的源泉和根本，它能够在汲取前人已有成果的基础上，开启现代的智慧之门，使得过去文化的精华既能够得到保存和发扬，又能够在新的时期实现自我的发展和进步。这种作用往往在历史线性时间的延续中得以认知，它既是理解当下学说的前识，也可成为学术前瞻的根基。王弼"无"的观念，在一定意义上说，就是在其前历史时期及当时社会有关人物臧否思潮的影响下，不自觉地接受了他者的思维理路，从而成了"无"的观念形成的重要因素之一。

　　东汉时期，统治者选拔人才采取的是征辟察举制度，制度的核心是以乡间清议为基础，因此，对人物的评议不但成为政治上极为重要的事情，而且也在下层士人中广泛传播开来，虽然对人物的评议权实际只掌握在少数出身于名门望族的人手中，但人物的臧否本身已在社会中得到人们的密切关注。

　　东汉灭亡后，当人们还在探讨社会兴衰经验教训的时候，三国群雄割据的局面已经使人不得不把目光再次转到人才的问题上来。在当时的社会情况下，政治问题实际上还是人的问题，魏、蜀、吴三方为了在斗争中获得政治和军事上的优势，在社会上广罗人才已成事实。清朝史学家赵翼说："人才莫盛于三国，亦惟三国之主各能用人，故得众力相扶，以成鼎足之势。"① 有人才的需求，就有人才甄别和评价的问题，刘劭的《人物志》就是根据当时社会现实的需要而写成的，但《人物志》的目的不仅是为统治者提供选拔人才的判断标准，还有作者对心目中理想君主人格的刻画。在刘劭看来，对国家的兴亡、人们的幸福，君主承担着神圣的使命，而君主的品格决定了一个国家的前途和命运。那么刘劭眼中的理想君主究竟什么样呢？

在《人物志》里，刘劭将人才分为两种：一种是偏才，一种是全才。而造成这种区别的主要原因，在刘劭看来是由于人禀赋元气的多少及其在生理上产生的影响不同。偏才是因为禀气有所偏，或者说禀气综合作用的结果造成了人品质的某些缺陷，他沿用了元气、阴阳二气，五行之气这个系统，以此形成了对人的道德品质和外在体貌特征的刻画，这些特征被归结为阴阳五行九体，如果是偏才，那么必定在这些特征中有所缺，而全才则具备上述特征的所有方面。全才也是刘劭理想中的君主或者圣人应具备的材质：

> 阴阳清和，则中睿外朗，圣人淳耀，能兼二美，五质内充，五精外章，声清色泽，仪正容直，则就征皆至，则纯粹之德也。②

从表面上看，好像人才的品质如何，主要由构成人才的材质所决定，即人才的属性从根本上说依从于人的物质性，但它们只是基础，真正人才的评判标准还在于内在的精神素质，他说："凡人才之质量，中和最贵矣。""中和之质，必平淡无味，故能调成五才，变化应节，故观人察质，必先察其平淡，而后求其聪明。"也就是说，人最高的品质是"中和之质"，它的特点是中性而无特色，才能全面而均衡，或如王晓毅

---

① （清）赵翼著，王树民校证．《二十四史札记》卷七，北京，中华书局，2001：140 页。
② （三国）刘劭撰．《人物志·九征》，合肥，黄山书社，2010：9 页。

所说:"亦化为一种无特色的中性才能,称之为中庸之德,表现为无为,平淡。"① 刘劭直接就说:"中庸之德,其质无名。"② 正因为是中和之质,所以才能对任何不同的品质不偏不倚,才能接纳和包容它们,才能做到无所不通,而能具备这种材质是无法用一个具体的名称概括的,只能是无名,进一步的抽象则成了"无"。

刘劭这种对君主和圣人人格的评判标准和展现方式,对王弼"贵无论"玄学思维体系和概念的架构,以及政治学说的主体内容产生了巨大的影响。以"无"的概念来说,不但其思路相通,而且欲表达的实质也基本相同,如王弼在《论语·泰伯》中说道:"至和之调,五味不形,大成之乐,五音不分;中和备质,五材无名也。"如果是把各种味道都包括在里面,那么用任何一种味道都无法给予一个适当的名字,同样,和谐的音乐,如果只用一个音调来表示,则就无法表达"大成之乐"的完整内容,因此,如同这样的各种材质综合在一起产生的结果而无法命名的,只能称作无名,当然后来王弼同样将其称作"无";王弼在谈到把无形无名者作为万物之宗时说,"无"之所以能为"品物之宗主",是因为"为物也则混成,为象也则无形,为音也则希声,为味也则无呈",它们能够"苞通天地,靡使不经也。"③ 如果与刘劭的"中庸之德"的实质相比较,则王弼所说的"无""苞通天地,靡使不经"实际有殊途同归之效。王弼在其政治哲学中,直接把自己心目中圣人的品质也就是刘劭所说的"中和之质"用在了治国理政的思想上,他说:"夫执一家之量者,不能全家,执一国之量者,不能成国,穷力举重,不能为用。"④执"一家""一国"总会有所偏,即使是"穷力举重,不能为用",所以君主必须有"中和之质"才能克服这些问题。王弼之所以把君主比作"一",把民众比作"多",把君和民之间的关系看作"一"和"多"、

---

① 王晓毅.《王弼评传》,南京:南京大学出版社,1996,第199页。
② 刘劭撰.《人物志·体别》,第19页。
③ 楼宇烈.《王弼集校释》,第195页。
④ 《老子·四章注》。

"寡"和"众"的关系，是因为"一"在王弼看来，就是无所不在、无所不通、全能的"无"，"无"就是"一"，"一"就是"无"，可见，王弼理想君主的品质和刘劭圣人的品质是相一致的。

虽然王弼和刘劭谈到的内容有所不同，但通过思维逻辑的比较可以看出，王弼的"无"受到刘劭的启发在情理之中的，正如江建俊所说，刘劭的《人物志》把圣人之质看作"'中和之谈'、总达众才，又与'圣人体无'之说相符，故可推刘劭《人物志》一书为玄学论理之先声"。①即刘劭的"中和之性"和王弼的"无"在本质上是相通的。

第三节　从"名实之辩"看王弼 "无"对"道"的转换

"名"，指事物的名称，"实"，指具体的事物，也可指事实、现象、实际、实在。在常识看来，它们之间的关系应该是"名"用来定实，有什么样的具体"实"的存在，就有相应的"名"产生，这是"名"与"实"关系的基础。

所谓的"名实之辩"，从认知的角度来说，就是"名"的概念能不能准确反映出客观的事实、具体的事物？准确的反映就是"名"和"实"相符合或一致。影响到名实关系的有多重因素：一是作为认识主体人的综合素养和能力，二是主体认识的指向或情感因素，三是物或事自我彰显的程度。但总的看来，"名"与"实"的关系如何，主要的因素还在于人，就是主体能不能及如何正确认识客体、反映客体。

"名实之辩"早在先秦时期就已有了相关的论述，最先体现"名实之辩"的是孔子的"正名说"，它从政治与道德伦理的角度要求人的名望要和实际相对应；而法家多从法律制度上提出"名以定形，形以检

---

① 江建俊.《魏晋思想文化综论》，台北，新丰文化出版公司，2009：3页。

名"的理论,在现实社会中要求人们"循名责实",就是要求人对所思考的问题(名)采取有效的行为,使之符合客观实际。此后,名家的公孙龙、惠施和墨家的墨子等则以知识论与逻辑语义学为理论基础,侧重论述物的名实关系,认为"名"和"实"应是一致的,即名副其实,人们一旦提到"名",不但要知道是何"实",而且能够知道所说的"名"之"实"有什么特征,以此来辨别各个"名"的含义及区分不同的"实"。

不过在实际生活中往往有可能名不副实,这一点孔子"正名说"本身就说明了在道德伦理方面,人的名望(名)与所作所为(实)可能并不相称,所以孔子用"周礼"去挽救当时"礼崩乐坏"的局面其实就是希望通过周礼规范"名"与"实"之间的关系,使得名实相符。而法家"循名责实"之"名"自身就具有一定的主观性,因为所谓的名实际上是统治阶级为维护自己的统治而制定的法则,以此"责实",其行为的有效性就会大打折扣,且"名"与"实"的符合与否亦受统治者主观意志所左右,这样,"名"与"实"的关系只具有相对性而没有绝对性。老子则直接否定"名"与"实"能够相一致,因此常以无名称之。例如对"道",老子常以"道常无名"[①]"绳绳不可名"[②]"道隐无名"[③]"无名之朴"[④] 等来描述,因为"道"没有"名",所以"吾不知其名"[⑤],也就不能用概念来表达了。庄子继承了老子的思想,同样认为用语言、概念表达不了实在的事物: "夫言非吹也,言者有言,其所言者,特未定也。"[⑥]

秦汉时期,关于"名实"关系的讨论一直没有间断过,特别是到了东汉,由于选官制度存在漏洞或缺陷,有的人为了获得功名利禄而弄虚作假,造成个体人格上的名与实严重不符,如汉末许多政论家对当时选

---

① 《老子·二十三章》。
② 《老子·十四章》。
③ 《老子·四十一章》。
④ 《老子·三十七章》。
⑤ 《老子·二十五章》。
⑥ 《庄子·齐物论》。

举的实况所下的评论是"善言不称德,论功不据实"[①]"盛名之下,其实难副"。[②] 这是汉代选官制度中"唯名论"种下的必然之果,对社会风气产生了极其恶劣的影响,受到了时人的强烈批判,不过,"名实之辩"本身却成为后来社会品鉴人物、处理政治、伦理等社会问题的一项重要标准。

王弼在继承前人"名实"理论的基础上,把"名实"关系与"名理"关系紧密联系起来,对"名实"关系又有所发展。他说:"凡名生于形,未有形生于名者也。"既然"名"来自"形",那么有什么样的"形",就会有什么样的"名","形"是"名"的来源和根据,"名"只能由"形"来决定。反过来看,王弼认为"名"可以用来表示客观存在的具体事物,或者说"名"可以用来认识或者确定具体事物的"形",即如他说:"可道之道,可名之名,指事造形。"这里的"指事造形"指可见有形的具体事物,也就是说一般的"名"是用来指称具体的"形",人们可以通过"名"来认识"形",而"形"不可随意地改变,否则"名"所指的就不是原来的那个"形"了,即如王弼说:"名有所分,形有所止。"[③] 也可以这样说:"不能定名,则不可论实也。"没有"名"就不可以指称"实",没有"实"就谈不上"名",如果既没有"名",也没有"形",对于人来说,便只有"无"了。王弼所理解的"道"正是符合这一点,他说:"道者,无之称也,无不通也,无不由也,况之曰道,寂然无体,不可为象。"[④] 既"无之称",没有"名",也"不可为象",没有"形",称"道"为"无"自然理所当然了,所以王弼有时也直接称"道"为"无",他说:"道,无形不系,常不可名,以无名为常,故曰道常无名也。"[⑤] 也就是说,"道"表现无形无名,略称之为"无",反过来,一旦有

---

① (南朝)范晔.《后汉书·左雄传》卷六十一,北京,中华书局,1964:2017页。
② 《后汉书·黄琼传》卷六十一,第2032页。
③ 《老子·三十八章注》。
④ 《王弼集校释·论语释疑》。
⑤ 《老子·三十二章注》。

了"形"，也就有了"名"，人就通过自己的感官感受到"有"，具体有形有名的万物可以称为"有"。当然这并不排斥将其他情况称为"有"，或者说，这仅是从认知的角度而言，这样看来，王弼所说的"凡有皆始于无"的另一层含义就是但凡无名无形的，都可以称作"无"。

如果说"名实"是以人的感性为基础，对物的"形"与"名"之间的关系进行辨析的话，"名理"则是在此基础上进一步探寻"名"所能够体现出的物的本质规律或原则，即"理"的问题。当王弼在"名实"关系上用无形无名的"无"表示"物"时，却在更具有普遍意义的"名理"关系上，已经把"无"的含义落实到天地万物之宗的"一"或者是"道"之中了，"无"已不具有指物的存在之义，不再用"名"直接分别根据具体事物指"实"，而是借与"一"或"道"的无形无名（否则任何一个具体的形名都会有所"遗"，有所"偏"这样的"理"）相一致这一特征融入指称万物总体的"名"中。不过王弼用"无"代称"道"，仅仅是代"道"的外在形式或功用，就"无"所表达的本然内容看，无疑是否定的含义，但对"道"而言，"道"虽然形式上是"无"，但在本质上并不是没有，[①] 即不是现象意义的"有"，"是 Reality 而非 Existence"。[②] 王弼之所以要用"无"指称"道"，恰是"无""具备了潜在的无限可能性，才可发展为丰富多样的现实性"[③]，才能真正体现出"道"的特征和功能性及作为万物之本源的可能性。我们后面关于"道"与"无"的意向性还有展开的讨论，暂论到此。

---

① 这一点笔者与王晓毅的观点不尽相同。他认为："无"作为宇宙本体以及作用本身，"蕴藏着宇宙本体可能不存在的思想因素。而实际效果正是如此，无论王弼的主观动机如何，他所开启的，正是否定宇宙本根存在的革命思路。"（见王晓毅《儒释道与魏晋玄学的形成》，中华书局，2003：103 页。）但王晓毅所说的本体实际包括宇宙生成的存在论与本因论两方面。在生成论上，他承认，王弼说的"天下万物皆是有形之物所生，但有形物最早开始诞生时，是以无形物作为母体的。"（同上，第 100 页。）无形之物并不是没有，只是无形而已，所以王晓毅说王弼本体之"无""开启否定宇宙本根存在的思路"不但自我矛盾，而且与王弼的实际意思也不尽相符。

② 劳思光．《新编中国哲学史》卷二，桂林，广西师范大学出版社，2009：137 页。

③ 李泽厚．《美学三书》，合肥：安徽文艺出版社，1999，第 97 页。

第四节　"言意之辨"与王弼之体"无"

"名实之辩"和"言意之辨"也有着密切的关系，"名"需要语言来表达，通过语言的载体而存在，而语言的根本在于"名"，因此"名"和语言是不可分割的；"实"在先秦思想中有两方面所指：一是指客观的事物，二是指物的形色，或者称物的"象"，而此"象"已不在于物的本身，而是超越它，所要表达的是物具有的"意"，同时"象"也需要语言来表达，这样，"名实"关系就转化为"言"和"意"之间的关系，语言成了表述"意"的重要因素，就如庄子所说："世之所贵道者，书也，书不过语，语有贵也。语之贵者，意也。"① 虽然对于"名实"关系，名家和墨家都认为，"名"能够表达其基本的"意"，即"名"与"实"相符，但庄子却认为："可以言论者，物之粗也；可以意致者，物之精也；言之所不能论，意之所不能察致者，不期精粗焉。"② 即语言表达的只是物的外表，而事物的内在实质则是人的语言所不能表达的："意之所随者，不可言传也。"③ 也就是说，以上两家在对"言"能不能表达"意"的问题上表现出两种截然不同的态度。

面对前人相互对立的观点，王弼则表现出其超人的智慧，把看似矛盾的问题通过自己独特的思维理路有机地调和在一起，消除了两者之间的分歧。他说："夫象者，出意者也，言者，明象者也，尽意莫若象，尽象莫若言，意以象尽，象以言著。"④ 就是说，"象"是表达"意"的，"言"是用来表达"象"的，从逻辑关系上说，既然言"象"出自"意"，那么，就可以通过言"象"认识"意"，但是，言"象"只是表

---

① 《庄子·天道》。
② 同上。
③ 同上。
④ 《周易略例·明象》。

达"意"的工具，因此，不能执着于言"象"，如果执着于言"象"，言"象"自身就丧失了其存在的价值，就如王弼所言：

> 是故存言者，非象也；存象者，非得意者。象生于意而存象焉，则所存者乃非其象也，言生于象而存焉，则所存者乃非其言也。

由于言"象"不是"意"的本身，言"象"也未必一定能够完全表达"意"。尽管如此，也并不代表王弼认为可以不要言"象"，他说：

> 子曰：书不尽言，言不尽意，其不可见乎？子曰：圣人立象以尽意，设卦以尽情伪，系辞焉，以尽其言，变而通以尽其意。①

这段话虽部分为王弼引用孔子之语，其实代表着他自己的立场。很明显，王弼认为文字不能完全表达人的语言，语言也不能完全表达人的思想，但是圣人通过创立"象"来极力表述自己的意思，在卦爻之下用文辞尽力表达它的言语，并变化会通以尽力表达其意义，可见，"言""象"是表达"意"必不可少的条件。

那么如果欲表达一种"意"，却缺少"象"的支撑，"言"能够跳过"象"而表达"意"吗？如若欲表达万物之极的思想，王弼认为这是不可能的。他说："凡物有称有名，则非其极也。"② 物是有形有象的具体，因此可以用名来指称它，而作为对"无物而不由，无妙而不出"的万物之极则是"视之不见、听之不闻、搏之不得"，所以它是没有名称可以匹配的，而一旦勉强给予它名号，则"名号大失其旨，称谓则未尽其极"。③ 既

---

① 楼宇烈．《王弼集校释》，第554页。
② 《老子·二十五章注》。
③ 《老子指略》。

然"名"需要语言来表达，而语言的根本在于"名"，"名"不存，则言语也就失去了其存在的意义和基础，如果要勉为其难地表达万物之极之"意"，就如王弼所说："言之者失其常，名之者失其真。"这样，还不如不"言"不"名"，也如王弼在对《论语·阳货》中的"予欲无言……"解释时说："予欲无言，盖欲明本。举本统末，而示物之极也。"

虽然不能用"名"和"言"来对物之极准确地予以表示或解释，但王弼认为可以意会。所谓的意会，实指用概念性的语言难以穷尽或者传达的思想内容，通过对言辞的体验，可以用语言来"称"之的东西，因为"名生于彼，称出乎我""名号生于形状，称谓出乎涉求"。[①] 也就是"名"是具体有形有象的事物产生的，而"称"则是人的主观给予的，是出于人的某种目的或需求，并且"称"只是对事情的一种形容或者描述，所以王弼把老子"大""玄""微""远""道""无"看作只是对物之极的各种不同的描述，即只是它的"称"而不是它的"名"，虽然未能"尽其极"，但至少能够知其所指了。王弼之所以把对物之极的意会称作"体无"，道理很简单，物之极无形无象，难以描述，只好用"称"的方式来表达，那就是"无"了。

第五节　从感觉到抽象

——"有"与"无"的实践来源

"生活比认识更高，这个观点是中国的老传统。"[②] 这句话可以用狄尔泰的话来进一步理解："一切知识都是对经验的一种分析，抽象概念必须还原为真实的经验。"[③] 狄尔泰在这里明确地说明了"生活""经验"

---

①　《老子指略》。

②　张世英．《天人之际—中西哲学的比较与困惑》，北京，人民出版社，1995：228 页。

③　Rudolf A. Makreel and John Scanlon：*Dilthey and Phenomenology*，Washington Press 1987：78。

是认识的来源，而知识、观念则是从它们那派生出来的。中国哲学虽然没有从认知的层面上详细阐明它们之间的关系，但在实际生活中，概念、思想等的确是人通过实践，在感觉和理性中加以认真总结和研究而得出的。王弼玄学虽然有着极高的形而上特征，但从根本上仍然没有脱离这一特点，换句话说，王弼所说的"无"和"有"是从现实的客观存在中抽象而来的，而非纯粹理性的结果。

东汉末年至魏晋时期，连年的战乱使得人们朝不保夕，几乎每个人都无法预料自己会在未来的什么时间离开这个世界。面对死亡的恐惧，人们一方面害怕自己将来会化为乌有，另一方面也在思考如何将这种对"无"的恐惧化解为可以接受的事实，或者说在精神上超越它，正如斯蒂芬·霍尔盖特所说："恐惧的思想就是一柄双刃剑。一方面，它想到的是，它自己的所有的东西都处于'从内部瓦解'的危险中；另一方面，它隐含着关于自己的一个新的、更高的抽象的思想——它把它自己视为没有任何东西是有规定的，并把自己视为并非一物。"① 也就是说，对这种现在和未来的恐惧并不代表人们在思想意识上的让步或意志的萎靡堕落，有时反而更能激发人们从源头上探寻其原因，而王弼哲学有关万物"有无"的理论很难与人直观感觉到的生死状况分离开来。人总是有生有死，人在出生之前，事实给人的感性直观就是他（她）的不存在，就是没有，就是"无"；人一旦死去，给人另一个直观的事实是尸体腐烂，从人的视野里消失，变为没有，即"无"。他说："天下之物，皆以有为生，有之所始，以无为本，将欲全有，必返于无也。"② 从这个视角看，王弼的"以无为本"符合人这种直接的感性存在。因为在万物从无到有、从有到无这个小循环中，人总是从"无"开始，以"无"结束，"无"自然为"本"了，并且，对所有的"有"来说，它最终的归宿都将以"无"的形式体现出来，非但如人，其他物也一样，也是从无

---

① ［英］斯蒂芬·霍尔盖特著，丁三东译.《黑格尔导论》，北京，商务印书馆，2013：111页。

② 《老子·四十章注》。

到有、从有到无的过程。

我们知道，"有"和"无"只是人语言上的一种表述，其本身无所谓在与不在，那么这种依靠对外物感觉得到的观念是通过什么途径形成的呢？用抽象的文字表达人的思想意识只有在人类拥有理性的前提下才有可能，而抽象的理性在古代人看来来自人心，荀子说"心生而有知"，"凡以知，人之性也"。① 就是说，人心天生就有认知事物的能力，是人所独具的本性，心能够对外界事物的活动和社会环境的刺激作出反应并能根据留在心里的印象加以综合，作出认知。心之所以能够对外界的刺激留下印象，是因为其对感觉器官发挥作用具有统一综合的能力。在荀子看来，心"统率"五官，是人的"形之君而神明之主也"。② 所以，心对人器官活动的具体内容具有选择、促使、抑制等作用，这些作用活动的结果形成了人对外界刺激的意识，而意识的内容除了意识自身以外，就是被抽象了的对象，以观念的形式反映出来。反过来说，概念所包含的内容就是由心（古代人认为人的心是思维的器官，科学证明这种说法是错误的，但出于习惯，人们还是在延续类似的说法）在对象中把握可理解或者可感知的东西综合而成的，既然人的生死对人的感觉是"有之所始，以无为觉，有之所终，必返于无"，经人"心"的思虑，必得出万物（包括人在内）"有之所始，以无为本"的抽象观念。

由上可见，王弼的"无"来源于对客观实在的感性认知，形成于人"心"的综合与抽象，是人社会实践的必然产物。当然这里需要指出的是，有关万物存在的有无和人的生死现象，并非只是到了魏晋时才被王弼注意到，而是非常时代凸显了这个问题，使得人们的目光比以前更多地落在它们身上而已。

---

① 《荀子·解蔽》。
② 《荀子·解蔽》。

第六节　汉魏时期黄老与老庄之"无"的发展与魏晋玄学的关系

任何文化的存在与发展都必须具有传承性，否则这种文化就会失去生命力，并随时间的流逝被社会逐渐淘汰或遗忘，而它的传承性在相近时代中，以或隐或显、或直接或间接、或正或反等多重方式体现出来。因此，从文化发展的传承性、连续性、历史性的角度来看，魏晋玄学应是先秦道家在汉魏时期发展的逻辑必然。在魏晋玄学所依靠的三玄中，先秦的《老子》与《庄子》包括其内，那么在魏晋之前到先秦的这段时间内，特别是在刚刚结束的汉朝中，老庄哲学发展的情况如何，则必然会影响到魏晋时代人们对老庄的理解。王晓毅直接指出："由于'黄老'道家已经将儒家伦理融入其中，因此，广义上说，魏晋玄学是'黄老'与'老庄'的融合；从狭义上说，则是黄老'因循''形名'、老庄'自然''言意'等思想要素与儒家伦理学说的融合。"[①] 王晓毅的见解无疑是正确的，因此梳理这个时期道学的关注重点，无疑对扩大玄学的研究视野，把握玄学思想的根源所在，理解玄学中道学的发展变化，都具有十分重要的借鉴价值，特别是玄学与道学之间的这种紧密的关系，注重前期相关思想内容的存在也是符合学术本身发展及研究自身要求的。

广义上的道家包括黄老之学、老庄哲学及后来衍生的道教，但从学术上说，前两者的贡献可能更大。黄老之学一般以稷下学派的学说为主旨，其代表人物如《史记·孟子荀卿列传》中所说的："慎到，赵人。田骈、接子，齐人。环渊，楚人。皆学黄老道德之术。"除此之外，战国时期的申不害、鹖冠子、文子以及宋钘、尹文等人皆为黄老之学的重要人物，他们除提出"不累于俗""不滞于物""顺乎自然""虚静无为"

---

① 王晓毅.《儒释道与魏晋玄学的形成》，北京，中华书局，2003：2 页。

等思想之外，还以形名之学和养生之术及神仙信仰的宗教思想与老庄哲学相区别，但在实践上，两者未必加以严格地区分，在学术派别问题上它们之间的界限也是模糊的。比如一般把老子之后的杨朱学派、宋尹学派、彭蒙、慎到、田骈学派统称为道家。

道学在西汉初期作为显学而存在，与官府用黄老之学的"清静无为"为政治思想指导，以休养生息、恢复和促进社会秩序与经济文化的发展需求是分不开的。虽然随着国力的不断增强，自汉武帝以后，董仲舒"独尊儒术"的提出及推广使得儒学代替道学成为政治生活中的显学，但黄老之学在统治者的政治上层并没有因此而完全退出历史舞台，据《史记·外戚世家》记载："窦太后好黄帝、老子之言，帝及太子、诸窦不得不读黄帝老子，尊其术。"在学术方面，早在汉高祖时期，淮南王刘安就招募大量宾客、方术之士编写了《淮南子》，其主要内容是以道家的核心概念"道"为基础，阐发自然的天道观；除此以外，作为隐士的河上公为《老子》所注的《河上公章句》（亦名《道德真经注》），是成书最早、流传和影响较大的《老子》注本；而作于西汉末年带有宗教性质的严遵的《道德真经旨归》（《老子旨归》）可谓是汉朝时期道家思想的典范之作；道教的经典著作《太平经》的理论源头也来自《老子》等。

上述这些经典著作的内容，大致包括以下几方面的要点：

（1）对天地万物生成、存在的本原、根据进行的探讨。例如《淮南子·原道训》对"道"的论述：

> 夫太上之道，生万物而不有，成化像而弗宰……累之而不高，堕之而不下，益之而不众，损之而不寡，斫之而不薄，杀之而不残，凿之而不深，填之而不浅。忽兮恍兮，不可为象兮；恍兮忽兮，用不屈兮。幽兮冥兮，应无形兮；遂兮洞兮，不虚动兮。

再如《老子旨归》中：

> 虚之虚者生虚虚者，无之无者生无无者，无者生有形者。
> 故诸形之徒皆属无类，物有所宗，类有所祖。

诸如此类的论述几乎在这几部书中比比皆是，而这些道学著作的广泛流传，使得其思想为魏晋名士选择道学取代两汉神学作出了积极而充分的理论准备。

（2）养生。可以说养生是黄老之学的重要特征之一，而且他们的养生不仅注重生理上的养，更注重精神在人生命中的作用。如司马谈在《论六家要旨》中说：

> 凡人所生者神也，所托者形也，神大用则竭，形大劳则弊，形神离则死。
> 死者不可复生，离者不可复反，故圣人重之。由是观之，神者生之本也，形者生之具也。

通过养生术达到身心的长生久视，这一点对魏晋玄学的影响可以从玄学家的只言片语中得到证实，如嵇康在《游仙诗》中写道："黄老路相逢，授我自然道，旷若发童蒙。"[①]

（3）内圣外王之道。严遵在《老子旨归》中道："圣人去智，虚心专气，清净因应，则天之心，顺地之意，政举化流，如日之光。"[②] 修心安神是实现天地之道、政举化流的基础，即使外王之道无法实行，至少内圣可成为人精神自由与理性成熟的思想要素，活跃在时人的内心之中，而魏晋士人人性的觉醒与思想的解放与此时注重心性的修养无疑是

---

① 鲁迅辑．《嵇康集·游仙诗》，第15页。
② （汉）严遵著，王德友译注．《老子旨归译注·大成若缺篇》，北京，年商务印书馆，2004：38页。

分不开的，可以说，如果没有汉代的心性思想作铺垫，很难想象玄学的自然人性论思想能够很快形成并被广大士人所接受，从而引起对传统人格的第二次巨大裂变。

从以上的简单列举可以看出，"无""道"等范畴在河上公、严遵等人所处的汉代就已经被学者们关注，而以《老子》为理论基础的王弼哲学，其中的"无""道"等范畴没有理由不受他们的影响。其他如黄老的形名学则成为了魏晋形名之辩的来源；魏初名法思想家刘劭的《人物志》则是融黄老形名之学与儒学理论为一体的结果，其具代表性的地方就是对圣人与无为君主材质的论述；而以何晏、王弼为始的"贵无论"思想的形成及其后的有无之辩，不过是形名思维方式的辩证延伸，是王弼"贵无"思想的逻辑支撑；建安时期名士在诗文中表现出的对人生无常的哀叹，对长生久视的渴望以及率直自然的人格品质无不来自老庄生命哲学中内在的文化精神，而这些在汉代学术中都有所体现。

第七节　对"无"之起源追溯的意义

作为王弼哲学核心概念的"无"，形成背景不同、把握方式方法不同、介入视域不同，最重要的是主体诉求不同，如何对待这些状况的存在，无疑给学人准确理解王弼之"无"带来了诸多麻烦，也提出了更高的要求。以上对"无"之根源的追溯，对正确理解"无"的概念显然具有积极的意义。首先，在理解"无"的内涵方面，正如上面所说，由于视域的不同，语言环境的不同、主体的诉求不同等因素的存在，"无"所指向的内容定会有所不同，了解了"无"各种起源的可能性背景，不但可以在研究中少走弯路，也有利于更好地把握"无"的意义，同时防止把"无"的含义单一化；其次，在思维进路上，不可脱离时代的学术成果与学术要点，就如上文所提到的刘劭《人物志》、"名实之辩""言意之辩"，这些都是理解王弼"无"的敲门砖，通过它们，基本可以理顺王弼对这一观念形成的思维理路和对"无"主要特性的掌握;再次,通过追溯还可以发现,王弼之"无"的认知义、实践义之间并非泾渭分明,如何理解两者之间的关系,似乎又给了多年以来关于"无"和"本"关系的研究及"本"究竟何指、何意新的启发;最后,人们常以王弼的"无"说明其在形而上方面的贡献,给人以"无"是只就认知而言的印象,但王弼论"无",几乎从未离开过现实的社会生活实际,或由"无"印证生活实践,或由生活经验推及"无",因此对"无"的研究必须和客观现实生活联系起来,必须从生活实践出发,从人的诉求出发,方为研究之正道。

总之,对王弼之"无"根源的追溯,是研究"无"乃至王弼整个哲学思想的出发点,它使学人认清了王弼"贵无论"之学中的"无"并非一义,且王弼真正关心的不仅是认知上的"无",还有实践层面上的人心之"无",特别是对于作为统治者的君主而言,更具有重要意义,它是王弼"执一统众"的政治哲学核心和整个"贵无论"哲学体系的终点。① 更重要的是,它实际说明了长期以来学界把王弼哲学的"本体"理解为"无"的误解,因为仅从以社会生活经验为基础的"无"的内涵一方面看,将王弼哲学性质笼统地偏向认识论就足以说明所下结论的粗疏,而如何给王弼哲学性质作一准确判断,全面把握"无"在其理论上的性质、功用、地位,显然要先对多年来"以无为本"的性质误读进行深入的剖析,才能找出问题的根本所在,这也是继续研究王弼哲学的前提所在。

---

① 王晓毅.《中国文化的清流》,北京,中国社会科学出版社,1991:190 页。

第三章 王弼哲学是"以无为本"的
本体论吗

王弼曾提到万物"以无为本",学人常以此认为"无"就是指本体,因此也把王弼哲学称作"以无为本"的本体论。如果要准确回答王弼哲学的性质是否如此,首先就应该正确理解"本"到底指的是什么。这还要到我国古代最早使用"本"的古典文献中去找,张岱年认为[①],"本"的观念较早出自《论语》,"林放问礼之本,子曰:大哉问!礼,与其奢也,宁俭;丧,与其易也,宁戚"。[②] 这里,张岱年把"本"看作"主要内涵之意",但他同时又说"本"亦可称为"本根""本体","本体"还可以称为"实体"。孟子在《孟子·告子上》说:

> 乡为身死而不受,今为宫室之美为之;乡为身死而不受,今为妻妾之奉为之;乡为身死而不受,今为所识穷乏者得我而为之:是亦不可以已乎?此之谓失其本心。

这里"本"指原来的意思;但在《大学》中的"物有本末"中的"本"是对物来说,有的是第一位重要的东西,有的则处在次要的地位,

---

① 张岱年.《中国古典哲学概念范畴要论》,北京,中国社会科学出版社,1989:62页。
② 《论语·八佾》。

可见，仅从上述对 "本" 意义的理解似乎很难看出王弼 "以无为本" 的 "本" 就是指的 "本体"，或者说，"本" 的根本义与 "本体" 之间是何关系并不明确。

就 "体" 而言，学人常以体用一如看待王弼的理论，"体" 即指 "本体"，但王弼文本中的 "体" 是不是具有 "本体" 之义呢？

在《老子指略》中，王弼说："殊其己而有其心，则一体不能自全。" 在《周易略例·明爻通变注》中指出："夫情伪之动，非数之所求也，故合散屈伸，与体相乖。形燥好静，质柔爱刚，体与情反，质与愿违。" 这两处，"体" 显然皆是 "形体" 或 "身体" 之义。而 "本体" 之义 "它总是属于基础的、本来的、潜藏的和不变的一方"，[①] 可见王弼所说的 "体" 并非一定是 "本体"。

在《老子·三十八章注》中，王弼说："万物虽贵，以无为用，不能舍无为体也。舍无以为体，则失其为大矣。" 这句话的意思很明白，是说对待万物要 "以无为用"，即无为，不能舍去 "无" 对待万物，离开了 "以无为用"，则失去了为 "道" 的作用，"大" 在王弼哲学中，指的是 "道"。可见，这里的体并不是指的 "无"，有些学人借此认为王弼哲学是 "体用一如" 的本体论是有问题的。在这一点上，王晓毅认为 "王弼所讲的体，是指有形体，是'有'"[②] 是有一定道理的。

再从王弼之前 "体" 的含义看，作为名词，《论语·薇子》中说："四体不勤，五谷不分。"《庄子·秋水》中说："此其比万物也，不似毫末之在于马体乎？"《汉书·班固传》中提到："体行德本，正性也。" 此三者所说的 "体" 全是指肢体或身体。此外，《周易·系辞》中说："神无方而易无体。"《周易·乾凿度》中说："故人生而应八卦之体。" 前者的 "体" 指的是形体，后者的 "体" 指的是卦体，卦体非本体，就是平日汉魏时期人们所称的卦象，这一点在《诗经·卫风·氓》中可以得到

---

① 向世陵.《哲学研究》，2010，第 9 期，第 47 页。
② 王晓毅.《中国文化的清流》，第 225 页。

证明："尔卜尔筮，体无咎言。"而王弼在《周易注》中显然继承了"体"的这种含义，他在《周易·随注》中指出："凡《象》者，通论一挂之体者也。"在《周易·豫卦注》中说："初体阳爻，处首居下。"诸如此类的话语在《周易注》里还有很多。

最后，从同时代他人对"体"的理解看，大多数人还是以"身体"或者"形体"之义为主，[①] 如阮籍在《乐论》中说："圣人之为进退頫仰之容也，将以屈形体，服心意，便所修，安所事也。"[②] 嵇康在《代秋胡歌诗七首之四》中写到："役神者弊，极欲令人枯。颜回短折，下及童乌，纵体淫恣，莫不早徂。"[③]"体"为形体之义无可怀疑。

由上可知，即使是"无"与"本"或"体"直接联系起来，也未必能判断"无"有"本体"之义。[④] 我们暂撇开王弼之"无"，不但《老子》之中"无"没有本体义，即便是与之相近的《墨子》中提到的"无"也很难找到此义。《墨子·经说下》第四十三中说："若无焉，则有之而后无，无天陷，则无之而无。"本来有的东西，后来没有了，是"有之而后无"，天陷是本来就没有，是"无之而无"，非本体义。

当然，即便是先人之"无"没有本体论的意义，我们也可以说，王弼的贡献恰恰就在于从本体论意义上去诠释"无"。上文说过，王弼哲学中的"无"更多的是"无"与具体事物或事件通过"得意忘象""得意忘言"等途径综合而得，因此对"无"的内涵的理解不但要看具体指向什么事物及其不同的视域，还要把事物所在的不同的语言环境考虑进

---

① 王晓毅说"王弼同时代的思想家中，没有人将'体'字理解为本体"并不合事实。阮籍在《乐论》中说："夫乐者，天地之体，万物之性也。合其体，得其性，则和。离其体，失其性，则乖。昔者圣人之作乐也，将以顺天地之体，成万物之性也。"很明显，"体"则有本体的意义，当然如果是西方哲学意义上的本体并没有多大的问题，但若是如此，则等于其承认了中西"本体"之义间的区别性。（见王晓毅《中国文化的清流》，第 225 页。）

② （三国）阮籍著，陈伯君校注．《阮籍集校注·乐论》，第 17 页。

③ 鲁迅辑．《嵇康集·代秋胡歌诗》，第 18 页。

④ 向世陵说："'本体'之所以由'本'与'体'合成，在于二者含义本来就关联。"（见向世陵《中国哲学的"本体"概念与"本体论"》，《中国哲学研究》2010 年第 9 期，第 47 页。）

来，如果"无"具有本体意义的话，应该能在其相对应的物、事或具体外在的环境中反映出来，同时还要顾及对王弼整个哲学体系的把握。反之，我们也可以借助后者证明王弼之"无"并不具有"本体"的意义，或者只是在个别的地方具有此义，不能以点带面，也不能仅从上面的文字表层下结论，断章取义，更不能完全用西方的视野或概念去认知而忽略王弼之"无"的时空背景、文化背景及王弼本人的思维理路和价值取向。一句话，必须进行一番全面综合的研究，才能对"无"的性质给予准确的定位，而只有正确把握"无"的性质，才能理解王弼"贵无论"的哲学性质和精神实质。鉴于目前对王弼之"无"的研究状况，我们有必要对"无"真正蕴含之义进行梳理，有必要对学人普遍认为的王弼哲学"以无为本"的本体论观点重新进行剖析。

第一节　本体论之难与王弼的"本无"

从西方哲学的角度看，早在古希腊时期本体论在西方哲学中就有了雏形，但真正的本体论概念却是 17 世纪德国的哲学家郭克兰钮在《哲学词典》中最先使用的，也翻译成"万有论"或"存在论"，因为"to on"在希腊语中具有关于存在物的意义，可见，最初"本体"的概念内涵为"存在"的理论，因此如果从根源上说，本体论翻译为存在论更为贴切，但本体论自从出现以来，就没有真正体现或者完全体现过存在论的意义。这里面就存在这样一个问题，如果原先的本体论在根本上就是"存在"的意义，而现在意义上的本体除此之外还具有本原或根据之义，那么过去的"本体"和现在的"本体"就有着很大的区别。现在本体论中的"本体"与"现象"相对应，"本体"并不等于"存在"，也就是说现在的本体论非原始意义上的本体论。如果说是人们误用的话，那么现在的本体论应该称作存在论，可见关于本体论的内涵从一开始就处在模糊或混乱之中。

从内容上看，现在一般意义上的本体论研究的核心在于宇宙万物最普遍、最一般的根据或本质，但由于研究对象的分歧，它既可以是"实体"，也可以是"存在"，那么对象不同，本体论研究的内容会不会有所区别？"存在""实体"所具有的内涵到底指的是什么，即使是哲学大家们也没有形成一致的意见，由此看来，我们很难给本体论下一个准确的定义。冯契主编的《哲学大辞典》从狭义与广义两方面理解本体论的概念，狭义的理解为"存在论"，广义的理解为存在和本体的理论，但这样的区分并不能消除"存在"与"实体"之间存在的区别，更不能从根本上解决"存在"与"实体"之间的分歧。

从西方哲学本体论的演变看，其不仅内涵丰富，而且问题复杂而深邃，绝非可用简单的定义方式就能够涵盖或说明的。最主要的是，作为一门学科的基础概念，它们从来就没有达成基本的共识。我们试着简单地对其历史进行回顾，以证明本体论的这一难题。

在古希腊时期，哲学以自然为研究对象，试图探寻宇宙构成的本原，重点是构成万物的不变物质，用自然元素解释万物，目的是获得真理性知识，但当时并没有形成共识。在此情况下，巴门尼德提出了自己的看法，他认为人们对本原的研究或讨论只是建立在经验的基础上，由于经验的对象都是生灭变化的偶然性存在，因此人们得到的最多只是"意见"，而不是"知识"或"真理"，只有"存在是存在的"才能作为哲学的研究对象。巴门尼德与前期自然哲学家最大的不同在于，他不再探寻自然万物的构成元素，而是探寻自然万物统一的最普遍性的本质，这种本质不是靠经验取得的，而是从逻辑上推理而得，而且，它是万物"本质性"的存在根据，而不再是"生成论"上的本原。可以说，巴门尼德为西方哲学的本体论奠定了基本的学术方向。

苏格拉底和柏拉图承继巴门尼德的思路，把对万物的研究分为现象和本质两个方面，可感事物是现象世界，是意见的对象；而事物的普遍共相，就其自身而言决定它是该事物的本质才是知识的对象，由此，柏拉图提出了"理念"作为事物的本质或共相。很明显，柏拉图和巴门尼德的不同是：巴门尼德所指的本质是世界万物统一的"本质"，而柏拉图所指的本质是某种事物的类本质。至于现象和本质是何关系，事物理念之间的关系又如何，柏拉图并没有给出明确的答案。

亚里士多德认为，哲学作为一切科学的前提和基础，应该研究的是存在的本身，是"作为存在的存在"，也就是后来人们所说的"实体"。"实体"不是客观存在的具体，而是逻辑结构上的一个结。

如果说从巴门尼德到亚里士多德，基本上都是通过思想把握自然世界的本质，认为思想可以把握存在，那么近代的本体论则认为人的思想和事物的自身并不一致。就如康德所说，人们只能认识事物的现象，而不能认识事物的本体，虽然笛卡儿把本体论的对象转向上帝、我思、物体三个方面，但仍然不能解决思维与存在的同一性问题，而黑格尔尽管对亚里士多德的形而上学理念进行了恢复与改造，但黑格尔的哲学既标志着形而上学的完成，也标志着形而上学的终结，并未真正解决他们之间的分歧。

除上述存在的问题外，本体论还涉及认识论方面的难题，如受到怀疑主义的挑战、思维方式的局限、语言学方面的困境等方面的困扰。再者，就如康中乾所说："（西方）的本体论并不是径直关于经验世界的理论，而是纯粹概念的原理体系。所以，本体论与宇宙论或经验的自然哲学有明显的区别。"[1] 显然，中国哲学的性质属于后者。

上述问题的存在说明，即使是在西方，"本体"的概念内涵也没有达成认知，或者说，西方哲学的"本体"具有多义性，更何况中国哲学与西方哲学的产生还有着历史文化传统的不同，因此用这样模糊不定的概念来理解王弼哲学，是否能真正把握王弼哲学性质及内容的实际？

从中国哲学的"本体"看，它最早出现在汉京房的《易传》中，他说："乾分三阳长中少，至根为少男。本体属阳，阴极则止，反生阴象。"[2]

---

① 康中乾.《有无之辨——魏晋本体论思想再解读》，北京，人民出版社，2003：128 页。
② 卢央.《京氏易传解读》，北京，中华书局，2004：503 页。

这里"本体"为根本之义。而《后汉书·应劭传》中说："又集驳议三十篇，以类相从……皆删叙润色，以全本体。"① 这里的"本体"指事物本来的面貌。② 与王弼同时期的阮籍在其《乐论》中这样说："八音有本体，五音有自然。"这里的"本体"之义为事物的本身，它等同于"自然"之义。刘勰在《文心雕龙·诸子》中则说："然繁辞虽积，而本体易总，述道言治，枝条《五经》。"这里的"本体"则是指主体。

我们再从魏晋之后看，宋张载说："太虚无形，气之本体。"③ 明王阳明说："夫心之本体即天理也。"④ 很明显，前者之"本体"指万物之本然的存在或本原，而后者较为确切地说应该是指心之本性。

综上可以看出，中国古代哲学"本体的蕴含是丰富多彩的"。⑤ 与西方哲学意义上的本体论所研究的对象或内容相比，两者的内涵存在很大的差距。⑥ 因此，从这个角度看，把王弼哲学定性为"以无为本"的"本体论"⑦ 会使得人们对它的理解产生困难。

退一步说，如果我们从上述更宽泛意义上理解"本体"的内涵，那

---

① （宋）范晔撰，（唐）李贤等注．《后汉书·应劭传》卷四十八，中华书局，1964：1613 页。

② 王晓毅说："'体'在王弼之前，"从来没有被作为事物的'本体'被运用，一般都是指事物的形体而言。"显然这种说法是缺乏考证的。（见王晓毅《中国文化的清流》，第 225 页。）

③ （宋）张载．《张载集》，《正蒙·太和篇》，北京，中华书局，1978：7 页。

④ （明）王阳明．《王阳明全集·传习录上·答周道通》卷一，线装书局，2012：135 页。

⑤ 向世陵．《中国哲学研究》，2010，第 9 期，第 47 页。

⑥ 康中乾通过对中西哲学本体论概念的对比，也认为"我们目前关于'本体论'的用法是不合西方哲学本体论一语的形式的"。但他又说，它"合乎中国哲学'本体'问题的内容，是中国特色的本体论。（见康中乾《有无之辨——魏晋本体思想的再解读》，第 134 页。）笔者倒认为，既然中西概念有着很大的区别，就不必非加一中国特色往西方术语上靠，且本体论提法本是西方根据自己哲学特色而得出，对于中国所谓的本体论，是近代学者在接触或学习西方文化过程中借助西方本体概念类比而成，暂不说两者之间的各种因素的差异造成的勉强，就学术研究内容而言，本体论给中国哲学带来了的也不仅仅是界限的开阔和思路的创新等正面影响，同时也产生了许多负面的影响，而且对内容本身的理解和中国哲学个性的发展也会带来许多的问题，最重要的是，本体论的提出使得在中国古代哲学研究中出现大量的矛盾和争议，而这些却是在此情况下无法得到根本解决的，所以尽管今天似乎已经习惯了这种所谓中国式的本体论，实际落实到具体的研究问题上，还是"无累"于之为好。

⑦ 有的学者以"舍无以为体"这句话，认为体指的是本体之义，并以此作为"无"即是"体"又是"用"的根据，对体的理解王弼"还没有达到理学抽象思辨的高度。王弼所讲的体，是指有形体，是'有'。"参见王晓毅．《中国文化的清流》，第 225 页。

么王弼所说的"无"是不是都具有"本体"之义呢？

例如，王弼说："朴之为物，以无为心，亦无名，故将得道莫若守朴。"① 显然，这里的"无"如果以物作为认知对象的话，具有否定义，而从上下文可以看出，这里的"以无为心"之"无"是针对人来说的，但它所要表达之义是说人若得"道"，须如"朴"那样心无自己或个体私欲来对待它者，可见"无"很难说有"本体"的内涵。

再如，王弼说："万物虽贵，以无为用，不能舍无以为体也。"② 关于"本末"，关于"母子"，王弼说："母，本也，子，末也。得本以知末，不舍本而逐末也。"③ 又说："守母以存子，崇本以举末，则形名俱而邪不生，大美配而华不作。"④ 也就是说"无"相对应的是"本""体""母"，"有"相对应的是"末""用""子"。前者指的是万物的本，后者指的是具体的万物，它们之间实际上是不是这么回事呢？以"体用"关系说，王弼认为："凡有之为利，必以无之为用。"⑤ 又说："言无者，有之所以为利，皆赖无以为用也。"⑥ 这也就是说，"无"既是"体"，又是"用"，很明显与上述对应有误差；如果说"无"是"体"、"用"是"本"，那么"有"是"利""末"，则"用"的概念不但模糊，而且也不符合"用"的常见之义；再者，"用"在王弼哲学中并没有"本"的意义，以"母子"而言，"母"指的是"本"，即"无"，但王弼在《老子·二十八章注》说："功不可取，常处其母也。"楼宇烈解释道："此句意为，不可有为、身先，不可求仁、义、礼、敬之功，而要常守于无为之母。"⑦ "母"在这里的意思为"无为"，如果是本体的话，也是"无为"而不是"无"。另外，"无为"是一个行为性的名词，即使是"本"

---

① 《老子·三十二章注》。
② 《老子·五十二章注》。
③ 《老子·三十八章注》。
④ 同上。
⑤ 《老子·十一章注》。
⑥ 《老子·一章注》。
⑦ 楼宇烈.《王弼集校释》，第76页。

也只与人有关系，而与万物之"本"没有太大的联系。

反过来说，王弼所说的"本"是否就是指的"无"呢？王弼说"本在无为，母在无名，弃本舍母而适其子，功虽大焉，必有不济。名虽美焉，伪亦必生。"① 这里把"本"直接说成了"无为"。在其他地方，王弼曾有"崇本举末"与"崇本息末"之言，关于这里的"本"指的是什么，学人意见有所不同，有的认为"本"这里意为无为、无欲、好静，②③④⑤ 而有的则认为是素朴寡欲的无为而治。这两种见解对"本"的理解并不一定是正确的，但至少它不是纯粹的本体"无"，作为本体之"无"与此"本"有一定的区别。

我们仅举上述几例就可以看出，把王弼之"无"看作"以无为本"的本体论，或换句话说把王弼之"无"理解为"本体"并不符合事实，不过，我们并不是否认"无"在王弼哲学中的核心地位，"贵无论"的性质可谓名副其实。

第二节　从王弼之"无"看本体与创生的矛盾

一般学人所说王弼哲学是"以无为本"的本体论大多数都是就汤用彤所说的意义而言的。汤用彤认为，王弼所指的本体就是"无"。他在对王弼《论语释疑》中"道者，无之称也。无不通也，无不由也，况之曰道，寂然无体，不可为象"解释说："无为体，此所谓寂然无体，无形体也（旧时所谓体，皆如身体之体，至王弼始以之为本体）。"⑥ 而汤

---

① 《老子·三十八章注》。
② 许抗生．《魏晋南北朝哲学思想研究概论》楼宇烈．《王弼集校释》，第76页。
③ 《老子·三十八章注》。
④ 许抗生．《魏晋南北朝哲学思想研究概论》，天津，天津教育出版社，1991，第60页。
⑤ 汤用彤．《魏晋玄学论稿》，北京，三联书店，2009：2页，天津，天津教育出版社，1991：60页。
⑥ 汤用彤．《魏晋玄学论稿》，北京，三联书店，2009：204页。

用彤的"本体"之义用他自己的话说是王弼"所谓的体，非一东西。万有因本体而有，超乎时空，超乎数量，超乎一切名言分别，而一切时空等种种分别皆在本体之内，皆因本体而有。"是"存在之为存在。"[①] 可见，汤用彤所说王弼哲学中的"本体"指的就是"无"，而"本体"的内涵则是指"万有"存在的根据或原则，它是超越人感性的形而上。以汤用彤的理论为判断标准，王弼的"无"是否都是本体之义呢？

例如，王弼说："谷神，谷中央无也，无形无影，无逆无违，处卑不动，守静不衰……欲言存邪，则不见其形；欲言亡邪，万物以之生。""谷"，河上公注："谷，养也。"《广雅释诂》中说："谷神者，生养之神。"[②] 而"谷"，王弼解释为"虚无"，即"无形无影"而不可名状。实际上，王弼是借"谷神"之喻来说明万物以无为生，也就是说"无"在这里强调的是创生义而非本体义。[③]

再如，王弼在《老子·二十五章注》中对"有物混成，先天地生"解释说："混然不可得而知，而万物由之以成，故曰混成也。不知其谁之子，故先天地生。"将"寂兮寥兮，独立而不改"解释成"寂寥，无形体也，无物之匹，故曰独立也。返化终始，不失其常，故曰不改也"。对"周行而不殆，可以为天下母"的理解是"周行无所不至而免殆，能生全大形也，故可以为天下母也。"将"吾不知其名"解释为"名以定形，混成无形，不可得而定，故曰，不知其名也。"从物之"混然"而成及"能生全大形为天下母"，即可知道此是讲万物形成的本原和过程；从"无形体""独立""混成无形"可知万物是由"无形""独立"而具

---

① 汤用彤.《魏晋玄学论稿》，2009，第203页。

② 楼宇烈.《王弼集校释》，第17页。

③ 张湛在《列子·天瑞篇》中引老子的"谷神不死"对"谷神"的解释也是此义："夫谷虚而宅有，亦如《庄子》之释'环中'。至虚无物，故谓谷神，本自无生，故曰不死。"从这方面看，王弼的确是注《老子》而非完全是借老子之意表达自己的思想，如牟宗三说，魏晋人认为的圣人之"道"，就是老庄所讲的"道"，而且认为"道"是儒道会通的关键。（见牟宗三《中国哲学十九讲》，第217页。）田永胜也认为"王弼《老子注》主要是诠释老子的原意，绝大多数注释基本上都没有超越《老子》的思想"。（见田永胜《王弼思想与诠释文本》，第73—86页）这些说法无疑是有其合理性的。

有构成万物基本物质性实体的"无"而成，这种物质性实体即是"道"。王弼在给"道之为物，惟恍惟惚"作注时说：'恍惚，无形不系之叹。"①这说明王弼是同意老子"道"的创生义的，只不过从形式上表现为"无形"，从这个意义上可以说是"无"生成"有"，但实质上仍是以"道"为基本载体，不过不管是"无"也好，"道"也好，王弼表达的仍然是万物的创生义。

关于"无"的创生义，在《老子·六章注》中王弼说的就更为明晰了："本其所由，与太极同体，故谓之天地之根也。欲言存邪，则不见其形；欲言亡邪，万物以之生。"虽然这里没有具体说明这个"本""与太极同体"的是"道"还是"无"，但它是万物之源，是生成万物的根，这总是没有问题的。

而《老子·四十章注》中的"以无为本"是否具有本体义呢？依据王晓毅的说法，正始玄学家运用名学的方法建立起自己的思想体系，而王弼同样利用形名学将"无形无名""不温不良，不宫不商。听之不可得而闻，视之不可得而彰，体之不可得而知，味道之不可得而尝"的"道"变为"无"，成为"宇宙本根'道'的不是名的名"，则由于其"为物也混成"，因此，老子的"道生万物"，在王弼这里就成了"无"生万物，"'无'既然生了'有'，当然是'有'的'本'了"。②这里，王晓毅之所以认为王弼用"无"代"道"，是因为"道"给人的感性特征皆是"无"，但这最多证明"无"是"道"的"名"，而不是"道"的"实"，如果说王弼的"以无为本"，事实上不过是以"道"为本，那么上述的"为物也混成"，说明"本"只具有创生义，而不是汤用彤所说的"本体"义。王晓毅自己也注意到了这一点，他说："王弼笔下的'无'，绝不是没有任何的内容，相反，它的本质是全有，是'混成无形'。""无"涉及的"'本'指事物的本质，而'道'指规律。"③显然，

---

① 《老子·二十一章注》。
② 王晓毅．《中国文化的清流》，第115—116页。
③ 同上，第212页。

"无"从现象学的角度看，应是万物存在的本然状态或构成万物的根本，与平常意义上的本体义有着很大的差距，而即便是以"无"代"道"的理论能够成立，"无"拥有"道"的一切特质，但在王弼哲学中，"道"既具有本体义，又具有创生义，可见简单认为王弼哲学是"以无为本"的本体论，已不能反映出其哲学的基本或主要特征了。当然，王晓毅简单把"道"理解为"规律"是笔者无法接受的。

上述证明的王弼之"无"或"道"的宇宙创生义，就如上文提示的，并不排斥它们作为本体意义上的存在，以目前一般意义划分，创生义与本体义还有"合一"于"道"之内的情景，试看以下例证：

> 物生而后畜，畜而后形，形而后成，何由而生？道也；何得而畜？德也；何由而形？物也；何使而成？势也。唯因也，故能无物而不形；唯势也，故能无物而不成。凡物之所以生，功之所以成，皆有所由，有所由焉，则莫不由乎道也。故推而极之，亦至道也。随其所因，故各有称焉。道者，物之所由也。德者，物之所得也。物何由而生？道也。[①]

王弼这里的"物何由而生？道也"表示创生是毫无疑问的；"何使而成？势也"是说万物生成的必然性；而"物之所以生，功之所以成，皆有所由"则是寻求万物所成的原因或根据，那么它是什么呢？"有所由焉，则莫不由乎道也""道者，物之所由也。"有必然性、有原因、有根据，按照本体论所指，"道"在这里也具有本体思想，也就是说，"道"既指万物的创生，也指万物存在的根据，一"道"两种含义。

在对"大道泛兮，其可左右"作注时，王弼说道："大道泛滥无所不适，可左右上下周旋而用，则无所不至也。"又说："万物皆有道

---

① 《老子·五十一章注》。

生，即生而不知其所由。"① 这段话与上段话的含义并没有什么实质的不同。

上述事实说明，把王弼哲学简单地认定为"以无为本"的本体论并不合适，而且即使一定要说本体论，其也仍然是以"道"为本的本体论。② 但如有些学者所说王弼的"道"等或同于"无"，"以无为本"的本体论的理论矛盾就越发彰显了出来。

我们再看王弼"以无为本"的出处那段话。在《老子·四十章注》中，王弼说："天下之物，皆以有为生，有之所始，以无为本。"如果仅以"以无为本"作为"本体"并未有什么问题，那么后面接着说"将欲全有，必反于无"，是从"有"返到本原、本性之中吗？另一句"富有万物，雷动风行，运化万变，寂然至无"中"万物"的变化是从具体到本性、本质、根据吗？仅从语言学的角度，这样的解释就存在很大的问题，"全有"和"万物"皆指具体之物，如果由之"返"或"变化"，也只能是"物"的形状的"返"或"变化"，怎么可能由物的具体形状返回或者变化成为本性或者本原呢？也就是说，前者还在讲具体的物，突然话锋一转，说起物存在的根据，如果按此逻辑，万物的变化使得根据变成了"无"，而不是从有形的东西变成无形的东西，这显然不符合客观事实，因此这两处也并不能够证明王弼之学是"以无为本"的本体论。事实上，王晓毅虽然总体赞成王弼之学是"以无为本"的本体论，但他对《老子·四十章注》的这句话是这样解释的："天下万物，虽然都是由有形物所生，但有形物开始诞生时，是以无形物作为母体的。也就是说，之所以称'无'为'有'之本，是因为'无'始生了'有'。"③可见，王晓毅所理解的"本"具有根源之义，是从外在的存在形式上而言的这实际上说明，简单以"无"与"本"的相连并不能说明"无"具

---

①　《老子·三十四章注》。

②　杨国荣说："从根本上看，王弼哲学还是以'道'为本的本体论。"（见杨国荣《论魏晋价值观的重建》，《学术月刊》1993年第1期，第9页。）

③　王晓毅．《儒释道与魏晋玄学的形成》，北京，中华书局，2003：100页。

有"本体"之义，具体是创生义还是本体义是具有争议的。① 笔者认为，王弼玄学中创生与本体共存，恰是合乎其玄学思想体系及逻辑必然的，② 而不是像有些学者认为的那样，生成论是王弼本体论留下的一个尾巴。③ 正是有了对万物生成过程的展开，才有了宇宙本体的论证，可以说，两者之间是前提和结果，或者说是实然与必然的关系。

综上所述，把王弼哲学用"本体论"来定位并以"以无为本"研究并不是那么合理，不但在基础理论上有着难以跨越的逻辑障碍，而

---

① 韩国良.《道体·心体·审美》，北京，中华书局 2009：47 页。

② 如果说宇宙本体论"用于理解世界和宇宙是什么，而宇宙生成论则用以解释宇宙如何形成"。（[美]牟复礼著，王立刚译.《中国思想之渊源》，北京大学出版社，2009：15 页）进一步地说，世界或宇宙具体是由天地万物构成的，因此与其说是宇宙的本体论、生成论，不如说是指天地万物的本体论或生成论。在现实中，物的本体与生成是密不可分的，只有追根溯源，才能了解万物在感性上从有到无、从无到有的生成过程的本质特征，而只有懂得这个过程，才能掌握万物本原存在的特征。从对万物本原知识上的获得而言，在现实生活中多以"眼前呈现的事实往后推寻，而追寻其背后的根据，称为存有论的推断（ontological inference）"。（牟宗三《中西哲学之会通十四讲》，吉林出版集团有限公司，2010：61 页。）这种存有论的知识一旦获得，就具备了普遍性意义，若再用到实践中，则成了名副其实的实践理性，而后者正是人类认识天地万物本然之性的真正目的。万物从本然存在到生成具体之物的过程中所体现出本然的知识理性，恰是指导人们在具体对物的实践中应遵循的规范和原则。由此可见，以人观之，对万物的把握必然离不开对物的本然存在及生成过程的关注。

因此，王弼的宇宙论思想包括本体论和生成论是经得起逻辑的推理及检验的，更与中国哲学在宇宙论上关注的重点相一致。如果勉强用本体概念的话，也应分为存在本体与关系本体两方面，即如杨国荣认为的，王弼之"无"分为存在之本体，价值之本体。（见杨国荣《思与所思——哲学中的历史与历史中的哲学》，北京师范大学出版社，2006：159 页。）因为中国古代哲学对宇宙本体的追问，是为了更好地把握万物生成与发展的过程和基本原则，而"中国宇宙论的生成论主张的是一个有机的过程，宇宙的各个部分都从属于一个有机的整体，它们都参与到这个本然自生的生命过程的相互作用之中"。（牟复礼著，王立刚译.《中国思想之渊源》，第15 页。）也就是说，只有了解万物的生成过程，才能把握万物存在的本然特征。而在对万物生成与本然认知的相互过程中，彰显了万物的本然特征与运作原则。根据"天人合一"的思想理念，这其实就是给人类提供了现实可以遵循的实践理性，用以指导人们现实的社会生产与活动，这也可以说是中国传统哲学的终极意义所在。而魏晋玄学主题恰是探寻万物存在与发展所以然之理的学问。现在的问题是，既然是以人而视之，且人有着"天生"的主观能动性的特征，认知的发生只能在人身上，这就有着人如何才能认知万物的本然及如何遵物之性的实践问题。

③ 王晓毅.《儒释道与魏晋玄学的形成》，第 264 页。

且针对王弼的具体玄学，也存在无法面对的矛盾和难题，何况王弼已明确指出，实践层面最终所指的"本"还是"道"，他说："夫欲定物之本者，则虽近必自远始。夫欲明物之所由者，则虽显而必自幽以叙其本。故取天地之外，以明形骸之内，明侯王孤寡之义，而从道一以宣其始。"①

如何称之才能较为全面地反映出王弼哲学的根本特征呢？笔者认为，既然王弼之"道"包含着创生与本体两方面的内容，用"本根论"更能体现出这方面的特征。王弼在对老子"谷神不死，是谓玄牝，玄牝之门，是谓天地根"的注解中说："谷神，谷中央无。谷也，谷以之成而不见其形，此至物也。处卑而不可得名，故谓天地之根，绵绵若存，用之不勤。门，玄牝之所由也，本其所由，与太极同体，故谓之天地之根也。"② 高亨在《老子正诂》中对其解释说："谷神者，道之别名也。""谷"读"榖"，而《尔雅释言》中说："榖，生也。"③ 一方面，王弼强调"道"（谷）的虚无而"无形无影"，另一方面强调"道"具有创生万物之功能。不仅如此，"道"还是天地之根，因为它是"玄牝之所由""与太极同体"，"所由"即本原，根由，太极之义，韩康伯在《周易注疏·复卦注》中引王弼之言：

> 演天地之数，所赖者五十也。其用四十有九则其一不用也。不用而用以之通，非数而数以之成，斯易之太极也。四十有九，数之极也。夫无不可以无明，必因于有。故常于有物之极而必明其所由之宗也。

可见"太极"作为万物之宗，实是万物之本，"道"与太极同体，"道"亦为万物之本。从上述情况看，如果在一般意义上谈王弼之学的

① 《王弼集校释·老子指略》。
② 《老子·六章注》。
③ 楼宇烈.《王弼集校释》，第17页。

特征，称之为"本根论"是比较合适的。①

　　造成上述这个局面的主要根源，正如唐君毅所说："研究中国思想者之缺点，则为以西方思想比附中国思想，由是而人论中国哲人之思想者，恒喜论其宇宙观形而上学，而先论其知识论与思想方法论，然不知由宇宙观以引出人生哲学等，唯西方哲学之路数。"② 而就本体论自身来说，这种西方思维模式对中国哲学所造成的负面影响直接体现在对有关理论本身的理解上。目前学术界一般认为，中国的宇宙生成论在理论的成长和发展方面总是落后于宇宙本体论，而王弼的最大贡献就在于把宇宙生成论上升到本体论的高度，具体地说就是使老子宇宙本体论的思想更加纯粹化、明确化。这种过分强调本体论而相对弱化创生论地位所导致的结果是，在很大程度上忽视或贬抑创生的价值而夸大或抬高本体论的意义。实际上，对于一种形而上的理论形态，从某种意义上说仅用一些特殊的视角去评价并给予定位，难免会影响对整个理论评价的准确性，甚至会影响人们对它本来面目的认识，对王弼"无"的定位即是如此。因此，有必要换一个角度或思路重新盘点王弼哲学的内容、性质、意义等各方面的实质。实际上，王弼哲学一开始就不是把研究世界如何存在（本体论）、人们如何认识世界（认识论）当作其最终目的，而是把目光紧紧盯在社会与人的问题上。当然，我们并非否认王弼哲学完全不具有本体论思想，因为王弼也谈宇宙之根源，宇宙存在之因，从本体论包括的模糊范围看，王弼的理论具有"本体"思想是毋庸置疑的；我们只

----

　　① 陈鼓应把老子的"道"称作"本根论"，指的是万物存在的依据。虽谈及本体问题，但并未凸显它的生成义，而对王弼哲学性质的认识仍然认为是从两汉的生成论与构成论为主流的宇宙论转向的本体论。（见陈鼓应《道家的人文精神》，中华书局，2012：170 页。）其实，对于"根"，在老子的思想中不仅有着本的意涵，更多的时候它代表着不懈的生命源泉和动力，如《老子·十六章》：万物并作，吾以观复。夫物芸芸，各复归其根，归根曰静，是曰复命。"作为《老子》的注释者，虽然王弼在一定情况下突出它的本体性，如他对上文的解释是："归根则静，故曰静。静则复命，故曰复命也。复命则得性命之常，故曰常。"但无论如何，既然是注，就不可能对老子一些基本的或重要的观点置之不理，而必须加以承继。（见田永胜《王弼思想与诠释文本》，第 86—94 页。）因此，从这一点来说，把王弼的"道"称为"本根论"亦可算是重要的理由之一。

　　② 唐君毅.《中国哲学原论·导论篇》，北京，中国社会科学出版社，2005：48 页。

是想强调，仅以本体论性质的定位去研究王弼哲学会存在很大问题，尤其是以"无"作为本体论更易对王弼哲学研究产生误导，而正确的态度是全面把握王弼"贵无"真正"贵"在什么地方。

第三节　关于王弼之"本"的特性与
"无"关系的再思考

王弼所说的"本"，并不是如死水一潭、固定不变的，不但在内涵方面充满多义性，而且在功能方面显示出其充满活力和能动性的特征。与西方哲学相比，王弼哲学中的"本"不是静观的、理论性的，而是变动性的、实践性的；[①] 不仅是抽象的、形而上的，更是具体的、历史的；最重要的是它不仅停留在认知方面，更指向了实践层面的伦理道德、社会规范，甚至是政治理想等方面。总之，专注"本"是认识事物或处理问题的关键，这也成了王弼哲学的核心思想，因此，"本"几乎成为与"无""道""自然"同等重要的概念。

在认知层面，首先，"本"与"道"联系起来，表示为万物运行或发展的原则。在《老子指略》中，王弼说：

> 夫素朴之道不著，而好欲之美不隐，虽极圣明以察之，竭智虑以攻之，巧愈思精，伪愈多变，攻之弥甚，避之弥勤。则乃智愚相欺，朴散真离，事有其奸，盖舍本攻末，虽极圣智，愈致斯灾。

"朴"常被王弼用来指"道"，"素朴之道"即天地万物之道，"朴散"则

---

① 这点笔者与叶秀山认为的"本"是静观的、理论性的恰恰相反。（见叶秀山《中西智慧的贯通》，江苏人民出版社，2002：94 页。）

离"道","道"离而"本"失，因此，这里的"本"指的就是"道"，"道"亦是指"本"。其次，"本"指物之本然，或物之根本。"物，苟不以求离其本，不以欲渝其真，虽入军而不害，陆行而不可犯也，赤子之可则而贵信矣。"① 再次，"本"表示万物之本原。王弼说："用一以致清耳，非用清以清也。守一则清不失，用清则恐裂也。故为功之母，不可舍也。是以皆无用其功，恐丧其本也。"② 作为"数之始而物之极"的"一"，当是指本原的"道"；③ "清"为天之"清"，是天的一种属性；"致"，高亨在《老子正诂》当中释为"推"，陈鼓应也这样理解。④ 既然"道"生天地，离开了"道"，则没有了天，也就没有了"清"，所以王弼说"致清"，也就是说"清"由"道"以天为介推理而出，"清"并非单独的存在，所以"道"为"清"的根本，为"母"，"清"是"道"的"功"，但如果没有了"功"，即没有了能够展现"清"的存在，而"清"则丧失了其存在的根本或源泉，所以王弼接下来说：

清不能为清，盈不能为盈，皆有其母以存其形，故清不足贵，盈不足多，贵在其母。贵乃以贱为本，高乃以下为基。⑤

可见，作为道之"本"，相对于"清"而言，"本"为根本，基础之义。⑥

由上我们还可以看出，无论"本"据何种内涵，在事物之间或对事物本身的存在而言都处在主要或根本性的地位，而相对"本"，其他因

① 《老子·五十章注》。
② 《老子·三十九章注》。
③ 林希逸注："'一'，道也。"严凌峰："'一'者，道之数。"转引陈鼓应．《老子注译及评价》，中华书局，1984：218 页。
④ 陈鼓应．《老子注译及评价》，第 219 页。
⑤ 《老子·三十九章注》。
⑥ 牟宗三认为："'用一以致清'之'致'字，'各得此一以成'之'成'字，'道生之'之'生'字，究如何而规定。此皆宇宙论之词，皆表示道之生成性，实现性，即表示道为一实现原理。"（牟宗三．《才性與玄理》，第 164 页）牟宗三把它看作宇宙生成论显然是不合适的。

素则处在次要地位。按此逻辑，把"本"简单理解为"本体"之义比它概念实际的外延要窄得多，这在实践层面也是如此，如《老子·五十七章注》中说：

> 以道治国则国平，以正治国则奇正起也，以无事则能取天下也。其取天下者，常以无事，及其有事，又不足以取天下也。故以正治国则不足以取天下，而以奇用兵也夫。以道治国，崇本以息末，以正治国，立辟以攻末，本不立而末浅，民无所及，故必至于奇用兵也。

"以道治国则国平"说明人们在实践过程中必须遵循"道"的原则，但在具体实践中，人们重点关注如何行动才可以践行"道"，才可以其治国使"国平"，因此对于治国而言，在具体实践中根本在于对"道"的执行，而不是"道"的本身，或者不是静态的"道"，而是动态的"道"，即功用。既然"道"对物"无为""无恃""无作"，那么遵"道"之人亦应如此，所以王弼说"以无事取天下"。何以才能无事，自然是心中无欲、无个人私利及目的，只有"我之所无欲，唯无欲而民亦无欲自朴也。此四者，崇本以息末也"。这里的"四者"指的是"我无为而民自化，我好静而民自正，我无事而民自富，我无欲而民自朴"。[①]"无欲""无为""好静""无事"四者皆是在实践之中遵"道"的表现。可见，在实践层面，王弼所说的"本"应是现实生活中人们遵"道"的具体："无欲""无为""好静""无事"。这一点在"立正欲以息邪，而奇兵用多；忌讳欲以耻贫，而民弥贫；利器欲以强国也者，而国愈昏多。皆舍本以治末，故以致此也"[②] 中得到证实，"立正""忌讳""利器"正与"无欲""无为""好静""无事"相对，后者所为的结果是"崇本息

---

① 《老子·五十七章》。
② 《老子·五十七章注》。

末",而前者所为的结果是"舍本以治末",两者一正一反相对,"崇本"与"失本",证明了王弼"本"的意义所在。

从内容上看,这些"本"之义是在遵道过程中与其他因素相比较得来的。例如治国,以"道"与以"正"相比,前者使得"国平",后者则使得"奇正起",因此治国应以"道",这是治国之"本"。而"无欲""无为""好静""无事"亦与"立正欲""忌讳欲""利器欲"等相比而成为"本",所以与其说这些义是"本",不如说是遵道中的主要因素,这一点在王弼其他的论述中亦有所体现。如他在《易·家人注》中说:"凡物以猛为本者,则患在寡恩;爱以为本者,则患在寡威。"这里可以看出,"本"是相对的,不同的"本"在不同的对象中所起的作用并不相同,当然不具有普遍性意义。

从认知层面而言,物之自身呈现为"朴"、为"真"、为"道",皆为物之"本",它以"自然""以天下之心为心而存之",但在宇宙万物之中,除人之外,他者,即使高级的动物,也都没有"心",说没有"心"不是指生理意义上的存在,而是心特有的功能,即与人心的能动作用相比而无,如人能够以理性的方式思考,对外界的刺激能够在心中形成意识,在自我的心中反思,以此指导人们的实践活动,但他者则没有,或者说与人相比,它们的"心"在这方面的功能几乎可以忽略不计。可见,说物以天下之心为心在本然上是强调没有人特有的意识之心,而对人而言,只有人心处在未发状态,此时的心内是"无",才能成就"以天下之心为心",对物的作用才能顺物之性,而物之"本"才能显露出来。就实践层面而言,即以人的视域为出发点,与物不同的是,人不仅作为物理性的本然存在,心以天下之心为心的状态,最重要的是作为社会之人,由于人与人、与物、与社会交往,往往会在内心增添许多非本然之心而在的意识,在现实世界呈现出与本然不同的实然状态,而实然的存在绝大多数突出的是个体的价值理想或目的,或多或少都会在公共性或普遍性方面有所欠缺,这样就难免会使人与人之间发生冲突或矛盾,破坏各种社会秩序的平衡,最终祸及的仍然是个体自身,因此，人有必要从实然向本然转向而努力，其关键就在人心上，只有心保持"无"，即以"天下心为心"，才可以实现对物或人自身"本"的认识。

上述我们对王弼之"无"的来源及其基本内涵做了较为细致的梳理，但对"无"的具体含义、作用、与其他概念之间的关系以及在王弼哲学体系中的位置等，还必须放在其特定的社会环境和语言环境中省察，才能准确地认知与把握，这也是本书内容的重中之重。

第四章　对王弼之"无"的多重考察

第一节　道"之"无"——"道"的双重指涉，
一曰"无"，一曰"有"[①]

一、何为"道"

在金文中，"道"的本义是给不知道路的人引路，或是在岔路口给迷路者领路，因此，"道"的本义应该是导引。[②]《左转·僖公二十六年》中"臧孙见子玉而道之伐齐宋"中"道"即是导引之义，而现在所说的道路应该是引申义，许慎在《说文解字》中即是如此解释："道，所行道也，从之从首。一达谓之道。"段玉裁在许慎理解的基础上进一步将其引申为"道理"，他说："毛传每云行道也。道者人所行。故亦谓之行。道之引申为道理，亦为引道。"[③] 这时"道"之义虽然表示事物存在和发展变化的规律或原则，但其根本的导引之义并没有消失，因为从动态的导引变成了静态的规律或原则。古人在实际社会生产生活中通过长

[①]　牟宗三认为，"有、无是道的双重性（double character），道有'有性'，有'无性'，有、无这个双重性是作用上显现出来的。"（见牟宗三.《中国哲学十九讲》，第 128 页）张岱年亦认为，道家之"道"是"非物质性的绝对，道是有与无的统一。"（见《中国哲学史论文集》第一辑，济南，山东人民出版社，1979：14 页。）

[②]　刘翔.《中国传统价值观诠释学》，第 256 页。

[③]　（清）段玉裁.《说文解字注》，上海，上海古籍出版社，1981：133 页。

期的观察与总结，逐渐认识了某一现象或事物发展变化的轨迹，便沿此轨迹而作出行动的选择，因此，轨迹变成了人们言行方向的指针，就好像人们在行走过程中遵从一定的方向性指引，可见，道理与"引道"是密不可分的。但很明显，此时的道理之"道"已经慢慢脱离了具体实践中的感性而逐渐上升为具有哲学意味的概念，如《左传·昭公十八年》中说：

> 夏五月，火始昏见。丙子，风。梓慎曰："是谓融风，火之始也。七日，其火作乎!"戊寅，风甚。壬午，大甚。宋、卫、陈、郑皆火。梓慎登大庭氏之库以望之，曰："宋、卫、陈、郑也。"数日，皆来告火。裨灶曰："不用吾言，郑又将火。"郑人请用之，子产不可。子大叔曰："宝，以保民也。若有火，国几亡。可以救亡，子何爱焉?"子产曰："天道远，人道迩，非所及也，何以知之? 灶焉知天道? 是亦多言矣，岂不或信?"遂不与，亦不复火。

再如《易传》中说：

> 一阴一阳之谓道，继之者善也，成之者性也。

由上述两例可见，"道"已经脱离了具体有形的东西或某种特殊的具体事物，而形成了人的一种观念，是人们对自然现象变化规律的认识，尤其是把它指向"天道"与"人道"时，"道"之概念的本质已经初步上升到哲学的高度，而非原初对感性经验的简单描述；同时也说明，"道"不仅可以涉人，亦可示天，如《管子》中说："顺理而不失之谓道。"[①] 而《庄子》中说："道者，万物之所由也。"[②] 虽然时而有人把

---

① 《管子·君臣》。
② 《庄子·渔父》。

"天道"与"人道"区分开来，如《庄子》中说："何谓道？有天道，有人道。无为而尊者，天道也；有为而累者，人道也。天道之与人道，相去远矣，不可不察也。"① 但在实际生活中，人们却认为天道（天地万物运行的自然规律）与人道（人类社会生活原则）之间存在着某种必然的联系，或者说，"天道"与"人道"实为一"道"，只不过角度不同而已，如戴震所说："在天地，则气化流行，生生不息，是谓道；在人物，则凡生生所有事，亦如气化流行之不可已，是谓道。"②

从历史的角度看，自西周以来，人们注重以伦理道德为核心的"人道"，他们所说的"道"基本上是指社会遵循的礼仪原则。如孔子说："君子食无求饱，居无求安，敏于事而慎于言，就有道而正焉，可谓好学也已。"③ 孔子所谓学"道"，亦即"宗教性的道德修养"（李泽厚语）。儒家所言之"道"并非都是完全意义上的"人道"，有的则以自然之"道"为基础。孟子有言："尧舜之道，孝悌而已矣。"④ "孝悌"虽然是从伦理道德上说的，但儒家认为，孝悌来自人的自然本性，因此"孝悌"名为"人道"，实为"天道"。但无论如何，儒家之"道"主以"人伦日用"应该是没有问题的，正如戴震在对孟子"道"字疏义时所总结的："道者，居处、饮食、言动、自身而周于身之所亲。"⑤ "凡事之悬一定准则以使人共行者，皆谓之道。"（刘师培语）

如果说儒家即使遵从"天道"也还是通过"人道"间接地反映出来，一般体现的都是日用伦常具体的规范或原则，那么作为先秦另一重要学派的道家，不仅直接把探寻自然万物的规律与原理作为自己学说研究的对象，而且把"道"上升到哲学的层面，以比较纯粹的形而上的方式探寻天地万物的本源之"道"。

---

① 《庄子·在宥》。
② 戴震.《孟子字义疏证》，《戴震全书》第六卷，合肥，黄山书社，1995：199页。
③ 《论语·学而篇·第十四》。
④ 《孟子·告子下》。
⑤ 戴震.《孟子字义疏证》，《戴震全书》卷六，第202页。

老子说：

> 道生之，德蓄之，物形之，势成之，是以万物莫不遵道而贵德。①

又说：

> 夫物芸芸，各复归其根。归根曰静，是曰复命。复命曰常，知常曰明。知常容，容乃公，公乃王，王乃天，天乃道，道乃久，没身不殆。②

由上可以看出，道家之"道"既有创生义，又有本体义，已远超过了规律或原则的内涵，与儒家一样，道家的"道"亦不仅指"天道"，同时也有"人道"的含义，如老子说："从事于道者，同于道……同于道者，道亦乐得之。"③ 显然前者主要是指"人道"，不过，它是从更本根的"天道"转化而来的。需要特别指出的是，正如上文所言，不论是"天道"还是"人道"，它们并非完全为理性的逻辑推理，而是需诉诸人内心的一种精神上的体验，因此，对"道"的把握并非仅仅基于西方传统意义上主客二分的理论预设，而是直接为内心的一种体验或者感悟的实践智慧。换言之，"道"不完全是对象性的，更是人心的一种体悟，所以从这个意义上说，原始道家理论建构的本初就有"心性哲学的趣向。"

老子、孔子以后关于对"道"含义的理解或诠释基本上都没有离开上述内容，"道"的哲学意义不但是天或人运作规律或行为规则的表达，

---

① 《老子·五十一章》。
② 《老子·十六章》。
③ 《老子·二十三章》。

而且关涉着万物生成的本原或存在本体之义。① 不过，无论是儒还是道，"道"都是古代哲学中实践追求的重点。正如金岳霖所认为的：

> 中国思想中最崇高的概念似乎是道，所谓行道、修道、得道，都是以道为最终的目标。思想与情感两方面的最基本的原动力似乎也是道……最基本的原动力的道绝不是空的，道一定是实的，可是它不只是呆板地实，像自然律与东西那样实，也不只是流动地实，像情感与实践那样的实……道可以合起来说，也可以分开来说，自万有之合而为道而言之，道一。"道二，仁与不仁而已矣"的道，照书本的说法，是分开来说的道……从人事这一方面着想，分开来说的道也许更重要。②

以金岳霖的说法，最本原的"道"是"万事万物不得不由、不得不依、不得不归的道才是中国思想中最崇高的概念，最基本的原动力。"③ 这就表明了中国哲学中最基本、最崇高的"道"指的是天道，但对于人来说，还是由之而形成的人道更为重要，或者说，天道是人道的根本。因此可以说，"道"是天与人的共同原理，人谋求与天道的共同原理，以便处于主宰地位的天道能够面向身、家、国、天下的秩序，这样就得到了人伦之道。王弼正是接续这种思路而展开对"道"的解说与研究的。

---

① 庄子在《大宗师》里说："夫道，有情有信，无为无形，可传而不可受，可得而不可见。自本自根，未有天地，自古以存，神鬼神帝，生天生地；在太极之上而不为高，在六极之下而不为深，先天地生而不为久，长于上古而不为老。"韩非子则说："道者，万物之所然也，万理之所稽也。理者，成物之文也；道者，万物之所以成也。"（《韩非子·解老》）德国的马克斯·韦伯也认为："'道'本身是个正统的儒教概念。它指宇宙的永恒的秩序，同时也是宇宙的运行，这在一切非辩证的形而上学中经常得到证实。在老子学说里，道本身是永恒不变的，因而具有绝对的价值，道既是秩序，又是产生万物的实际理由，它是一切存在的永恒原型的完美化身。"（见［德］马克斯·韦伯．《儒教与道教》，凤凰出版传媒集团，2010：189 页。）

② 刘梦溪主编．《中国现代学术经典》金岳霖卷，石家庄，河北教育出版社，1996：18—20 页。

③ 同上，第 19 页。沟口熊三也认为，中国的"道"，"自汉代以后，它既是物的生成、运动，同时也是生成、运动的物自体。"（见沟口熊三．《中国的思想世界》，第 74 页。）

二、王弼之"道"不能等同于"无"

学界普遍认为,真正哲学意义上的"道"最早出自《老子》,但其并非只有一义。① 非但在老子哲学中如此,在王弼哲学中"道"的内涵亦有多个层面,"道"不仅具有创生义,而且具有本体意,如王弼说"混然不可得而知,而万物由之而成……周行无所不至而不危殆,能生全大形也,故可为天下母也"②,"道以无形无为成济万物"。③ 换句话说,"道"不但成就万物,保持其现在的所是,更会保障其未来的所是,把事物置身于一个发展变化的过程而本质不变。但很多学人把它与"无"混在一起,认为"道"即是"无","无"即是"道",有的甚至认为这是王弼在老子哲学的基础上个人哲学成就的集大成体现,代表着从先秦到两汉以来中国哲学思维方式的根本转变。如果真如学人所说"无"等同于"道",那么就存在以下几个问题:一是既然是"无"等同于"道",也就是说,"无"的概念所表达的内涵和"道"应该是一致的,反之亦然,否则何以称"同"呢?但事实并非如此,如王弼说:"何以

---

① 张立文将老子的"道"分为三层意思:"作为万物的本质论来说,则是本体;作为万物生成论来讲,是本原;作为世界万物变化发展而言,则是总规律或法则。"(见张立文.《中国哲学逻辑结构论》,第148页。)冯契认为"道"作为"贯通于一切事物的统一原理,是天地万物无不遵循的一般法则(冯契.《冯契文集》第五卷,华东师范大学出版社,1997:122页),是自然万物得以开始和成就的所以由,"道"本身是不变的,因而具有绝对的价值。陈鼓应有言:"'道'乃指产生万物的本原及万物存在根据的形而上之道。"(陈鼓应.《道家的人文精神》,第166页。)马克斯·韦伯则认为"道"的含义不仅仅是万物产生的根本理由,而且是万物生成的秩序的反映,更是"一切存在的永恒的完美的化身。"(马克斯·韦伯.《儒教与道教》,第189页。)唐君毅对之似乎有总结性的做法,认为老子之"道"分为"有通贯异理之用之道""形上道体""道相之道""同德之道""修德之道及其他生活之道","为事物及心境人格状态之道"。第一义按照唐君毅所说,相对于今天的所谓的自然规律,宇宙原理等;第二义指的是"实有之存在者,或一形而上之存在的实体或实理者";第三义是在第二义的基础上指是实体的存在形式即"道体之相";第四义为既然道能生物、畜物,即为道的德,但道有生而不有,为而不恃,长而不宰,因此,道虽有德,仍不失其道,所以"有德亦同于有道";第五义接着第四义而来,"道"是人修德积德之方,老子的致虚守静,专气致柔,涤除玄览等皆是其修德之道;最后一义则是"一种事物之状态,或一种人心境或人格状态。"

② 《老子·三十四章注》。

③ 《老子·二十三章注》。

尽德？由乎道也。"① 如果把"道"变成"无"，就成了"何以尽德？由乎无也"，这显然是不合适的，因为在王弼哲学中，"无"具有多义性，如果没有上下文的提示，人们是很难知道此"无"是在何种意义上说的。有的学人认为王弼以"无"置换"道"②，并举"道以无形无名始成万物"③ 为例作为说明。这里就很奇怪，为什么王弼不直接用"无"置换"道"呢？而且如果用"无"的话，则可以使语句更加简洁，即可省略"无形无名"等，而其所说的"道"是"无"的称谓的根据是"道者，无之称也，无不通也，无不由也。况之曰道，寂然无体，不可为象。是道不可体，故但志慕而已"。④ "无"在这里一直是作为描述性的副词，是对"道"性质和外在形态的一种说明，如果是从创生的角度看，"无"只是能够体现出"道"作为万物本原性的特征，⑤ 怎么就变成了"道"是"无"的称谓了呢？再如，王弼说"道以无形无名始成万物"，楼宇烈将"无"解释为"道"，那么"道以无形无名始成万物"即是"无"始成万物，但上句又说"无形无名"则为"万物之始"，"始成万物"和"万物之始"应该表达不同的内容，也就是说把"无"等同于"道"并不合适，且随后王弼把"有""无"解释为"始于无，同出于玄者，在首则谓之始，在终则谓之母"，"道"无疑包括"无"和"有"，这就证明了"无"表示"道"之始，不能代替"道"。二是楼宇烈将"有"解释为"万有，指可识可见有形有象之具体的事物"⑥ 也是有问题的，因为"有"如果是"万物"，又是"万物之母"，这种说法本身就是

① 《老子·三十八章注》。

② 蒋丽梅.《王弼〈老子注〉对"道"的诠释》，李景林等主编.《京师中国哲学》第 1 辑，哈尔滨，黑龙江人民出版社，2010：136 页。

③ 《老子·一章注》。

④ 《王弼集校释·论语释疑》。

⑤ 维特根斯坦所说，人不可能预期整体。也就是说，人说不出万物总体是大还是小，因为没有任何超越其外可以与之加以比较的东西。（转引安乐哲.《道不远人——比较哲学视域中的老子》，学苑出版社，2004：144 页。）我们也可以沿此思路，认为作为万物生成的"道"亦是如此，只能用"无"的特征进行体会或描述。

⑥ 楼宇烈.《王弼集校释》，第 2 页。

矛盾的。既然"道"包括"无"与"有","无"为"始",则"终"为"有",而"终"又为"母",那么也就是"有"为"母",既然为"母",应是"有"生成万物,而不是等同于万物,那么万物由何而生?在古人看来,生成万物的是天地或天地之间的"气"①,庄子说万物的生是"天地之委和"、体是"天地之委形"、性是"天地之委顺"。② 他的意思是说个体的性命来源于天地,天地造就了万物,当然追根溯源,还是"道"成就了天地万物,因此庄子有言:"天地与我同生,万物与我为一。"③对于王弼来说,"万物始于无而后生",不是"无"生了"万物",而是以"无"为开始,作为"万物"之"终"之"母"的"有",实际是包括了天地在内万物的集体总称,是它们的高度抽象,这显然与"道"和"无"所表达之义是有差别的。三是如果是以"无"代"道",则王弼在解释《老子》文本中的"道"时,应用"无"替代,但事实上却极少体现出来,而有学者认为王弼的以"无"代"道"是就本体论意义而言的,这表明两者之间的关系是有局限性的,不能代表王弼哲学的总体特征。退一步讲,即便只是针对本体论而言,那么也应体现以"无"释道,但这种情况在王弼那儿却一直都没有出现。四是从体用关系上看,通常认为,王弼的"无"即体即用,体用合一。如果说"无"等同于"道",那么作为体的"无"与作为功能的"无"并不是一回事,扮演着功能角色的"无"并不是作为"道"之"无"的本身,就如王弼所言:"仁义,母之所生,非可以为母。形器,匠之所成,非可以为匠也。"④也就是说,若把"道"与"无"等同起来,或以"无"代"道",首先就是混淆了"道"的功能"无为"与"道"的"无形无象"之"无"的概念。其次即使"无"为"道",也存在同样的问题,在这点上,二程

---

① 有人认为哲学意义上的"气"非我们今天所说的物质性的气体,这话并不完全可信,许慎在《说文解字》中解释说:"气,云气也。象形。"《左传·昭公九年》中:"味以行气,气以实志,志以定言。"都可以证明"气"未必不是物质性的。

② 《庄子·知北游》。

③ 《庄子·齐物论》。

④ 《老子·三十八章注》。

（程颢和程颐）曾经对之进行了辩驳，他说："大本言体，达道言其用，体用自殊，安得不为二乎？[①]"体用自殊"当然不能合一了。朱熹的解释与二程虽有些区别，但根本的思路却是一样的，他说："且如扇子，有柄有骨子用纸糊，此便是体，人摇之，则用也。"[②] 如果说前者仅以物自身实现体用一源而强调功能与目的的差别，后者则由于人的介入，体的功能方得以显现，由此看体和用之间的差别则更加明显。但朱熹的分析恰能够看到王弼在"无"与"道"关系的分解上如何为实现自然之道由物之"无"（为）的原则转化为人之"无"为的实践根据过程，这个过程实际也见证了"无"与"道"在王弼概念或范畴中的区分或差别。最后，从直观上看，正如田永胜所认为的，如果王弼玄学是"以无为本"，那么为什么本体之"无"在文中只出现了十几次，而作为万物本原和本体的"道"却出现一百多次，如果王弼的本体之"无"是其玄学的核心概念，为什么《老子注》中"无"具有多种含义，而并非全部指本体？[③] 田永胜的意思是说，如果把王弼哲学看作"以无为本"为核心，则明显与事实上作为本体的"道"不符，这也间接地印证了笔者的看法，即王弼哲学并非"以无为本"。这从另外一个角度也证明，"无"在文中不同的含义与"道"并不一定相吻合的情况的确存在，如王弼在《老子·四十章注》中说："高以下为基，贵以贱为本，有以无为用，此其反也。"高下、贵贱、有无之间都是反义，"有"的反义只能是"没有"，但"道"却没有这层含义，可见王弼之"无"并非代"道"，而是别有所用。当然，仅用出现次数的多少来说明一个概念的性质，这在理论上缺乏足够的说服力。

需补充的是，学人常以上文已经提到过的"道者，无之称也"即"道"是"无"的名称作为最直接的证据来证明"道"等于"无"，笔者

---

① （宋）程颐.《与吕大临论中书》，《二程集》上，北京，中华书局，1981：606 页。

② （宋）朱熹.《朱子语类》卷六，性理三，《朱子全书》卷四十，合肥，安徽教育出版社，2003：239—240 页。

③ 田永胜.《王弼思想与诠释文本》，第 48 页。

用劳思光对此的看法来再次说明将"道"等同于"无"的不合理性。劳思光说：

> 此所谓"不可为象"，是指"现象"说，"实有"本身不是一"现象"，故言"不可为象"。而超此现象之"实有"，在王弼即以为是"无"，至于"道"字乃对"无"之称号，以表示其为普遍规律——所谓"无不通""无不由"。因之，吾人可知，王弼所持之"道"，一方面是"无"，一方面则是现象共循之规律。此规律为一"实有"，但非现象意义之"有"。换言之，是"Reality"而非"Existence"。①

可见，在劳思光看来，"无"只是"道"的一方面而已，而不能把"无"等同于"道"。

不过，劳思光把"道"释为"实有"也未必符合古人思想的实际。《管子·心术上》说："道在天地之间，其大无外，其小无内。故曰'不远而难极也'。"② 很明显，王弼"道"的特质与此描述是相通的，但无法具体说明它的实在性，如果把"无"解释为"实有"则更不可以，因为"无之称"表达的是某事物没有名，"无不通"是指形式上对他物而言的无障碍，而"无不由"则强调原因和根据，它们任何一方都不能表现出"实体"之义，其实王弼自己已说得非常清楚，"道"是"寂然无体，不可为象"，"象"是"道"的象，就是无象之象——"无"，这也证明了把"实有"说成王弼的"无"也是错误的；从词性上看，如果把"无"理解为"道"的名，而后的"无"义却是否定的意思，很明显在逻辑上与描述"道"性有很大的出入。劳思光把"道"理解为包括"无"和"规律"的含义，对于前者，笔者比较赞同，这个"无"是指

---

① 劳思光.《新编中国哲学史》，第 137 页。
② 《诸子集成》卷五，《管子·心术上》第三十六，第 683 页。

"道"呈现出的"形",正是由于"道"以"无"形存在着,所以才能"无不通",但把"无不由"看作"现象共循规律",即把"道"解释为规律并不太准确,实际上"道"只是万物遵循的原则,就其本身而言是无所谓规律的,这一点刘笑敢给予了比较合理的解释。①

上述情况再次说明,"无"与"道"之间的关系并非如部分学人所理解的那样,以"无"代"道"或等同于"道"。另外,需要补充的是,许多学人把"无形""无名""无为""无欲"等皆以"无"为简称,这样的看法实际是非常粗疏的,如王弼把"无为"按老子的思路理解为"常道",既然是"为","无为"也是一种为,是万物自我或个体之人的行为规范或原则,怎么可以是"无"呢?另外,"无为"在作名词时是一种"为"的状态,作动词时是一种动作,简单地用"无"根本无法单独地体现出"无为"的含义,所以"无"也不是无限的、全能的,它也具有与其他概念或范畴一样的内涵或外延的限定。当然,首先发现"无"与"道"之间矛盾的不是笔者,也非田永胜,在此之前王晓毅已经看到并试图去给予调和。他说,王弼将"无"看作"宇宙本根的'命号',而将'道'看作对'无'的一种称谓",但他又说这"并不意味着王弼不再将'道'看作宇宙本根的代号而继续使用,相反王弼在《老子注》中使用'道'的次数远远超过使用'无'的次数"。② 不过这样的调和并没有解决以上问题。既然"道"不等同于"无",同作为王弼哲学中的重要概念,那要如何看待它们之间的关系呢?

三、"道"之"无"

我们仍然从《老子·一章注》开始分析。王弼说:"凡有皆始于无。"也就是说"无形无名为万物之始",而王弼又说"道以无形无名始成万物",可见"无"是天地万物的始基,"有"则是万物的具体,两者

---

① 刘笑敢.《老子古今》,北京,中国社会科学出版社,2006:443页。
② 王晓毅.《中国文化的清流》,第212页。

皆由道而成。换句话说，"无"与"有"不过是"道"生万物的两个阶段或过程，同出于"道"，而在这个意义上，"无"与"有"实际同属于"道"。王弼的理解应该说是符合老子原意的，老子说："无，名万物之始；有，名万物之母……此两者同出而异名。"即"无"与"有"同出于"道"，是万物生成过程中的两种存在形态。这也符合人们的感性直觉，即把"有"与"无"称为存在和非存在。存在（"有"），指有形、有名客观存在的东西，非存在指（"无"）无形、无名的非实体的东西。可见"无"和"有"是"道"的两种表现形式或属性。[①]

这在《老子·三十八章注》中亦可体现：

> 夫大之极也，其唯道乎？自此已往，岂足尊哉。故虽德盛业大，富而有万物。犹各得其德，虽贵以无为用，不能舍无以为体也，不能舍无以为体，则失其为大矣。

很明显，这里的"贵"指的是"道"，"体"显然不能是"万物"，亦指的是"道"，那么似乎由此得出"无"即"道"，但王弼明确指出，只有"道"才能称"大之极"，"无"只是"大之极"的特性而发生的作用，因此，"无"同样取"道"的无形无名之性。这段是说，万物虽然皆以"道"为尊贵，但"道"要借自己无名无形的特性，以"无"为用，如果舍去这个无名无形的"体"，道的"大之极"就无法保障。

王弼在《老子·四十章注》中对此有更明确的说法："有之所始，以无为本，将欲全有，必反于无"。"有"不过是脱离了具体形象，是对万物存在方式的一种描述，"无"则是横亘在万物"有"之下以同样方式存在的万物的根基。一旦作为有形有象的"有"解体或者死亡，则具体的"有"最终还是会回到原来的"体"，那就是"无"，它也可以说是

---

① 康中乾说："'有'和'无'同出于'道'，均是'道'的本质规定性。"（见康中乾《有无之辨——魏晋玄学本体思想再解读》，第10页。）

具体之"有"存在的极限，可见"无""有"虽然在形态、逻辑和秩序上有所不同，但"无"是"有"最终的存在方式，真正生养万物的本原还在于"道"。因此，"无"其实是"道"的一种形式或属性。正如王晓毅所说："'本'是从本质现象角度观察而称，'无'是从形名的角度而称。"①

不过，"道"与"无"的关系还不仅仅表现在形式方面，有些时候，"无"则直接体现"道"的本然之质或功用。这里试举一例，在《老子·六章注》中，王弼指出：

> 谷神，谷中央无。谷也，无形无影，无逆无违，处卑不动，守静不衰，谷以之成而不见其形，此至物也。处卑而不可得名，故谓天地之根……欲言存邪，则不见其形，欲言亡邪，万物以之生。故绵绵若存也，无物不成，用而不劳也。

"谷神"被称为"天地之根"，显然指"道"，而由于中间的"无"，"谷神"才能"无逆无违，处卑不动，守静不衰"，成就万物。很明显，这里"无"是"道"之"无"，但用却是"无"之用。

关于"道"与"无"的上述关系，在其他著作或典籍中也可得到证实。《管子·内业》云："天之道，虚其无形，虚则不曲，无形则无所抵牾，故偏流万物而不变。"而与王弼同时代的何晏也表示了相似的观点，他说：

> 名无名，誉无誉，谓无名为道，无誉为大。则夫无名者，可以言有名者矣；无誉者，可以言有誉矣……此比于无所有，

---

① 王晓毅的意思和笔者的意思又有着一定的区别，王晓毅承认，"本"指的是事物的本质现象，"无"指的是事物的形名。很清楚，两者之间并没有直接的联系，王晓毅却说这是"无"多重含义的表现，泛指一切形而上的东西，如本质、规律等。（见王晓毅.《中国文化的清流》，第205页）按此逻辑，不但是本质可以用"无"来表示，但凡抽象的所指都可以用"无"进行指代，这无疑将"无"概念或范畴的外延在不自觉中无限扩大化了，王弼"无"所指显然还没有达到这个程度。所以，笔者认为，这里把"无"等同于"本"的理由是站不住脚的。

故皆有所有矣。而于有所有之中，当与无所有相从，而与夫有所有者不同……夫道者，惟无所有者也。自天地以来皆有所有矣；然犹谓之道者，以其能复用无所有也。①

唐代的李荣亦对此有着同样的看法，他在《老子注》中说："道常无为也，应物斯动，化被万方，随类见形，于何不有。"可见，"有""无"统一于"道"之下，只是从现象学的角度看，"道"非有非无。实际上，唐朝时道教基本上都是把"有"与"无"看作"道"的本然属性。

由上可知，有些学人把"无"看作"有"之本是一种误解。其实"无"本身是不是"有"的本体，王弼本人也是很模糊的，他说："以无形始物，不系成物，万物以始以成，而不知其所以然。"② 但在其他地方却明确指出是"道"使之然，且"无"只是对"道"的描述，我们不妨看以下例证：

无形无名者，万物之宗也。虽今古不同，时移俗易，故莫不由此，以成其治也。故可执古之道以御今之有。③ 道之出言，淡兮其无味也，视之不足见，听之不足闻。然则无味不足听之言乃是自然之至言也。"④ "道无形不系，常不可名。⑤

事实上，关于"道"与"无"和"有"的关系，王弼本人在《老子指略》中已有总结，他说："夫物之所以生，功之所以成，必生于乎无形，由乎无名，无形无名者，万物之宗也。"⑥ 这句话可以这样重新组合："夫物之所以生，必生于乎无形；功之所以成，由乎无名，形无名者，万

---

① 《列子集释·仲尼》卷四，张湛注引何晏《无名论》，中华书局，2012：116 页。
② 《老子·二十一章注》。
③ 《老子·十四章注》。
④ 《老子·二十五章注》。
⑤ 《老子·三十二章注》。
⑥ 楼宇烈．《王弼集校释·老子略例》，第 195 页。

物之宗也。"这样"无"的性质就可以看得一清二楚了，它不过是具体物的最初存在的基本内容和形式，是"万物之宗"。这两层意思可以在紧跟其后的进一步解释中得到应验，"（万物之宗）其为物也混成，为象也无形"。① 也就是说，作为构成万物本初的"无"不仅是其存在的形式，而且"无"也并非我们现在意义上的否定，只不过是"混然不可得而知，而万物由之而成"罢了，而就具体的物象来说，物的原初存在就是"无形"的，虽然他说："夫形也者，物之累也。"② 但从此也可以看出，物外在具体的形状，是物存在的具体形式，反过来说，以常识而言，万物的起始或者说其原始的状态就是无形的，我们可以简称为"无"，就如王弼在为《老子》中"道生一，一生二，二生三，三生万物"作注时说：

> 万物万形，其归一也，何由致一，由于无也。由无乃一，一可谓无，已谓有言有一，非二如何，有一有二，遂生乎三，从无之有，数尽乎斯，过此以往，非道之流，故万物之生，吾知其主，虽有万形，冲气一焉。③

"万物万形"注重的是物以外形的不同区分才有了万物，如果皆是一形，何来"万"呢？而物的万形只有回归到无形才能成为一形，无形也是一形，因此可以称作"一"④，这样，"一"就是"无"，"无"就是

---

① 楼宇烈.《王弼集校释·老子略例》，第195页。

② 《周易·乾卦·象辞注》。

③ 《老子·四十二章注》。

④ 柏拉图说："没有任何仅凭自身就可以是'一'的事物，你不能正确地用某些确定的名称称呼任何事物，甚至不能说出它属于任何确定的种类。相反，如果你称它为'大'，那么你会发现它也是小；如果称它为'重'，那么会发现它也是轻，其他所有名称亦莫不如此，因为无物是'一'物或'某'物，或属于任何确定的种类。我们喜欢说的一切'存在的'事物，实际上都处在变化的过程中，是运动、变化、彼此混合的结果。"（柏拉图.《泰阿泰德篇》152b）这里，柏拉图实际和王弼的思路大致相同，都在寻找千差万别的物背后的统一，就是能够把具有差异性的个体事物联系在一起的事物，在柏拉图看来，任何可感知的事物都不能完成这一点，只有用人的理念"一"，它与多种多样的事物之间的关系是"一"和"多"的关系，而它本身存在于这些具体的事物之中。从上述角度看，这里"无"和"道"之间并没有必然的逻辑关系。

"一"。所以他接着说:"从无之有,数尽乎斯,过此以往,非道之流。"在"道"的主宰下,万物从无到有、从无形到有形的意思比较明显,因为他最后说"虽有万形,充气一焉",也就是反过来看,万物都是由无形的"一气"而生成,这样正是外在形式的"无"才使得气"一",而使得气生成万物的"道"才是真正的其主,这样"无"和"有"与"道"的内容及形式的关系就一目了然。

其实,关于"道"与"无"和"有"的这种关系,早在两汉的河上公就持有这样的观点。他在《老子集释》中说:

> 万物皆从天地生,天地有形位,故言生于有也。天地神
> 明,娟飞蠕动,皆从道生,道无形,故言生于无也。[①]

"无"是"道"的"无形",而"道"生天地万物,天地万物被称为"有",三者的关系清晰明了。

王弼的"道""无"概念具有高度的抽象性,有些学人就此认为"王弼思想已经完成了从两汉的经验主义向理性主义、从具体思维向抽象理念的过渡,已经完全达到了形而上的水平。"[②] 这种说法并不符合事实。王弼在涉及有关形而上的概念或范畴时,许多都是以社会生活中具体之物进行解释说明,有的虽是老子已经提过的,但他仍然借用它们来表达"无""道"等观念的本质或功用,如"橐钥""水""玄牝""母子""婴儿"等,即使是对"道"和"无"之间关系的表述也没离开具体物,"道"与"无"和"有"始终紧密相连,没有具体之"有","道"及"无"的特征或功用就无法彰显,而缺少了"道"及其"无"的形而上的存在,具体之"有"就失去了根基或源泉,就如王弼所说:

---

① 《老子集释》上,第56页。
② 章启群.《论魏晋的自然主义》,第186页。

四象不形，则大象无以畅；五音不声，则大音无以至。四
象形而物无所主焉，则大象畅矣；五音声而无所适焉，则大音
至矣。故执大象则天下往，用大象则风俗移。①

如果说上述"无"与"有"还只是"道"在认知层面的存在所开显
的两种基本形式，就物而言，还只是人们在逻辑上对物的抽象规定，但
就实践层面而言，对人而言则是物之存在之理及人应遵守的万物之则。
就如朱熹所说："形而上者无形无影是此理。"② "道"表现为"无形无
影"之"无"，与之相对应的是在现实社会生活中，"形而下者，有情有
状是此器"，显现为"道"之"有"，两者之间的关系用朱熹的另外一句
话解释得更清楚："洒扫应对之事，其然也，形而下者也；洒扫应对之
理，所以然也，形而上者也。"③ 而这时的物之"道"已由自然万物之理
扩展到人类，成为人们社会生活中应遵守的行为规范或制度。不过，这
种自然化之理必须通过人借助"道"的特性"无"的功能才能实现。即
王弼所说："从事，谓举动，从事于道者也。道以无形无为成济万物，
故从事于道者，以无为为君，不言为教，绵绵若存而物得其真，与道同
体，故曰同于道。"④ 人"从事道"之所以"以无为为君"，是因为"道
以无形无为成济万物"。"道"的"无为"来自自身的"无形"，也正如
王弼所指出的："故物，无焉，则无物不经；有焉，则不足免其生。是
以天地虽广，以无为心。"⑤ 由于"道"的无形才能总揽万物，成为万物
之宗，而以人观之，则这个无形之"道"作为作用于万物的主体，由于
是"以无为心"，在作用于万物的过程中当然体现出"无"的行为，即
"无为"。若作用于万物的主体是人，王弼得出的结论是"圣王虽大，以
虚为主"。

————————————

① 《老子指略》。
② 朱熹.《朱子语类》卷九十五，《朱子全书》第十七卷，第 3185 页。
③ 朱熹.《论语或问》卷十九，《朱子全书》第六卷，第 906 页。
④ 《老子·二十三章注》。
⑤ 《老子·三十八章注》。

所以，王弼之"道"并非仅指形而上的天理之"道"，而且王弼更关切的是实践层面的人之"道"。天之"道"，"自本自根"[①]，是万物的本根，它是在万物生成和发展过程中体现出来的，无形无象，存在于万物之中，对物既非有所持，也非有自我的目的性，但其表现出万物作用的方式和原则；所谓的人之"道"，是指人间的政治制度、道德伦理、社会规范及君主的行为方式等皆以"道"作为实践层面的根据，它既可以与天道同体，也可以与之有表现形式的不同，也就是说，"道"是一体两面，一为物道，一为人道，就如《管子》中所说：

> 虚无无形谓之道，化育万物谓之德。君臣父子人间之事谓之义，登降揖让、贵贱有等、亲疏之体谓之礼，简物小大一道、杀戮禁诛谓之法。[②]

这里不但"虚无无形"之"道"化育了万物，而且"义""礼""法"等实践层面上的意义也由此"道"衍生而来，也就是万物与"义""礼""法"同出于"道"，实际就是把万物之大"道"与人间的小"道"紧密地结合起来。所以杨国荣指出："（王弼之）道作为形而上的本体，既具有本体论的意义，又有价值论的意义。"[③] 他的"本体论"是就物来说的，而价值论是就人来说的，但"天道"与"人道"并不是平行的两条线，而是相互融合、相互会通的一个整体，统摄于形而上的"道"。从我们上述对"道"的特征描述的情况看，"天道"是"人道"的根据，"人道"则是"天道"在现实中的展现和完成，人们常从日用伦常中牵引出"天道"，借"天道"以明"人道"，这正是王弼哲学的最终目的所在。

---

① 《庄子·大宗师》。

② 《管子·心术上》，第 682 页。

③ 杨国荣.《思与所思——哲学的历史与历史中的哲学》，第 159 页。

综上所述，王弼"道"与"无"的关系，在认知层面可以简单地归结为内容与形式、本质与现象的关系，"无"与"有"就是"道"与物的"形"与"名"，这与杨国荣所说的"道家所谓的'有无'，其确凿不移的基本含义就是有名、无名、有形、无形，'有无''有名''无名'乃道、物的哲学化的描述"① 是一致的；从实践层面看，"无"不但体现了"道"的"无恃""无为"等功用，而且成为连接"天道"与"人道"的桥梁或纽带。

四、"无"的哲学特征及其意向性

从上述对"道""无"范畴及其关系的分析中可以看出，王弼哲学中的"无"显现出与一般概念既有联系而又有自己独特内涵的辩证特征，而它们正是王弼哲学从认知层面向实践层面转化的根据所在。

1. 有限与无限

从认知层面而言，人或物，单纯从个体出发，作为具体的"有"，每一个体相对于整个物质世界都具有有限性，他们自身的特性只能是全体中的一部分，而不能代替全体，就如王弼说："名则有所分，形则有所止，虽极其大，必有不周。"这一方面说明，具体的"有"不但具有固定之称，而且其外在形状亦是固定的；另一方面告诉人们可以从其有限的特征中把握其作为整体性或普遍性的一部分，即从有限的具体之物中把握其全体，反之，在全体中也可把握物的一些具体。当然，物之全体性的特征只能以形而上的方式出现，就如海德格尔所言："我们总是能够在'理念'（idea）中设想存在者整体。"② 道家将"道"作为万物之宗，认为"道"既没有固定的内容，也没有固定的形式，用"无"来描述"道"，并作为"道"的共相，即是人"理念"的产物，

---

① 郑开.《道家形而上学研究》，第62、63页。比如《淮南子·俶真训》中"无"，"无可名也"，"有"，"万物始有形兆也。"《庄子·田地篇》："太初有无，无有无名。一之所起，有一而未形。"《管子·心术上》："物固有形，形固有名。"《尹文子·大道上》："大道无形，称器有名"。诸如此说法不一而足。

② ［德］海德格尔著，孙周兴译.《路标》，商务印书馆，2000：126页。

其实就是用无形无名的无限性来突出"道"作为万物之总体的可能性，因为"无"无固定的内容与形式，以否定至肯定，才能具有无限的包容性，才能容天下之万物，遍及万物之形名，成为万物之宗。王弼用"无"表现出"道"无所不适，可左右上下周旋而用，"则无所不至"①的无限性。关于"无"的这一特征，王弼还举例说："橐，排橐也。钥，乐钥也。橐钥之中，空洞无情，无为故虚，而不得穷，屈动而不可竭尽也。"② 正因为物内的空无，它才可以任意地活动而不受限制，正因为"无情无为"，它才能够表现出各种声音来。王弼就是借"无"的无限性来说明在"无"的情境之中，物或事的无所不能。就如他自己所言：

> 冲而用之，用乃不穷；满以造实，实来则溢；故冲而用
> 之，又复不盈。其为无穷，亦已极矣。形虽大，不能累其体；
> 事虽殷，不能充其量，万物舍此而求主，主其安在乎？不亦渊
> 兮似万物之宗乎？③

由此也可看出，"道"的这种"用乃不穷"的内在品质恰是在"冲"的情境下得以实现的。所谓的"冲"，以俞越的解释通"盅"，"盅，器虚也"。④ 因此这里的"冲"意为"虚"，即王弼所说的"空"或"无"，正因为"道"的"虚无"之"体"、之"量"，方能容万物，成为万物之宗。也是在这个意义的基础上，王弼才又说："无形无象，无声无响，故能无所不通，不所不在，无所不往。"⑤

物如此，人事亦如此。王弼指出："夫执一家之量者，不能全家，

---

① 《老子·三十四章注》。
② 《老子·五章注》。
③ 《老子·四章注》。
④ 楼宇烈.《王弼集校释》，第 12 页。
⑤ 《老子·十四章注》。

执一国之量者,不能成国,穷力举重,不能为用。"①"一家"或"一国"是量的一部分,因此它们只是对"量"的非完全再现,因而是有限的,执它们有限之"量",即使用尽了全力,也不能代替全体的作用,但正是它们有限的特性才能具体体现其作为个体的可能性和规范性。"地守其形,德不能过其载,天慊其象,德不能过其覆"。就天地之德行而言,它们都有所止,"德"之所以有所止,是因为天、地的"形"和"象"所限,"德"与"形"和"象"是相对应的关系。反过来,如果能够以"无"为用,做到"无为而无不为","无为"不是不作为,而是顺物性而为,对于万事万物而言,则无不适用,可见"无为"的突出特征也在于它的无限性,就如王弼所言,无为与万物"万物各适其用,则莫不载也。"②

总之,仅从认知的层面看,"无"无论在空间和时间上都表现出量的无限性,即在空间中"可左右上下,无所不适,无所不至",也可"循环往复,周行而不殆";在质的层面表现出不确定性与普遍性,即并不特指哪个具体固定的物质,但却能够适合于"全有"。而王弼之所以贵"无",恰是注意到了"无"的上述基本特征和功能,将认知之"无"转化到人的实践智慧,用以调节社会及人内心存在的矛盾。

2. 非有非无

从认知的角度看,王弼对万物本原的追溯实际已超出了人感性能力的范围,直观经验给人们描述的只能是有形有象具体的"有",而在"有"之前,留给人们的直观经验就是"无",因此王弼说"凡有皆始于无,故未形无名之时,则为万物之始"。③但未必是真的"无",以生成

---

① 《老子·四章注》。
② 同上。
③ 《老子·一章注》。

论的角度看，从先秦到汉魏时期，学者就认为，天地万物皆有气生，①寻常的空气或气体表现为无形，但它又不是没有任何存在，而是有，虽然是有，却无形无状，难以看见，因而是"无"，可见古人说的"万物生于无"中的"无"未必不是根据物质性气的特征提炼出的哲学范畴。关于这一点，王弼话语即可体现出来，如他说："欲言存邪，则不见其形，欲言亡邪，万物以之生。"② 王弼还用类似的语言表达了同样的意思："欲言无邪，而物由以成。欲言有邪，而不见其形，故曰，无状之状，无物之象，不可得而定也。"③ 作为万物的来源及其本原的存在方式，虽然在"无"的背后是否蕴藏着万物得以产生的物质或相关的其他是人无法具体感知的，它非有非无，但显然王弼注意到了"无"与平常所言的"没有"之义不一样，认为此"无"是有一定东西存在的，④ 只

---

① 《管子·内业》："凡物之精，比则为生，下生五谷，上为列星，流于天地之间，谓之鬼神，藏于胸中，谓之圣人，是故之名气，杲乎如登于天，杳乎如入于渊，淖乎如在于海，卒乎如在己。"这里的精气由于流动不已而产生万物；《庄子·知北游》："人之生，气之聚也，聚则为生，散则为死。若死生为徒，吾又何患，故万物一也。是其所美者为神奇。其所恶者为臭腐，臭腐复化为神奇，神奇复化为臭腐，故曰通天下一气耳。"《荀子·王制》："水火有气而无生，草木有生而无知，禽兽有知而无义，人有气有生有知亦有义，故最为天下贵也。"秦汉时期，《吕氏春秋》与《淮南子》中皆有此论，如《淮南子·原道训》："夫形者，生之舍也；气也，生之充也。"气是充实生命的基本成分。到了东汉，随着科学的发展及社会的变化，气化论成为当时流行广泛的哲学理论，这一点在王充的《论衡》中可以得到证实。但现代学者有的认为，"'无'不是感性存在着的东西，是纯粹思想的创造物。"（见许抗生.《魏晋玄学史》，陕西师范大学出版社，1989：93 页。）有的则认为，"（无）就其为世界的本原说，此种没有任何规定性的'一般'，只是头脑中的虚无的概念而已。"（见朱伯昆.《老庄哲学中有无范畴的再检讨》，《道教文化研究》第 14 辑，三联书店，1998：132—133 页）这些说法显然太绝对化，并且没有考虑到王弼"无"内涵的多样性。

② 《老子·六章注》。

③ 《老子·十四章注》。

④ 稍后的裴頠针对王弼的万物"以无为本"的观点，提出"夫至无者，无以能生，故始生者，自生也。自生而必体有，则有遗而生亏矣"。（《晋书》卷三十五，第 1046 页）"无"是绝对的没有，是不能生"有"的，"有"只是"自生"。就是说，裴頠把王弼之"无"理解为空无所有，即不存在；从另一方面看，他所反对"以无为本"的"崇有论"按其逻辑结构"是以本体的有相对于无的一般而言，而构成无与有的范畴体系"。（见张立文.《中国哲学的逻辑结构》，第 34 页）由此，这里的本体非现代哲学意义的本体，而是古代存在论上的本体。进一步说，包括"有"在内，它们只是逻辑上的抽象，而非真实存在。虽然有现代学者认为是物质的存在，也只是推理而已，王弼本人并没有清楚或明确地表达。（同上书，第 141 页。）

不过人的感性无法认知而已，正如他所说的"凡有皆始于无"，这里的"无"是相对于具体的"有"而言的，"始"既是"有无"的分界点，也是人感性能力的分界点，"无"是超越人感性能力的结果，它强调的是具体之物的本原形态，而不是真的没有任何东西存在。而当"无"作为"道"的外在形式存在时，① 由于"道"不是具体之物，也不是具体之物的抽象之名，同样是超越人感性能力范围的理性预设，所以"没有任何具体存在物的特征，其形象琢磨不定，因此，'似无'"。② 但作为万物的创生及根源，它又是真实存在的，不可能是真的无，所以王弼又称之为"似有"；从另一个角度看，既然"无"是对无形无象"道"的"一种定性表征，其一个方面的含义是共相或一般，故这个'无'本身没有或零，它是有，只不过是一种共相之'有'而已。"③ 道理很简单，现实有形有象，具体的"有"难以物众形，只有"无"可以统揽，名为"无"，实为"有"。

以上我们从人的认知层面分析"有""无"的特征，一方面是现实界人之感性的"非有"，另一方面是理性界的"非无"，它是人类内在主观的物态化形式，也可以说是现象界的"非有"与本根界的"非无"。从实践层面看，"无"同样存在类似的特征。在王弼哲学中，无论是作为天道还是作为人道，总是以"无"的形式开显出来，却非人的感性所能完全捕捉到的，特别是当天道融入人道时，总是给人以神秘或不可言说，但又难以否定它的存在，就如王弼对"古之善为士者，微妙玄通，深不可识"所作的解释那样："冬之涉川，豫然若欲度，若不欲度，其

---

① 刘笑敢说："把道明确定义为'无'的是王弼，而不是《老子》。"（见刘笑敢.《老子古今》，中国社会科学出版社，2006：288 页。）笔者对刘笑敢这句话的理解是，既然是定义为"无"，当然"无"是用来解释"道"的，按此逻辑，"道"在一定意义上可以代"无"，而不是"无"替代"道"，这与王弼的"贵无"思想不尽吻合，而且，即使如此，也不能说"无"等同于"道"。另外，按刘笑敢所说，两者之间是定义和被定义的关系，主词与宾词是不可能完全等同的。所以，我们可以说刘笑敢的观点间接证明了"无"不能等同于"道"。而定义为"无"，恰恰说明了它们之间是从属关系，即"无"依附于"道"。

② 刘笑敢.《老子古今》，第 288 页。

③ 康中乾.《有无之辨——魏晋玄学本体论再解读》，第 220 页。

情不可得见之貌也。"①"善为士者",当指上德之人,能够切合无形无名之道,却显示出"微妙玄通",就像冬天渡河者,既像欲渡,又像不欲渡,其真实之情不可得而见。然后,王弼又用"四邻合攻,中央之主,犹然不知所趣向者也。上德之人,其端兆不可睹,德趣不可见,亦犹此也"② 再次证明"道"非有非无的特性,最后他得出结论说:"凡此诸若,皆言其容象不可得而形名也。"不过,"容象""形名"不可得,实际却非"无",而且是非一般的有,在谈到圣人的材质时,王弼说:"至和之调,无味不形;大成之乐,无声不分;中和备质,五材无名也。"③ 人的材质表面上是"无",但其实不过为"味""乐""声"等质"有"的另一种表达。

"无"非有非无的特征既能体现出"无"本身的一种抽象性,亦能开显出"无"的功能性的客观存在,这样使得人不再感觉到"无"的虚妄而不可捉摸。仅把"无"作为抽象的本体或不存在,而不去理解它的功用,很难理解"无"所具有的真正意义,也偏离了王弼"贵无"论的核心所在,甚至偏离了其学术宗旨。

3. 相对与绝对

就物本身的认识而言,"无"在通常情况下须以"有"的具体存在为前提,才能被知性所思考就内容而言,"有"是对万物具体的肯定,是相对的存在者,"无"则是"对存在者之全体的否定,是绝对不存在者"。④ 就实践层面而言,说到绝对"无"的时候,是在实际社会生活的过程中,在时空的当下被具有主体意识者所开启,如王弼所言:

美者,人心之所乐进也;恶者,人心之所恶疾也。美恶,犹喜怒也;善不善,犹是非也。喜怒同根,是非同门,故不可

---

① 《老子·十五章注》。
② 同上。
③ 楼宇烈.《王弼集校释》,第 625 页。
④ [德] 海德格尔著,孙周兴译.《路标》,北京,商务印书馆,2000:124 页。

得偏举也,此六者皆陈自然不可偏举之明数也。①

"美恶""是非""善不善",皆由人心所致,只是心受外界刺激的体验而已,对于这些,世上并无真实的存在,因此,"有"是相对于人心之"有",而"无"却是绝对的。也就是说,一方面王弼的"无"可以分为认知层面的存在之"无",亦指实践层面的心之"无";另一方面,心之"无"也存在绝对与相对两种情况:一是相对之"无"。也就是相对于自我而言的心中如上文所言的美丑、是非、善恶或是人自我意识所表现出的"无私""无欲""无为"之"无",如王弼说:"众人无不有怀有志,盈溢胸心,故曰,皆有余也。我独廓然,无为无欲。"② 心之"无为无欲",即心之"廓然","廓然"即空无的样子,可见这里的心"无"是相对于众人之志而言的,因此"无"是相对的,而不是绝对的没有。二是绝对的"无"。王弼说:"玄,物之极也,言能涤除邪饰,至于极览,能不以物介其明。疵之其神乎,则终与玄同也。"③ 涤除心中的邪饰,则可与物之极"玄"同,而物之极"玄"则是绝对的,所以,心之"无"亦可谓具有绝对性。关于这一点,王弼在另一场合说的更为明白,他说:"与天合德,体道大通,则乃至于极虚无也。"④ "体道"是人心之"体道",而天之德是"无心","与天合德",人心自然也要求"虚无",虚无之心是人的本然之心,与天之德一样,不以人的意志为转移,因而也是绝对的。这与佛教中的"无我"之心有些类似。

佛教的无执无我,"无我"不是要人们放弃自我的本身,而是要忘记有后意识的我,以防止主客之间对立情况的发生。忘记自我不是要去修正万法,而是顺物之性,万法自然会呈现。万法不但修正了人的自身修养,重要的是能够超越人世间的是是非非,让一切事物能够以

---

① 《老子·二章注》。
② 《老子·二十章注》。
③ 《老子·十章注》。
④ 《老子·十六章注》。

其自身的真实之貌出现在人的视野中。而要真正能够忘记后意识、化意识为虚无，人既不能以自我为中心，也不能以自身以外其他的存在者为中心，人和物都是中心又都不是，也就是说，要将内心的"无"和外在人与物存在的"无"联合起来，做到心之绝对的"无"，才可实现无执无我。

正如西谷启治说："当从无而来的创造之场合的虚无，也可以说单单只是相对无，在这之上所成立的存在不会是真正自立的。能够成为真正自由的存在之设定根据者，非是绝对无不可。"[①] 所谓"创造之场合的虚无"是心相对于受外在语境的意识之心来说的，而"真正自由的存在之设定根据"则指人心的绝对的"无"。从表面上看，前者似乎与他者相关联，后者以自我为对象，但实际上，由于两者皆与心有关，因此所谓的心之"无"只是相对于绝对人同一心的不同心理状态而已。尽管如此，既然是层次的不同，指向又有所偏差，而王弼又对之有所区分，那么它就一定有实践意义上的分别，这在后文中将会开显出来。

4. 向"道"而思："无"之意向性

学人对"道"与"无"关系认识的误差除它们之间特殊的关联外，与王弼根据"无"之本然特性对"道"的意向性思维是分不开的。王弼所说的作为万物本源的"道"，首先是超越人感性能力的，因为"道，无形不系"，[②] 所以它"无形无象"，且"无声无响"，既然无形无象，又不能够用语言完全表达，所以仅凭人的感性直观并不能给"道"如具体之物那样明确的描述，而用"无"来指称"道"正是迎和了人在日常中的感性认识。王弼之所以给予"道""无"的特性，更深层的原因还在于"道"在其哲学中所处的地位和功用与"无"的特质有高度的一致性。"无"在哲学意义上最早是相对于"有"而言的，有形有象的"有"总是指向某个具体的事物，这种具体的事物仅从外形上就有着自己作为

---

① 西谷启治.《宗教是什么》，第 90 页。
② 《老子·三十二章注》。

物的界限，只能是区别而不能指称他者，更不能成为万物之宗，从属性或者本质上看，具体之物也有着各自不同的特性，它们之间各自的属性同样是具体存在的根本而不能相互完全地等同。相对于"有"，无形无状的"无"表现出"无定""无限"，使得"无"既可具体存在于一切事物之中而不受任何的限制，又可超越具体之物成为万物的最终归宿，因为在人经验的直觉中，"万物万形，其归一也，何由致一，由于无也。由无乃一，一可谓无"。① 而从中国汉字最早的意义来说，"无"指的是"没有"，即对"有"的否定，"无"的这种含义无论在古代还是在现代，往往都会和"空"联系起来，如我们日常口语说的"空无一人""空无一物"，成语中的"空口无凭""空洞无物""低吴楚，眼空无"等。在这些口语或成语中，"空"和"无"密不可分，甚至互为因果，譬如"空无一人"及"空洞无物"，正是因为"空"才能说"无"、没有，而正是因为"无"、没有，才能成就"空"，上述"无"的特征皆为王弼之万物本原的"道"所具有。首先，"道"作为万物之本原，皆赖以其无形无名成就万物，他说："夫物之所以生，功之所以成，必生于无形，有乎无名。无形无名者，万物之宗也。"② 反之，如果是具体之"有"则非"道"，因为"有声则有分，有分则不宫而商矣，分则不能统众，故有声者非大音也。有形则有分，有分者不温则炎，不炎则寒。故象而形者，非大象。"③ "大音""大象"皆指"道"，"道"的形式就是"无"。其次，由于"道"的无状无象，"故能无所不通，无所不往"。④ 王弼借"无"的这种特性来描述"道"的目的连他自己也毫不掩饰："道者，无之称也，无不通也，无不由也。况之曰道，寂然无体，不可为象。"⑤ 最后，王弼亦把"道""无"与"空"连接起来，以此强调空的特性在其中的功用。在"道"方面，王弼说："（道）冲而用之，用乃不能穷，满

---

① 《老子·四十二章注》。
② 《老子指略》。
③ 《老子·四十一章注》。
④ 《老子·十四章注》。
⑤ 《论语·述而注》。

以造实，实来则溢，故冲而用之，又复不盈，其为无穷亦已极矣。"①"冲"即虚空，因为空的无限性，所以很难穷尽它的用，它不似具体的个体之物，具体的个体之物的容量总是有它的限度，而空没有障碍或极限；对于空的作用，王弼说："毂所以能统三十辐者，无也。埏埴以为器，当其无，有器之用。凿户牖以为室，当其无，有室之用。"② 上文我们已经说过，这里的"无"实际指的就是"毂"与"辐"之间的空间地带，即"无"③，可见，在空的问题上，"道"和"无"与之也有特征的相通性，而正是"道"借用了"无"的大（无形而无限）而空，才有可能包含万物，成为万物之宗。

王弼借用"无"的特征来描述"道"，不仅在于说明"道"的无限、大、空等特征，更多地表现出人的主观目的和意向性，而不是客观真实的存在，这一点从王弼对"道"的态度和方式上已经可以看出来。他对"道"的存在和来源上，总是用"绵绵若存""似象帝之先""不知所由"等模糊的字词给予展现，对"道"的内容、形式特征等的描述则用"不可道，不可名""玄之又玄""众妙之门"等充满神秘莫测的字眼，即使勉强用"道"，也只能是"称""谓"等字，而"称""谓"则体现着人的主观思想，并不能说明客观事实的存在，或者说王弼玄学中的"道"的理念本身就是非对象性的。由上可知，对"道"本身的存在即使使用现在的科学态度和标准都难以准确把握，更不用说它的特征、功能和地位了。换句话说，"道"与"无"，特别是"道"不过是王弼个人的主观意向而已。另外，王弼在主观意识中预设了一个形而上的"道"，而不去追问它的真实性与科学性，这是因为无论是"无"还是"道"，都不过是王弼实现其主观目的的工具，包括作为虚空的"无"、空间的"无"等都是一样的。这一点如德国汉学家汉斯·格奥尔格·梅勒对中国古代

---

① 《老子·四章注》。
② 《老子·十一章注》。
③ 部分学人为了证明王弼哲学是"以无为本"的本体论意义，总是试图以偏概全，把此处的"无"亦说有本体之义，罔顾其强调功用的事实，可以说，这里的"无"就是指"空"。

哲学家的总体印象:"古代中国哲学家不关心分辨什么是真的(true)和什么是表象(apparent)(或者说是谬误的),他区分的是治与乱,尤其是关于如何实现治而不是乱。"① 尽管汉斯说中国古代哲学家"不关心分辨什么"太过绝对化,而且说不关心"表象"甚至是错误的②,但他强调中国哲学理论导向的明确目的性却是不争的事实。王弼为了说明其"执一统众""崇本举末"等价值观念的合法性而把"道"作为理论基础,这就要求"道"的一切存在都以满足此为前提条件,事实上他在架构其"道"与"无"关系的理论体系时也是这样做的。王弼在解释"道冲而用之或不盈,渊兮似万物之宗"时得出结论说:"形虽大,不能累其体,事虽殷,不能充其量,万物舍此而求主,主其安在乎?不亦渊似万物之宗乎?"③ 意思是除"道"外,别无他者可以作为万物的宗主;他在解释"三十辐,共一毂,当其无,有车之用"时指出:"无也,以其无能受物之故,故能以实统众也。"这与他的"执一统众"的政治思想无疑是相契合的。而王弼把"道"的特征规定为"空""无"的理由他自己说得也比较明白:"大象,天象之母也,不寒不温不凉,故能包统万物,无所犯伤,主若执之,则天下往也。无形无识,不偏不彰,故万物得往而不害妨也。"④ "大象"即"道","天象"指具体的事物,"不寒不温不凉"意含"道"性在此方面的中和而表现出的"虚无",这些看似无形无性的"道"却因为自身的"至大至广,具有涵容、统摄一切的

---

① [德]汉斯·格奥尔格·梅勒著,刘增光译.《〈道德经〉的哲学——一个德国人眼中的老子》,北京,人民出版社,2010:2页。

② 在这方面恰恰相反,中国古代哲学产生的根源是人们的社会生活实践,并以感性为基本的认知方式,感知最直接的对象即万事万物外在的呈现,他们追求的正是感知的内容与现实生活及内心的一致。这也是为什么中国哲学在逻辑思维方面缺少锻炼而显现出这方面比较落后的原因。关于"真",虽然以现代的视域看,感性的认知与实践生活的符合未必一定是"真"与"理"的完美结合,但古人自认为,他们所拥有的认知不但合情合理,而且就是事物的本来面目,就是"真",因此从这个意义上理解,汉斯说"古代中国哲学家不关心分辨什么是真"并不符实际。

③ 《老子·四章注》。

④ 《老子·三十五章注》。

多元性的能力，成为所有事物共有的共相"，① 才能够对天地万物形成巨大的包容性，任何具体之物都可得"道"而不会受到妨碍，这也是"道"成为天上人间之宗而被世人所必须遵守的根本，而"道"能够做到这一点，显然离开了"无"的特性是无法实现的。

总之，"无"的意向性开显了"道"的本质属性，"道"是先于天地万物的绝对存在，因为它无始终，无生死；"道"无私欲、无意愿，所以无喜怒哀乐、无偏爱；"道"是无人格的自然神，无所为却又无所不为，表现在万物的自生自化上，但"道"却存在于万物之中；"道"是超越性的，人无法用感性感知它，因为它无形无状，无法用思辨去认识，因为它无名无性。"道"所有的上述特征皆可以借"无"的意蕴通过语言描述出来，从"无"的这些意向性的特征中，王弼借用"无"架构了"道"的存在，以"'无'喻'道'的无形、无限性，以'有'喻'道'的实存性"。② 并且完成了从"天道"之"无"与万物之"有"的认知层面的本末关系向实践层面"人道"之"有"的本末关系的转换，这种以万物的自然之"道"为基础而建立的人之"道"，便是给宇宙中"物"的世界以人文化的明确体现，而正是这种人文化的转化为王弼哲学中对形而上之道统摄下的"无""有"概念及其关系构建的真实意向性的开显创造了坚实而可靠的基础。③ 换句话说，王弼的兴趣并不在于"探究或论证宇宙的根本或构成是什么，是有是无，是精神是物质"，④

---

① 陈鼓应.《道家的人文精神》，北京，中华书局，2012：96 页。

② 同上，第 166 页。

③ 陈赟认为："'人'之'文'一旦失去了与'天之文'的连续性就会遭遇到根本问题——'伪'，一种'文'与'质'的不断分离，或者'质'从'文'中隐退。'人'成了'文'的作者，成了'文'的'主体'，'文'不再敞开天地，而是表达、揭示主体，世界仅仅成了主体力量的确证形式，甚至，人的生命自身中的天命之性也被放置在设计、规划、建造的畛域。这样天人与人文之间的断裂就是不可避免的。"（见陈赟.《中庸的思想》，三联书店，2007：84 页）笔者对这段话的理解是：人"文"中实际存在着人的主观意志，"伪"是因为人脱离或偏离了天"质"的指引，这时的人"文"不但以个人的主观意志来设计人之为人的存在，而且成了构造世界的主导者，人与世界之间必然形成断裂。陈赟所说极是。由之下去，就会发生天道与人道之间的分离，"天人合一"的目的或结果自然不会出现。

④ 李泽厚.《中国古代思想史论》，合肥，安徽文艺出版社，1999：189 页。

而是以"天道"原则作为其社会政治目的的理论前提。以普通个体而言，"道"的"虚"或"无"暗示着人们无论是对自己还是对他者，内心都应保持"虚"或"无"，只有如此，人才能遵道而为，保持自我及与他者之间发展的和谐；以君主统治而言，由"天道"之"无为"转化为"人道"之"无为"，以此为君统民的正确途径，也彰显了王弼真实的意向性，如果对人和事，无论对普通之人还是对君主，人的无心而为，将会做到不偏不倚，大公无私，社会将会出现天、地、人之间的和谐统一。

从上可知，王弼从"物道"向"人道"转化的意向算是"昭然若揭"了。王弼之"道"既是认知层面万物生成的变化之道，也是实践层面人应遵循的行为规范，但两者并不是相分相离而是密切结合在一起的，后者以前者为基础，实际是人将万物的运作法则转变为自我用于指导社会生活实践的意识，而这种意志来自"心"。之所以如此，正如王阳明所言："心之发动处谓之意，意之涉着处谓之物。"① 而"凡意之所用无有无物者，有是意即是有物，无是意即是无物矣。物非意之用乎?"② 这里的"物"泛指自然界与人类社会的一切事与物，人的意识来源于作用到心上的物，反之，人的意识一旦形成也可以用于指导作用于物的社会实践。而在王弼看来，心只有在保持相对于外在意识"虚无"的情况下，即心在无私无欲的情况下，才能在意识中彰显个体本然存在的天然之道，才能实现从"天道"化为"人道"，即把内在的"天道"原则变成自我的命令或功能，并具体运用到社会生活中。简明地说，就是以"无心"为"道"。无心之道不但成就了王弼提出的君主无为而治的政治目的，而且为个体精神境界的提升提供了行之有效的途径或方法，无心之"道"成为人的"一种主观的意境"，③ 也是人格理想的最高境界。

总之，王弼一再突出"无"的特征，目的就是强调"无"与"道"的关系，强调"无"在"道"中所扮演的角色，最终目的就是给其"君

---

① （明）王阳明.《王阳明全集》，上海，上海古籍出版社，1992：91 页。

② 同上，47 页。

③ 冯友兰.《中国哲学史论文二集》，上海，上海人民出版社，1962：334 页。

主无为"的政治理论作铺垫,因此,正确把握两者之间的关系,是理解王弼哲学的重要节点。

第二节 物之"无"

在王弼哲学中,万物与"无"关系的形而上思路基本敞开为三个维度:一是作为万物存在始终的本然之态,"无"不过是感性所感知的物外在的形式,或者说"无"是万物的本原之体,但不是西方哲学"本体"的兴趣,而是暗合万物由无形无名之"道"而成;二是指成就万物自我的本质属性,它凸显出"道"的"无为"而万物自为的正当性;三是万物作为形而下的具体之"有"保持自我的"在场"对外围的否定性。

对万物本原的追溯是古代宇宙论的一个重要内容,但本原在现实社会中并不是具体或客观存在的。关于此,庄子是这样说的:

> 有始也者,有未始有始也者,有未始有夫未始有始也者;有有也者,有无也者,有未始有无也者,有未始有夫未始有无也者。[①]

这段话看似复杂不易翻译,但道理很简单:如果说宇宙有一个起始,那么就会有一个未曾起始的起始,如此而推,可谓无穷尽。从万物实际存在的外在形式上说,如果把"有"看作具体的有,那么"有"有它的"无",而这个"无"更有"无"的无。如果稍作比较的话,前者相当于老子的"有,名天地之始,"[②],后者相当于老子的"天下万物生

---

① 《庄子·齐物论》。
② 《老子·第四十章》。

于有，有生于无"。① 不过，庄子不仅在此基础上对其意义有所延伸，与老子的思想相比，更具有逻辑性和思辨色彩。逻辑和思辨看起来好像水火不相容，但就中国哲学"实践理性"所具有的特征而言，出现这种现象亦不足为怪，因为作为具体的"有"，人们可以通过感官感知到，而"有"之"未始"及"未始"之"未始"与"有"之"无"及"无"之"无"已经超越了人感官的范围，相对于"有"，未能直接感受到的只能是"无"，并且对于感觉不到的物之始、之先，靠人的理性化思维的推理，万物的"未始""无"是其必然的结果，而非"名实"上的意义。庄子接下来所说的更能证实上述观点："俄而有无矣，而未知有无之果孰有孰无也。今我则已有谓之矣，而未知吾所谓之其果有谓乎？其果无谓乎？"② 如果是具体的存在，庄子绝不会说忽然间发生了"有""无"，当其意识到它们时，却不知道"有""无"是否是真，也就是说，"有""无"无法得到外在具体之物的验证。

在这个问题上，王弼对庄子的思想有所简化，似乎又回到了老子的境界里。他说：

> 凡有皆始于无，故"未形""无名"之时则为万物之始，及其"有形""有名"之时，则长之育之，亭之毒之，为其母也。③

与庄子不同的是，王弼把"无"作为万物存在的最终本原看待，因而称之为万物之母，而"始"成了具体之"有"与"无"的分界点，也是心之思具体之物外的起点。心之思"始"就意味着所思的内容已经超越了具体之境，已经不能用具体之物借用时空方式来描述万物之本，而用"无"则是人思维能够用语言描述的非具体之物本原的最高，不过绝

---

① 《老子·第一章》。
② 《庄子·齐物论》。
③ 《老子·一章注》。

不是"无"本身产生了"有",创造万物的是道,"万物皆有道而生",[①]"道者……寂然无体,不可为象"。"道",无形无象,也是"道说中未被道说出来"[②]的意义域,因此仅以此看,"无"等同于"道"也未尝说不通,尽管如此,王弼的"道"与"无"的区别也是非常明显的,他所说的"无"除上述意义之外,"无"还是对万物"既生而不知其所由"的一种回应方式,因为"以无形始物,不系成物",人们根本无法知道"道"创生万物是如何发生的,即"万物以始以成而不知其所以然"。[③]王弼的"道"似乎并无此义。

可见,在对万物本原的追溯中,王弼认为,人不能以感性认识具体之物的方式捕捉到构成万物本原的存在,也就无法知道万物的所以由(很明显,这里"所以由"非万物产生的原因和根据,它是指构成万物的东西),也就难以对此用语言描述出来。就如胡塞尔所认为的:"要在直观中达到对某物的意识,体验的根本方式不可能是感觉表象的,也不会是概念规范的,而只能是在一个有边缘视野的意向境域中所进行的。"[④] 无疑,王弼的"无"恰属于这种"边缘视野的意向境域",对"无"的自身而言,作为"万物未构成之物和在内容及形式上未确定之物恰恰是作为能被构成和被确定之物无限的和永不枯竭的源泉而存在"。[⑤] 当然,对于万物的终极边缘视域本身的追溯,并非王弼真正的目的所在,他真正的目的是透过具体万物从"无"到"有"的生成过程,一方面寻求其背后存在的原则或运行规律,另一方面也为具体之物的本原之"无"转换为人之心灵之"无",或者说从认知之"无"转换为实践之"无"设下伏笔,在这一点上王弼显然是高明的。

若获得对万物存在原则的理解和把握,仅仅对物之本原进行考察还

---

① 《老子·三十四章注》。

② 海德格尔.《路标》,第 234 页。

③ 《老子·二十一章注》。

④ 张祥龙.《海德格尔思想与中国天道》,第 38—39 页。

⑤ 成中英.《本体与诠释:中西比较》第三辑,上海,上海社会科学院出版社,2003:23 页。

不够，还必须对具体之物存在的"此在"加以研究，① 这就是通过剥离，以人为视域所体现出的人对物的主观意志的理解，使得物事以其自我存在的方式达到它的本性。对此，"胡塞尔提出了'到事情本身中去'的口号，并用'还原法'来过滤掉任何还受制于某种立场和构架的存在预设……回到事情本身中去"。②

作为具体存在之物的独立个体，其本质是区别于他者成就自我的根本。因此，此物要保持是该物而不是他者，他者相对于此物的本质则是非存在，反之亦然，因此当此物与他者发生联系、此物以本原的存在出现时，就以"无"（非存在）的形式向他者的本质敞开。换言之，只有"无"（非存在）嵌入物中，物才能超越他者保持自我存在及其独立性，就如海德格尔所言："如若没有无之原始的可敞开的状态，就没有自身的存在，就没有自由。"③ 虽然对物的"无"性认识是借助人的理性通过与世界中他者的联系得以显示，但海德格尔指出：

> 无既不是一个对象，也根本不是一个存在者。无既不自为地出现，也不出现在它仿佛与之亦步亦趋的那个存在者之旁。无乃是一种可能性，它使存在者作为这样一个存在者得以为人的此在敞开出来。无并不首先提供出于与存在者相对的概念，而是原始地属于本质本身。④

或者我们可以更简洁地说，"无"是物本身的一种属性，是物之本质的一种敞开方式或保持物为自我而非他者的根本所在。这一点在王弼

---

① 我们借用海德格尔"此在"的概念，目的是更简单而又较为准确地表述对物事的存在非是其自然本性，而是人对被保持在世界相互关联里的物事的理解或态度，它们往往因人与物的主体间性而掩盖物事的本性。因此，"此在"存在两方面的趋向：一是物事在时空中的实然呈现，二是如何突破前者，实现物事按其所是显露出来，后者显然与人的意识密切相关。

② 张祥龙.《海德格尔思想与中国天道》，第166页。

③ 海德格尔.《路标》，第133页。

④ 同上，第133页。

哲学中有着类似的阐述,他说:"木、埴、壁所以成三者,而皆以无用也。埏埴以为器,当其无,有器之用。凿户牖以为室,当其无,有室之用。"①"木、埴、壁"之所以能够成就它们自己,恰是因物之中"无"的存在,才有物之用,即以"无"为用,物的本质才显现此物与他者的本然不同。在《老子·五章注》中,王弼又说:"橐,排橐也。钥,乐钥也。橐钥之中,空洞无情,无为故虚,而不得穷,屈动而不可竭尽也。""橐钥"之所以能够成为"橐钥"而非他者,同样是因为物中之"无",此"无"非但能够使得物成为该物并保持其存在,而且能够使之尽显其本质。当然,王弼在这里仅仅是强调"无"的作用,而非"无"与物的内在关联,但同时也可以看出,就物的属性而言,"无始终不是存在者的对立面,倒是揭示自身为归属于存在者之存在的"。②

"无"不仅显现为物之本然属性,亦与物本原的存在相联系。作为具体之物,"任何一种现存或呈现都来源于在场状态之居有事件"。③ 也就是说,物的现存或呈现受外在的环境所影响或决定,它实际有两个面向:一是他者对物的外力使得物本身存在及其呈现受到影响,二是物在他者自身中的呈现。由于他者自身所处的环境或条件以及个体的本质所在,不同的他者对于同一物所展现的实存并不相同。这里的他者指的就是人类,只有人才具有呈现物特性的本领,而人不仅可以作为物的"在场",而且自身也被包含在"在场"之中,这样,欲求物的"在场",必须与人联系起来,对物的"在场"理解就转化为对人的理解。换言之,物的实际呈现与人有着不可分割的联系。

因此,物若保其本原之性,从物的角度看,必须超越上述两者的影响,才可做到万物的自相治理,就如王弼所言:

> 天地任自然,无为无造,万物自相治理,故不仁也。仁者

---

① 《老子·十一章注》。
② 海德格尔.《路标》,第137页。
③ 同上,第471页。

必造立施化，有恩有为，造立施化则物失其真，有恩有为，则物不具存。[①]

可见，这种超越实际犹如物脱离了与天地之中与他者的联系而单独存在，他者对于物来说就是"无"，这个"无"也是"在场"存在的一种特殊形式；从他者的角度而言，只有对物采取可因而不可持的态度，即就物的本质而言的无为而有为，否定中的肯定，为中的无为，物才可得以本性而存在。这就要求对待物时，必须对物的本性有所认知。不过在实际生活中，人们对万物本性的认识会受到人自我的某种"立场"或"预设"的干扰，即由非本然之心产生的意识可能对他者本然的认识造成偏离，这当然要求"破除我们意识中的一切任意性，一切对于原本状态的修改和歪曲；也就是一切来自我们感官、爱憎、经历、教育、职业、行为的摩耶，即我们身在其中的种种框架所构造出的名为客观实在的幻象"。[②]一句话，排除外在的一切因素对人心的影响，还原本然之心，此时之心如清水明镜，我们亦可称之为心"无"，才能对物之本然有着准确的认知，才能顺物之性而为。说到底，物的本性存在的保持需要人心的"无"，很明显，这是以物为对象从人的角度看待物与"无"的关系。

综上所述，物之"无"包含如下几方面的含义：从万物本身最终的归宿及本原来看，任何事物都会从"有"到"无"，从"无"到"有"，但最后还是变成"无"。这里的"无"并不一定是不存在，而是一种无形的存在方式，人也是一样，"无"不过是从生到死最后存在的场所，"也说是'事物'在死的方向上存在的极限"。[③]从具体物的属性看，"无"是保持该具体事物而非他者的根本，它既不单独存在而成为认识的对象，亦非某个利己性的个体因素，而是具有万物普遍性、可能性、原初性的因素。从物之自我存在来看，对主体的自我来说，自我都不能

[①]　《老子·五章注》。
[②]　[日] 西谷启治.《宗教是什么》，第 167 页。
[③]　同上，第 316 页。

被看作为任何人或者物的对象，而只能垂悬于脱离外在力量的自性实存的一个绝对"无"的立场，这样自本自根的自我才会真正的呈现，换句话说，"无"就是万事万物真实的本质在现实中实在的根源和条件，是脱离人类现实社会和生活的一种状态，而由此呈现的是万物的自性以及如实存在的具体。从物之存在的"在场"来看，物本原性的保持或呈现与人心之"无"联系密切，认为人的自然之心（心之"无"）的确能够反映出万物的本原与运作的原则，人可以并能够在心之"无"的情况下顺物之性无为而有为。王弼的"贵无"思想实际包含了上述"无"的基本哲学内容。①

第三节　人心之"无"

唐君毅说："心性之学与中国学术思想俱始。此言可以证中国学术

---

①　西方一些哲学家认为，人心反映的规则和秩序与万物自身的本原与运作是两回事。例如英国哲学家柯林武德对希腊哲学进行分析的时候说："希腊自然科学建立在自然界浸透或充满着心灵（mind）这个原理之上，把自然心灵的存在看作自然界中规则（regularity）或秩序（orderliness）的源泉。"（见［英］柯林武德．《自然的观念》，北京大学出版社，2006：4 页。）他的这句话无疑是说，心灵创造出万物之规律和秩序，是"心灵自主和独立活动的副产品"。他的理由是，心灵在人所有活动中表明，它始终都是一个统治者，"一个支配或控制的因素。它把秩序先加于自身，再加于从属于它的所有事物；首先是自身的躯体，其实是躯体的环境"。（同上）很明显，柯林武德认为万物的秩序和规律完全以人的主观意志或涉求为转移，忽略了万物自身运动规律的客观性和特殊性。这种理解自然是绝对的偏差，因为无论是对自我的认知还是对自我之外万物的认知，都需要他者与自我的双重条件。首先对万物来说，本身能够在运行中有所展现自己，才能够被人所认识，而人也只有在对万物充分观察和实践中才能对其运作的方式和原则进行理性的综合，最后上升到形而上的高度，在整个认知过程中，两者始终是相互影响、相互作用的，对人自身的认知亦是如此。而之所以有这种认知的偏差在于只有事物进入了人的视域，即表面上看来事物从属于自己后，即这种"进入"与"从属"是在作为主体的人认为该事物能够满足自身需要，认知才会发生。自身的需要自然首先是出自人心，换句话说，这种出于人之需要的秩序最初来自属于自我的心，来自自身，而人恰恰可以在某种物上找到这种需求，因此物的规律与秩序从源头上讲还在于人心，人的自身，但实际情况却掩盖了宇宙万物的运行是随着人的每一点的关注焦点由物向人心转变的运动，心与物在一定程度上达成某些默契或联结非只心造成，因此，中国哲学在这方面更接近自然科学的实际。

思想，当以心性之学为根。"① 牟复礼说，在中国上古时代的整个思想界，人们需求"治世的一个典型答案是在乎人心"，就中国哲学意义的一般而言，"中国哲学强调人类的心理以及对心理的洞察，或者称之为心理哲学（philosophy of human psychology）"。② 也许我们可以这样说，研究中国古代的学术思想，如果离开了对心的研究，研究就成了无源之水，无本之木，离开了根基的研究，既不符合中国学术思想发展的实际，也很难揭示中国哲学的本来面目。关于此，牟复礼还说："中国思想之所重，在言人性人事人文，而人性人事人文之本，毕竟在在于人心。"③ 即不但在学术上如此，具体到实践中所包含人的存在本身、社会生活、历史文化传统等重要内容，也要以人心为本。

如果说中国哲学的心性论发蒙在先秦，秦汉的心性论受到了前人的浸润而有所继承和发展，那么魏晋玄学同样延续了这一理路，就如汤用彤所说："所谓玄学者，谓玄远之学。学贵玄远，则略于具体事物而就心抽象原理。"④ 而王弼本人亦借道家之口指出：

　　其（玄学）大归也……因而不为，损而不施；崇本而息末，守母而存子；贱夫巧术，为在未有；无责于人，必求诸己；此其大要也。⑤

"崇本息末"而"必求诸己"，自然从人的心性开始，就如王晓毅所说："如果说魏晋玄学的理论特点是本体论，确切地说，'性'本体才是玄学本体论的突出特点。"⑥ 可以说，魏晋玄学的产生必然会从前人已有的成果中借鉴丰富的思想资料，因此在对王弼乃至魏晋玄学心性问题进

① 唐君毅．《中国哲学原论·导论篇》，第46页。
② ［美］牟复礼著，王立刚译．《中国思想之渊源》，第43页。
③ 同上，第47页。
④ 汤用彤．《汤用彤学术论文集》，北京，中华书局，1983：214页。
⑤ 《老子指略》。
⑥ 王晓毅．《儒释道与魏晋玄学的形成》，第2页。

行考察之前，追根溯源、厘清心性论的思想渊源、理论内容及逻辑理路，对正确理解和把握王弼心性思想无疑是必要的。

一、先秦的心之"无"

1. 心、性及其关系

心，就其生理属性来说，不过是个体生命的一个重要器官，它的主要功能是为全身提供血液流通的动力，但据"西周以后的金文及先秦古籍有关心字语义的记录，心大都表示心思、思想或意念"等义。[①] 这就说明，人们慢慢地知道心在思想意念中的地位和作用，开始关注心的认知及情感功能，反而忽略或看轻了心的生理功能。从现有的资料中可以发现，孟子是对人的身心与思想观念之间的关系进行阐释的第一人，他说："心之官则思，思则得之，不思则不得也。此天之所与我者。"[②] 可以看出，孟子认为，心是思考的器官，思是人生理心的机能，人天生就有思考的能力。所以《大学》还说："心不在焉，视而不见，听而不闻，食而不知其味。"[③] 这是从反面强调心在认识上（思）的支配性地位。在这方面，荀子有着同样的表达，他说："心不使焉，则黑白在前而目不见，擂鼓在侧而耳不闻。"[④] 因此他说："心居中虚，以治五官。"[⑤] 心与五官同为身体重要的器官，却占据着主导地位，主要是因为心可"治"五官，且"治"的作用非是直接的，而是以"虚"的方式实现。这里荀子特别强调心的"虚"，实际就是说心"治"不是具体的行为，而是在精神或意识上对五官如何行动的指导，所以才有荀子接下来说的"心

---

① 刘翔.《中国传统价值观诠释学》，第 207 页。

② 《孟子·告子上》。

③ 《大学》。

④ 《荀子·解蔽二十一》。王阳明则更为直接，他说："要非礼勿视听言动时，岂是汝耳目口鼻四肢自能勿视听言动？须由汝心，这视听言动皆是汝心，汝心之视发窍于目，汝心之听发窍于耳，汝心之言发窍于口，汝心之动发窍于四肢。"（见王阳明.《王阳明全集·传习录上》，线装书局，2012：113 页。）

⑤ 《荀子·天论》。

者，形之君也，而神明之主也"。^① "心"在具体之形上是生理之体，在思想上是意识之主宰。

就心的知性而言，《诗经·大雅·抑》中说："其维哲人，告之话言，顺德之行。"许慎解释"哲"时说："知也。从口折声。悊，哲或从心。"他的意思说心有分析和认知真理的潜力；在《尚书·周书·洪范》中则有言："明作哲，聪作谋。""谋"在古文中亦从心，所以，此句话也表明了心有认知的能力。人心不仅具有认知的能力，而且在意识的形成或产生中还占据着支配地位。表达这方面内容的还很多，比如《诗经·大雅·桑柔》中说："维彼忍心，是顾是复。"《左传·文公元年》中说："蜂目而豺声，忍人心也。"这里的忍心，忍人心，皆从精神上说，"忍"是心之功能的具体体现，忍耐、容忍等词作为其延伸，更有人的品德修养义，而其皆由心而发出。再如，《说文解字》卷十对"志"的解释："志，意也。从心之，之亦声。"刘翔直接给翻译成"志字从之，以示心思向往之意"。^② 由此可见，从先秦开始，人们就已经在长期的社会实践、处理各种复杂的人际关系中对心的认知能力以及对心自觉的感思德行进行了密切的关注。心不仅是认知的主体，而且是意识与德行的根基，由此心的功能性地位得到高度提升，自然生理的本体则被相应地忽视了。

从上可知，"心"和"思"是一个整体，"思"相对于"心"是一个动态词，是"心"的功能，而"思"的内容又和其实际活动紧密相连。"思"和所思分不开，即"思"必须有具体的对象，如果缺少了所思对象，即使是有了"思"的活动，其所"思"的内容也是空洞的，没有任何意义。同时也可以发现，"思"是外物在内心的一种体验，强调内心对外物的一种意识反应，其内容体现了心对外物的一种认知，且心面对不同的外物持有不同的思想倾向。除此以外，心还具有对外界刺激产生

---

① 《荀子·解蔽》。
② 刘翔．《中国传统价值观诠释学》，第207页。

的思想意识进行主动调控的能力，是意识的主人。它可以有效地抑制或打压外物刺激产生的冲动，使之符合社会的基本要求或倾向，而它抑制或打压的标准或根据就是天地之道。在儒家看来，天地之道存在于人本原的心中，人的本原之心的发用即是"道"，因此荀子说："心也者，道之工宰也。道也者，治之经理也。"① "心"是对万物之"道"的认识过程中的主宰者，认识"道"必须依靠"心"来实现。换言之，人是否遵"道"，人心起到关键性的作用。当然这里的"道"不仅是自然界表现物的"道"，而且包括社会之"道"。下文对此还会多有论述。

综上述，虽然先秦思想家都承认心是"一团血肉"，不是精神或观念的实体，而是真真切切存在的具体之物，但他们的重点不在心的本体上，而是注重心所具有的虚灵不昧、灵明知觉、神妙不测的功能或作用。

"性"在中国传统文化上既可以指"天性""物性"，也可以指人性，作为中国哲学的重要范畴，一般指人性和物性。就人性而言，虽然古代各家异说，但大同小异。告子说："生之谓性。"② 荀子说："生之所以然者谓之性。"③ 庄子说："性者，生之质也。"④《中庸》中说："天命之谓性。"⑤《淮南子》中说："性者，所受于天也。"⑥ 董仲舒则认为："如其生之自然之资，谓之性。"⑦ 性是人一出生就存在的，不是后天形成的，而且是人作为人自身所具有的。从"性"的现实表现看，"不可学，也不可事""性者，天之就也。不可学不可事而在天者，谓之性"。⑧ 这就说，"性"在实践中可以使个体发出自然的行为，反之，"可学而能、可

---

① 《荀子·正名》。
② 《孟子·告子上》。
③ 《荀子·正名》。
④ 郭庆藩.《庄子集释·庚桑楚》,《诸子集成》, 北京, 中华书局, 1964: 810 页。
⑤ 朱熹.《四书章句集注》, 北京, 中华书局, 2011: 19 页。
⑥ 《淮南鸿烈·缪称训》, 第 336 页。
⑦ 《春秋繁露·深察名号》第三十五, 第 292 页。
⑧ 《荀子·性恶》。

事而成之在人者谓之伪，是性、伪之分也"。① 不仅如此，性还表现出它的恒常性、自发性，如人"饥而欲食，寒而欲暖，劳而欲息，好利而恶害"② 就是人"自然"的经常或自发的行为。不过，有时候在古人看来，日常生活中经验的积累会得到大众普遍认可的、经常发生的动作或行为，这种类型的行为已经深深扎根于人们的心中，变成人的"常心"，同样不需要特别意志的努力就可发出的行为也被称为人的本"性"，如庄子说："彼民有常性，织而衣，耕而食，是谓同德。"③ 所谓"同德"即是人们普遍认可或接受的规则与习惯，也被看成人性的一部分，这实际已不是生而有之，而是习而有之的"性"。④ 因此，从上述方面看，古人对性的理解并非人的原始之性，而是此在之性，即人现实所具有之性。⑤ 不过，习俗还是不能与本然之性画等号，前者在某种意义上更多地还算对性的一种违反甚至是伤害，就如庄子所言，人往往是"丧己于物，失性于俗。"⑥

在"性"的性质和内容上，孟子认为人性就是指"仁义礼智"四心，它们是"所谓善也"。告子则提出："食色性也。"⑦ 性"无善无不

---

① 《荀子·性恶》。

② 《荀子·性恶》。

③ 《庄子·天地》。

④ "德"在儒家主要指伦理道德之义，而在道家则与道一起，构成万物的内在属性，《老子》中的"道生之，德蓄之"便有此意。"道""德"与万物的关系在于，"德"借助自得或自然之势将"道"储存在万物之内，成为万物自然本质的体现。如此，"道"与"德"皆可成为万物之性或存在的根据。所以，张岱年说："这种内在的根据，儒家谓之性，道家谓之德。"（见张岱年．《中国古典哲学概念范畴要论》，第 154 页。）其实就是说《老子》《庄子》所谓"德"，其实就是"性"。关于此，还有《庄子·庚桑楚》中"性之动，谓之为，动不以得以之谓德"，《骈拇》中"骈拇枝指，出乎性哉？而侈于於德"等。

⑤ 现代对人性的理解一般认为，人性应该是人相对于动物而言自身所具有的特质。最突出的特征就是它的社会性，或者说社会性是它的本质。不过也有学者持不同的观点，特别是在本质的问题上，认为人的本质既不同于动物性，也非一般的社会性，而是"感性与理性的互渗，自然性与社会性的融合"，是"沉积在感性中的理性"。（见李泽厚．《李泽厚哲学文存》，安徽文艺出版社，2009：619、624 页）显然，后者更符合荀子、庄子人性是自然与历史实践相结合的理解。

⑥ 《庄子·骈拇》。

⑦ 《孟子·告子上》。

善",并以木材做成器皿为比喻,说"性犹杞柳也"。荀子在"性"的内容上与告子持相似的观点,但又认为人性可善可恶。庄子在性的问题上也与告子相近,认为人性无善无恶,但与告子稍有不同的是,他认为人"性"本"素朴",即如其在《马蹄篇》中所说:"同于无知,其德不离;同乎无欲,是谓素朴。"而《礼记·乐记》中说:"人生而静,天之性也。"也就是说出生时人的内心是宁静的,所以儒道两家都把追求内心的宁静看作人性的回归,道家更是把"静"看作人的行为合乎自然、顺应天性的出发点。而儒家则通过人的"自然"行为或行为的恒常性是否能够给人以"安心"或"快乐"为反映人的本然之性的尺度,如在"安心"方面,孟子以"小孩入井"而路人毫不迟疑去救人的例子说明"仁慈"是人之本性,如果人面对小孩不去施救,就会在内心中感到不安;在乐的方面,孔子夸赞颜回时说:"一箪食,一瓢饮,在陋巷,人不堪其忧,回也不改其乐。"[①] 心中的本然之乐不会因人处在逆境而有所改变。[②]

通过对三者"性"的来源、内容及性质的比较我们可以得出,"性"就人而言涵盖两个基本取向:一是指个体自身生理需求的自然本能,以告子与荀子为代表;二是从社会伦理道德出发的性,即"仁、义、礼、智",以孟子为代表。前者常被称为"自然人性论",后者被称为"道德人性论"。不过,无论如何区分,它们都强调一个"天然"或"自然",强调人在无自我、无外在事物的境况下所表现出的不自觉或潜意识,并且作为人来说,"性"就是个体中的"道",也有隐含于事物内部的天赋含义,即如庄子所言:"形体保神,各有仪则谓之性。"[③] "性"不但是人

---

① 《论语·雍也》。

② 这样的思想在西方哲学家中也有类似的描述。伊壁鸠鲁说:"任何生物,生下来就追求快乐和喜悦,并以此为最高的善;躲避痛苦并为之最大的恶,它们一有可能便会尽力远离痛苦。"(见迪威特.《伊壁鸠鲁及其哲学》,第220页,明尼苏达大学出版社,1975。转引孟旦《早期中国"人"的观念》,北京大学出版社,第75页。)因为求乐避苦是自发的,而且是刚出世就具有的普遍性特征,因此也应被看作人的本性。

③ 《庄子·天地》。

存在的生理之本，不可改变，而且被一些古代哲学家看作人在社会生活的实践能够达到的人生理想境界。

值得注意的是，关于性，古人重点在人而不在物，即便是谈物性，也只是为了谈人，这一点在后文论及顺物之性时明显地体现出来。而此后有关人性的认知，本质上并没超出上述范围或内容，最多只是对其加以引申，从而形成了名目繁多的各种说法而已。

2. 心与性的关系

心与性的关系涉及三个方面：对自我之性，对物之性，对他人之性。在古人看来，心作为人的生命器官，是人生理本性的构成部分，作为思的功能又是天赋予人的自然本性。对于两者的关系，荀子说"心生而有知"①，接着又说"凡以知，人之性也"。也就是说，认知是人心特有之性。根据 1998 年湖北荆州出土的郭店竹简所记载："凡道，心述为主。"又说："虽有性，心弗取不出。"② 这证明古人非常重视人心与性的关系，非但如此，竹简中还对性与人的各种心理状态及其关系进行了多层次、多角度的阐释或描述。在人自身的喜怒哀乐与心性关系方面，竹简中有"欲出于性，虑出于欲"③"恶出于性，怒出于恶，喜出于性，乐出于喜"④ 等言论。而在社会实践中，不论是个体自身的道德修养还是君王的治国平天下，都建立在培育、陶冶、锤炼心性的基础上，竹简有言："四海之内，其性一也，其用心各异，教使之然也……教，所以生德于中者也。"⑤"生德于中"即生德于心，在古代，君主只有在德上作出表率，才能成为圣明的君主，因此，修心养德，恢复人的本然之性，对于君主来说具有很强的政治意义。不过我们从这里也可以看到，虽然"四海之内，其性一"，但由于人的本然之心只是虚设，"人虽有性，心无奠志"，结果在实际生活中，人心却"各异"，因此，即使是对于"君

① 《荀子·解蔽》。
② 《郭店楚墓竹简》，北京，文物出版社 1998：179 页。
③ 同上，203 页。
④ 同上，204 页。
⑤ 同上，179 页。

主",人性的修养也主要在于后世对心的教化与陶冶,这一点,应该说不管儒道的途径如何,两家都是一致的。

而《中庸》中说:

> 喜怒哀乐之未发谓之中,发而皆中节谓之和。中也者,天下之大本也;和也者,天下之达道也。致中和,天地位焉,万物育焉。

"喜怒哀乐之未发",是指内心无思无虑,或保持虚静时的状态,这时称内心为"中","中"即体现了天下之道,而"中和"指心"已发"的喜怒哀乐,但它所体现的是本然之心的动态过程,即"中和"亦是"达道"之心。可见此段有两重思想指向:一方面是指,人天生的本然之心(人心不受外界的干涉、影响的"虚静"状态)与"道"同体,即天命之谓性;另一方面是指,进入社会实践的人,在保持内心的"中和"时,就可践行天下之"道"。前者"虚无"之心体现了本我之性,后者的"中和"之心则相对于他者而言,彰显的是顺物之性,因为在天为道,在物为性。

此后关于心性的关系,最著名的莫过于"心统性情"说,它由宋朝的张载首先提出,由朱熹进行较为全面的总结。他们认为,心分性和情两个部分:"性,心所具之理,而天,又理之所以出也。"因此,性是天理,体现万物之本然之性,相当于《中庸》中所说的心之"未发",也被称为"道心";相对于性的"情",是现实世界中人之心的"已发",被称为人心。"道心"实指天命之性,是从认知的角度看的,而人心则是从实践的层面看的,指人的观念或情感,作为心的组成部分,性与情的关系正如朱熹所喻:"性者心之理,情者心之动,心者充性情之主,""心犹水,性犹水之静,情则性之流,欲则水之波澜。"[①] 一方面,道心

---

① (宋)朱熹.《朱子语类》卷五,第85页。

与个体人的本然存在相连，有了物质性存在之心，才能体现道心的存在及功能，即道心连接着人心，以静为特征；另一方面，人心又与客观存在的感性相连，人心难免受到外界的引诱而危及个体的本性存在，使心有所动而偏离人的本原之性。关于如何使人之性得以保全，朱熹认为："气清则心正，故性全而情不乱耳。学者则当存心养性，而节其情也。"①"气清心正"，是说内心保持清澈明净，即可不被世情所乱而保持人的真本性。

而宋明时期心学派的代表人物陆九渊、王阳明等人对于心性关系则有另一种想法。陆九渊并没有直接提到心性问题，而是说心与理的关系，他强调"心即理""万物森然于方寸之间，满心而发，充塞宇宙，无非此理。"又说"心之体甚大，若能尽我之心，便与天同"。②"心即理"，即在人心中存着天道，心通天地万物之理，这是人之本性，只要能够"尽心""满心而发"，即可尽人之性，心就可认识万物的本然之性，即"天理"。由此也可见，人心与天理的关系表现为人性与心的关系。

王阳明在继承陆九渊观点的基础上，将心性的关系进一步系统化、条理化、明确化。与陆九渊不同的是，王阳明直接提出心即性，心具天理。他说："心是性之体，天是性之原，尽心即是尽性。"③ 又说："心即性，性即理。"④ "心之本体，天理也。"⑤ 他认为，人心与天同一本体，天是人性的本原，而人心是人性的具体，只是在日用伦常中天然之性被个体的私欲所掩藏，即天然之性存在于朱熹曾经说过的"道心"之中，而被掩藏的本然之性存在于"人心"中，不过"道心"和"人心"并非二心，只是心不同的展现。这一点王阳明自己已有明确的说明：

---

① （宋）朱熹．《答徐景光》，《朱文公文集》卷六十四，第3128页。
② （宋）陆九渊．《陆九渊集》卷34，北京，中华书局，1980：35页。
③ （明）王阳明．《王阳明全集·传习录上》，北京，线装书局，2012：79页。
④ 同上，第89页。
⑤ 同上，第91页。

然。心一也，未杂于人谓之道心，杂于人伪谓之人心，人
心之得其正者即道心，道心之失其正者即人心，初非有二
心也。①

他认为必须通过"致良知"的手段，心之本原方能恢复："人心是
天渊，无所不赅，原是一个天，只为私欲障碍，则天之本体失了。如今
念念致良知，将此障碍滞塞一齐去尽，则本体已复，便是天渊了。"② 所
谓"良知"，王阳明解释说："良知只是个是非之心，是非只是好恶，只
是好恶便尽了是非，只是非便尽了万事万变，"③ "良知是天理之昭明灵
觉处。""是非""好恶"是从实践层面而言的，"昭明灵觉"则更多涉及
人的本然的直觉。可见，他说的"良知"本质上是人的本原之性。只要
人的内心除去"是非""善恶"等外在的意识障碍，"人心"即可回归到
"道心"，人的自然本性即可显现。

关于心性关系的问题，今人唐君毅分析认为：

生必依心，而其生之"有"乃灵；心必依生，而其"感"
乃不息。生依心，故此心即心之所以为生之性；心依生，而生
亦即心之所以为心之性。④

唐君毅是说，心与生命作为必要因素构成了人之本性，心性一体，
因此，从其最原始的功能说，心之如何思、思何才是人之自我本性中的
应有之义。孟子有这样的推理："尽其心者，知其性也，知其性则知天
矣。""尽心"即发明本心，本心，人生固有之心，如果能够充分扩展人
的本心，就可知人之本性，而人之本性由天造就，以此自然会知道天道

① （明）王阳明.《王阳明全集·传习录上》，北京，线装书局，2012：81页。
② 王阳明.《王阳明全集·传习录下》，第174页。
③ 同上，第190页。
④ 唐君毅.《中国哲学原论·原性篇》，北京，中国社会科学出版社，2006：自序第7页。

如何。所谓本性，上文已多有提示，指的是人之为人的天然之性。具体到什么是"性"（但并非是人的原始之性），傅斯年通过文字训诂的方式得出结论，说"性"字最初从"生"字演化而来，"生"之原意指草木之生，继而扩展到世间万物，包括人在内的各种生命体，都以"生"表示，而具体的生命在生长和发展过程中，"必有所向，此所向之所至，即是生命之性所在"。① "所向"为人在成长过程中特有的特征或趋向的呈现；"所至"，有所止，才有所至，与人"既成、已然的形态相联系，表现为人本来具有、无法分离的规定"。② 可见，"性"本指人之为人的本质，同时此"性"应为人之成年带有普遍意义的内容。正如唐君毅指出的，中国古代学者在谈到人物之性时，一般有两种含义存在："一为就一人物之当前之存在，引生其自身之继起之存在，以言其性；一为就一物之自身之存在，以言其引生其他事物之存在之性。"③ 对于前者，"性"一方面是能够保持人成为自己个体的天然本质；另一方面，只有在"性"得以保全的情况下人方能"继其而存在"。后者则说明，人之性就他人或物而言，具有辨识他物本质或本性的能力。这也就是说，人之本性不但有保持人之为人的内在规定，而且具有认识他人或物本性的潜力，但如果要将这种潜力变成现实，对象之本性必须得以全存，而且只有在"自然"状态下才能得以存在或呈现。既然人的自然之心与本性一体，则"尽心"就可"知性"，即上文所述的只要心是固有之心，本然之心，人就可保全自身的本性。由此可知，当人去识别对象物之本性时，会发现本心是完成这一认知过程的关键。

正如上文提到的，由于现实中的人之本心已经被私欲窒塞，王阳明认为只要"将其障碍窒塞一起去尽"，那么心即可恢复其"天渊"，也就恢复了人的本然之心，实际上就是要求人保持内心的"无"，因为"无

---

① 唐君毅.《中国哲学原论·原性篇》，第6页。
② 同上，第6页。
③ 同上，第7页。

心则无身，无身则无心，但指其充塞处言之谓之身，指其主宰处言之谓之心。"① 李贽对心与个体之私的关系持同样的观点，他说："夫私者，人之心也。人必有私而后期心乃见，如无私则无心矣。"② 相对于人的私欲之心来说，本然之心就是"无"，人只要保持心的"虚无"状态，心就会展本心，显人性，合天理。

总之，人的"心""性"皆为天赋予，在本原上属于同等性质的概念或范畴。心无论在生理上还是在其本能上都是天然的，"性"不过是对人的天然所具有的内容的一种规定或描述。相对于人之其他本性而言，"心"不但具有认识自我的能力，在自性中起主宰作用，而且具有认识外物本性的能力，因此荀子说："凡以知，人之性也；可以知，物之理也。③ 不过，这只是说人心具备了认知自我和他者本性的基础，明确了心在认知过程中的地位。人究竟采取何种渠道才能够充分发挥已被社会生活所蒙蔽的本心，以达到认识他者与自我本然之性的目的，还要看作为主体的人如何认识、对待、利用本心。

3. 心与"无"

（1）辩名析理之心与"无"

所谓的"辩名析理"，从字面上看，指的是通过概念之名与具体之实的关系，分析其中的道理，具有显著的辩证特征。但这里的"辩名析理"则是关于对客观事物或现象的认知，更接近现代社会所说的自然知识，而作为认知的主体，人扮演着重要的角色。墨子说"知，材也"，"知，接也"，"知，明也"。④ "知"，认识；"材"，才能，是人所具有的认识能力；"接"，即知觉来源于感觉器官与客观事物的接触，是人对物进行感性认识的必要条件，正因为"知"有"接"物的这种能力，才能

---

① 王阳明.《王阳明全集·传习录下》，第 168 页。

② 《藏书·卷三十二·德业儒臣后论》转引李泽厚.《中国思想史论》上，合肥，安徽文艺出版社，1999：251 页。

③ 《荀子·解蔽》。

④ 《墨子·经上》。

"以其知遇物，而能貌之若见"。有了对物的接触，得到了物外在的印象，才有了对事物的感性认识；"明"，如果接上面所言，它的意思是感知外物仅是认识的第一步，对物还有加以判断以辨其类，知其理，然后据此理以已知推论出未知的理论。在上述整个认识的过程中，起到关键作用的是人的心。墨子说："循所闻而得其意，心之察也；执所言而意得见，心之辩也。"① "知"是"心"的"知"，只有心才具有对物的思辨及认识的能力，他说的"心无备虑，不可以应卒"② "无说而惧，说在弗心"③ "其心弗查其知，而与其爱"④ 等皆说明心在认识中的重要性。荀子与墨子相似，他认为人"心有征知。"⑤ 心是天然的思维器官，能够验知外界的事物，对进入心中的事物加以辨别、取舍，从而形成对事物性质的认识。心之认识功能的发生，必须在与物相接的情况下才有可能，他说："天官之当薄其类。"意思是说，人通过感觉器官与外物相接形成感性认识，而这也是心能"征知"的必要条件。

由上可知，人在对物的认知上，外在于物表，内在于人心，而心是主宰，具有认识的能动性。另外，认知的形成必须与物相接，但与荀子不同的是，墨子的关注对象是物的个体，最多也只是某一类事物，注重具体事物的性质或事物的分类，目的是获得某物或某类事物的知识，因此我们称之为知识之心。知识之心虽然在实践中需要一定的感情投入或积累作为认知的动力，但当对物进行认知时，全部身心都集中在作为对象的物之上，反而忘却了自己情感的存在，即使人是具体的存在，⑥ 人的伦理或情感也不会影响到心对事物的认知。就如一位真正的自然科学

---

① 《墨子·经上》。
② 《墨子·七患》。
③ 《墨子·经下》。
④ 《墨子·尚贤中》。
⑤ 《荀子·正名》。
⑥ 杨国荣说，具体可以从存在的本身和把握存在这两方面来理解。从存在的本身来说，现实的、真实的存在，即具体的存在；从把握存在的视域看，具体性体现为以道观之的视域。并且他对"以道观之"作了进一步的解释：既意味着把握存在的具体的统一，又意味着连接人把握存在的不同的视域。（见杨国荣《哲学的视域》，三联书店，2014：76—77 页。）

家，他（她）在对某种物或材料进行研究时，首先想到的是发现其内在的真正本质而不会想到怎样用它达到或满足个人或社会的某种目的或欲望，就如当初诺贝尔发明炸药时，他未必首先想到它将来会成为战争中人类互相残杀的工具（理论上的作用当然存在，但非受人的情感影响）。而就认知的内容本身而言，无所谓情感，只可能是对物的本质、非本质认知的深浅问题。① 就此而论，知识之心与世俗之心相比，心是"无"。显然这里的"无"并不是作为生理上心的失去，而是相对于理性之中，没有了心的情感与外在力量影响到的意识，剩下的只是人纯然的认知之心。

不过，墨子的知识论还不是西方意义上纯粹的形而上的思辨，还没有超出中国古代哲学的实践理性特征，他的"知"还包括实践的层面。如墨子说："仁而无利爱，利爱生于虑。虑也者，以其知有求也。"② 一方面说明，人的"知"与人的心（虑）相连，"知"又与作为社会伦理道德的"仁爱"相连，把人间的社会实践纳入了"知"的领域，说明墨子的"知"在认知与实践层面的共存性，认知总是体现了人对世界的理解，即使是以"所谓'以道观之'，也是人选择'以道观之'"。③ 所以人对物本然的认知最终和人的社会实践是难以脱离干系的。这方面在荀子身上体现得更为明显，但与墨子相比，他更注重人对社会实践的认知，而且把对万物之本性的认知与对人世运作的规则和原则的认知统称为"道心"。荀子说：

> 心不可以不知道。心不知道，则不可道而可非道。人孰欲得恣而守其所不可，以禁其所可？以其不可道之心取人，则必合于不道人。以其不可道之心与不道人论道人，乱之本也。夫何以

---

① 康德认为，人对物的本体是无法认知的，人们认识的只是物留给人们的外在的现象。即使如此，如果人们都放弃或者撇开个人情感的因素，则即使是物的表面现象的认知，作为人类本身具有共性，因此对同一事物在相似认知能力的条件下必然会有相似或相同的反映内容，这种共同的内容无疑更接近事物本身的自然性质。

② 《墨子·经说上》。

③ 杨国荣.《哲学的视域》，第77页。

知？曰：心知道。然后道。可道，然后能守道以禁非道，以其可道之心取人，则合于道人而不合于不道之人矣。以其可道之心与道人论非道，治之要也。何患不知？故治之要在于知道。[①]

可见，这里的心之"道"包括认知层面的物道和实践层面的人道，但无论是物道还是人道都是从人的角度上说的。之所以称之为"道心"，是因为"心不可以不知道"，而"道"是"人生而有知"的，因此对道的认知体现心的本然之行。但如上所言，心仍存在与"道心"不同的"人心"，荀子借助《中庸》中的"人心惟危，道心惟微"说，"故《道经》曰：'人心之危，道心之微。'危微之几，惟明君子而后能知之"。"人心"就是在社会实践之中的实存之心，朱熹的观点与之不谋而合，[②]而正是由于这种"人心"与"道心"之间的差别，若欲"人道"合于"天道"，必然使"人心"与"道心"相一致，使人的行为符合事物的本质及运作规律，这就要求个体通过日常的修养功夫，使得人心回归到人的本然之心，即"道心"上去。那么本然之心具有什么样的特征呢？

荀子说："虚一而静。心未尝不藏也，然而有所谓虚；心未尝不两也，然而有所谓一；心未尝不动也，然而有所谓静。"[③]何为"藏""虚""静"？荀子指出：

> 志也者，藏也。然而有所谓虚，不以所已藏害所将受谓之虚。心生而有知，知而有异。异也者，同时兼知之；同时兼知之，两也。然而有所谓一，不以夫一害此一谓之壹。心，卧则梦；

---

① 《荀子·解蔽篇》。

② 朱熹在《中庸章句集注·序》中对此作如下解释："盖尝论之，心之虚灵知觉，一而已矣，而以为有人心、道心之异者，则以其或生于形气之私，或原于性命之正，而所以为知觉者不同，是以或危殆而不安，或微妙而难见耳。然人莫不有是形，故虽上智，不能无人心；亦莫不有是性，故虽下愚，不能无道心。二者杂于方寸之间，而不知所以治之，则危者愈危，微者愈微，而天理之公卒无以胜夫人欲之私矣。"可见，对此，朱熹与荀子的观点也颇有相似之处。

③ 《荀子·解蔽篇》。

偷，则自行；使之，则谋，故心未尝不动也，然而有所谓静，不以梦剧乱知谓之静。未得道而求道者，谓之虚壹而静，作之则。①

人刚生下来心是以"虚无"状态出现的，若保持心的"虚无"，可以不让已经藏在心中的知识去妨碍将要接受的知识；有"专心"，不让已认知的事物妨碍另一种即将认识的事物；有"静心"，不让梦幻和胡思乱想之动心扰乱人求道的智慧。人如果能够在实践中达到"虚心""专心""静心"，即心"无"的状态，则可开显人之"道心"，以便正确对万物辩名析理。

而对于人心，荀子说：

> 人心如盘水，正错而勿动，则湛浊在下，而清明在上，则足以见鬓眉而察理矣。微风过之，湛浊动乎下，清明乱于上，则不可以得大形之正也。心亦如是矣。②

此段是说人心之性就如盘中之水，有污浊渣滓与清明透彻之分，当水没有被搅乱的时候，清水在上，浊水在下，此时如果用来照见事物，则可以看得一清二楚，反之则难以获得事物的正确影像。我们可以从两个方面理解荀子对心的比喻：一是对物辨明真伪的能力，二是对人事辨明是非善恶的能力。③ 不过这只是说人心有正确认识和接受万物之理的

---

① 《荀子·解蔽篇》。
② 同上。
③ 学人通常认为荀子说人性本恶，从上文所论的"道心"看，也就是从知识论的角度看，心无所谓善恶。而从荀子用水所作的比较，这种观点也是很难成立的，即使从价值论的角度看，心有清浊，在静的时候清在上，比喻人为善，或者无善无恶，当水受到外力波动的时候，心表现为浊，显现为人性恶，所以完全说人性恶并不符合荀子思想之事实。荀子认为，人之性既可以为善，也可以为恶，当人受到外力的干扰时，人心自然会有所变化，人在"虚其心"，心无所动时，心为善，在心为各种欲或情感所支配时，就有可能变为恶，所以荀子认为，人善与不善，皆在于后天的习养，而心是人能否成就人性之善的关键所在。所以荀子的观点更接近告子的人心的无善无恶，但目前仍有人持荀子认为性恶的观点。（见韩国良《道体·心体·审美》，第153页。）

能力基础，能力的真正实现却需要内心保持"清""虚""静"的状态。现实生活中由于人的"虚静"之心易受外力的影响而改变，使得人心背离了"道心"，失去正确辩名析理的条件，荀子提出了使心"虚""静""专"的方法以促成心的认识与"道"的一致。这不是说要人心回到生之本然的原位上，而是通过自我有意识的努力，净化自己的内心，使面对外在纷杂的世界，心无旁骛，保持一种安然与平静，有了这种清澈澄明之心，万事万物之"道"自然会呈现在内心之中。

关于人心的"虚静"，老子也有类似的论述，他说："致虚极，守静笃，万物并作，吾以观复。"① "致虚极"即排除心中的杂念，达到"虚无"的程度，心的"虚无"是相对于外在纷繁的意念而言的，非是心本身绝对的空无。有了此心，则与"守静笃"形成了因果关系，心"静"是心"虚无"的必然结果，而坚守清净的笃诚，则可在万物发展变化之中观察到循环往复之道。老子与荀子一样，其辩名析理的本然之心也不仅限于对自然万物的认知，也包括了人间事之理，如他说："不自见，故明；不自是，故彰。"② "自见""自是"皆心由主观的"杂念"或欲望而生，人若能摒弃之，就可保持其本然之心，万物之性则可看得格外分明，万事的是非也可昭彰。

总而言之，墨子、荀子、老子都认为，心有辩名析理的潜能，认为心可以辨析万事万物的本原之性。但墨子注重的是对物的认知，荀子不仅重视对物的认知，更注重对人事的认知，并把对物事本然的认知之心称为"道心"，把社会上实际存在的心称为"人心"，因而将心分"道心"与"人心"而析之。墨子虽然在对物的认知时，心处于何种状态并没有作强调，也没有对心的本然状态进行分析和描述，但从实际上看，显然他抛弃或疏离了人实存的情感，而专注人的本性之心。因此，相对于人实存的"人心"，墨子认知之心的状态应是一种本然上的"空虚"

---

① 《老子·十六章》。
② 《老子·二十二章》。

或情感上的"无"。荀子进行物事的认知，很明显注重心之本性与实际状态对认知的影响，不但分析了人天生的本然之心，也抓住了人的实然之心，把本然之心的"清""静""虚无"与"道心"联系起来，把人的情感、意志之心与"人心"联系起来，指出欲完成辩名析理，必然通过个体的努力，消除外界即人的情感与个体意志对心之本性的影响，净化"人心"，由"人心"回归"道心"。

保持心"清""静""虚无"可对事物进行辩名析理，而若对人自身，则变成了一种个体的道德修养，这就是下文要谈到的道德之心与"无"。

（2）道德之心与"无"

注重个体的道德修养是中国古代哲学的最大特色，也是其主要的内容之一，无论是日用伦常还是治国平天下，皆以"修身"为前提，而"修身"的根本，儒家强调"慎独"，道家强调"自然"，但两者都与心相关联。正如上文所提到的，哲学意义上的心并非自然生理之心的本身，而是着眼于心之功能或作用，上述的辩名析理之心即是在逻辑方面体现理性认知的心，而我们所说的道德之心，则是与人间伦理道德等相关联的心的本质。孟子认为，人心天生包括"恻隐""羞恶""辞让""是非"等内容，它们天生就存在，不是与他人相比较而得出的，也不是由于人心之中先有了某种欲望要求而产生的。就如孟子自己所言，人救落井的小孩产生的恻隐之心，并不是因为"所以纳交于孺子之父母也，非所以要誉于乡党朋友也，非恶其声而然也"。[①] 这是人在潜意识中本能的反应，这种直接发出的反应就是由于人本心使然。我们且不论人的恻隐之心是否具有绝对的普遍性，但人必须同事直接发生联系，心之意识才能形成，事才能产生，反之，事情的发生则体现了心之意识的存在与作用。唐君毅持相同的观点，他认为："事是对其他人物者。心在

---

① 《孟子·公孙丑上》。

事中，则心是向其他人物。"① 一方面是事由心而生，另一方面是心的本然之性的彰显也必须借助他者的互动才成为可能。总之，孟子认为人的道德之心是潜在的，只有对外界环境产生感应或被刺激时才有所展现。而从另外一方面说，在此之前，心的"恻隐""羞恶""辞让""是非"等内容则以隐性的方式存在，即心之本然在形式上表现为"无"。②

孟子说："恻隐之心，仁之端也；羞恶之心，义之端也；辞让之心，礼之端也；是非之心，智之端也。人之有是四端也，犹其有四体也。"③"仁""义""礼""智"皆是儒家道德伦理的重要内容，既然"恻隐""羞恶""辞让""是非"是"仁义礼智"的基础，若具有后者，必然充分开显这四端的存在。由于"四端"之心是人性本能的直接体现，因此只要充分发展其本心，就可获得其个体道德"仁义礼智"品质。从个体方面说，只要能够存其心，养其心，尽其心，不失其赤子之心，即"恻隐""羞恶""辞让""是非"之心，就可直达人的自然本性，实现道德修养的目的，就如孟子所言："凡有四端于我者，知皆扩而充之矣，若火之始然，泉之始达。"④ 因为，

　　　　人皆有所不忍，达之于其所忍，仁也；人皆有所不为，达之于其所为，义也。人能充无欲害人之心，而仁不可胜用也；人能充无穿逾之心，而义不可胜用也；人能充无受尔汝之实，无所往而不为义也。⑤

---

① 唐君毅.《中国哲学原论·导论篇》，北京，中国社会科学出版社，2005：54 页。
② 《中庸》上说："喜怒哀乐之未发，谓之中。"朱熹解释说："喜怒哀乐，情也。其未发，性也。无所偏倚谓之中。"（见朱熹.《四书章句集注》，《朱子全书》第六册，安徽教育出版社，2010：33 页）喜怒哀乐皆为心与外界交感所致，而未发则开显人心之本然，即"中"，"中"由于"无所偏倚"，所显为"无"。
③ 《孟子·公孙丑上》。
④ 同上。
⑤ 《孟子·尽心下》。

如何"尽心"才能"存心""养心""不失本心"呢？孟子认为在于"诚"。此"诚"并非与欺诈等义相对应的"诚"，而是特指人直接面对他者自然而然发生的心与事之间的必然联系，这种联系完全是心在没有任何外在影响下实现的，即如唐君毅解释的"孟子之诚，初只是正面之尽心。此心自善，只须人能直下承担，可更不待择，亦不甚要人反省其心中之伪妄而去之，以成诚。"① 因此孟子说："诚者，天之道也，思诚者，人之道也。"② 说白了，"诚"即是天地万物之间包括人在内的一种联系的必然或本然，而"思诚"即是心在没有任何预设下直面他人之事行道的功夫。只有"思诚"，才能冲达人之本心，保持人之本性，使心、性一体，实现人性最高的善。这既是孟子"仁政"学说的理论基础，也是其人生的最高理想。

从人之本心的性质及实现途径看，既然本心是天然造就的，任何外在影响致使本心的改变都有可能对本心产生伤害，由此也会对人性产生伤害，因此，保持本心，不失本心，而又能发展本心，要求人心既无外在于此身欲望或目的的桎梏，也无心主乎此身，不再注意作为个体的自我，仅依靠自然的本能对物行事。可见，此时之心，已不见有外在欲望之心，而只是心在发挥其本然的作用，因此，相对于外力对心的影响，此时之"心"即"无"。不过此"无"并非真的空无，而是反映人本然之心的一种存在形式。

儒家如此，道家如何呢？通常认为，道家重自然而轻道德，这样的观点显然是片面的。老子说："治人事天，莫若啬。夫唯啬，是谓早服。早服谓之重积德，重积德则无不克。"③ 注重积累德，则无往而不胜。这怎么能证明道家轻道德呢？相关的还有《老子》第八章中的"上善若水"，六十二章中的"美言可以市尊，美行可以加人"，六十七章中的"我有三宝：一曰慈，二曰俭，三曰不敢为天下先"，五十五章中的"含

---

① 唐君毅.《中国哲学原论·导论篇》，第54页。
② 《孟子·离娄上》。
③ 《老子·五十九章》。

德之厚，比于赤子。毒虫不螫，猛兽不据，攫鸟不搏"等，由此可见德在老子学说中的地位。与孟子类似，老子也认为人的道德亦以隐性的方式存在于人的本性中。他说："绝圣弃智，利民百倍；绝仁弃义，民复孝慈。"①"民复孝慈"，也就是说，民本来就具有孝慈的品德，②不过它是以消极的方式彰显人的本然之性的，与道家理想人格还有很大的距离。所以他接着说："此三者以为文不足，故令有所属，见素抱朴，少私寡欲。"也就是说，以上三条原则对理想个体道德品格的建立还不够，以人类社会的主体性而言，只有保持内心的素朴，减少私心，降低欲望，理想的社会、理想的人品格才能形成。那么如何使心"见素抱朴，少私寡欲"呢？

在老子看来，就国家而言，"圣人之治，虚其心，实其腹，弱其智，强其骨，常使民无知无欲，使夫智者不敢为也"。③"虚其心"的结果就是使得人"无知无欲"，反之，人的无知无欲则必然为心"虚"，即心"虚无"。对个体而言，理想人格即圣人应是"后其身而身先，外其身而身存，非以其无私邪，故能成其私"。④"后其身""外其身"无非是"无私"的条件，即内心保持"无我"；"私"，非公私之私，而是指个体的本身，也就是说，只要内心保持"无"，就能够成就自我的理想人格。

需要指出的是，人们一般认为，古代圣人的品格只是一个理想，无论儒家还是道家的圣人，对于常人来说，都是可望而不可即的，但古人并不这样认为。在他们看来，圣人就存在于我们日用伦常之中，就是

---

① 《老子·十九章》。

② 即使是"仁义"本身，老子也并不反对，但它们不是老子理想的社会存在方式，即不应以显性方式而应内隐在人们的日用伦理中。老子曾经说过："大道废，有仁义；智慧出，有大伪；六亲不和，有孝慈；国家混乱，有忠臣。"（《老子·十八章》）"孝慈"上文已经说过，为人本然之性，为老子所肯定，根据语言的对待原则，"仁义""大伪""忠臣"也应是老子所不反对的。有些学者把"伪"理解为"诈伪"，看似合理，但常理应予以否定，这又和"仁义""孝慈""忠臣"的肯定之义相左，显然这种翻译并非恰当。（见拙文《从郭店简本也谈老子的仁义观》，陇东学院学报 2005 年，第 5 期。）

③ 《老子·三章》。

④ 《老子·七章》。

"被褐怀玉"之人，就是①"自知不自见，自爱不自贵"之人②。只是两家发展本心，提高自我道德品格修养的路径不同，并且即使同是儒家，具体到个人的思想，他们实现的方式方法亦有所区别。

以孟子的道德修养论而论，孟子把人心直接本能的反应视为人之本性，并把这种本性与人的道德品质直接联系起来，即以人自然的本能反应作为人性本善的基础，来成就人的道德修养。这就要求人心无视外在环境的影响，与外物发生联系时注重内心产生的直接反应，就此而言，理想道德品质、人之本性与人心之"无"（心没有了外力的存在）三者在逻辑上是一致的，它们不但成就了孟子所说的理想人格，亦把肇端于人之本然之性的"恻隐""羞恶""是非""辞让"的仁义礼智看作人道德修养与行为的指南。由此，孟子的自然之性已不再是"纯粹意义上的自然之性，而是被赋予价值意义、被理想化了的规定"。③ 这样，孟子不仅把自然之性当作成就道德理想与人格的内在依据，而且提供了在实践中达到人格完美的具体途径；作为先秦儒家思想的集大成者，荀子认为，无论是"理智之心"还是"道德之心"，无论是"道心"还是"人心"，无论是获取万物之真还是追求人生理想之道，无论人是自发还是自觉，都离不开人之本心。但在现实社会生活中，面对人之本心被外在的事物影响或干涉而有所改变、有所扭曲，与孟子态度不同的是，荀子不是"无视"而是试图直面问题，寻找使心变化的外在之因，采取相应的措施，有意识地保持内心对外在之物影响的"无"，对内保持自我之心的虚静，成就无欲之"无"，维护或恢复心之本原，使心之"无"成为"成己""成物"的基础。显然，与荀子相比，孟子的思想缺少了与现实社会生活紧密联系的主动性，其理论就个人提高身心修养及人格品质尚可，而就社会道德实践方面看，荀子思想更具有现实的可操作性与时效性。老子则因为看到了社会实践中道德规范对个体之性的束缚或伤

---

① 《老子·七十章》。
② 《老子·七十二章》。
③ 杨国荣.《哲学的视域》，第181页。

害，对之采取直接否定的方法，而主张顺物性而为，这就要求人之心"致虚极，守静笃"，方可"无为而无不为"。即以天之性而为，非仅对他者，也是对人之本身，后者心之静笃达到的最高道德理想，就是我们下文所谈到的天地之心与"无"。

　　③天地之心与"无"——以庄子思想为例

　　所谓天地之心，是与人的社会世俗之心和人天生的自然之心相比较而言的。天地本无心，任万物自相治理，万物的形成与发展亦无心，只是在冥冥中尊天道而存在，只有作为域中之四大的人，具有主观的能动性，不但可以有天地自然之心，亦可有人类独有的社会世俗之心。庄子重点讨论的就是这两重心，一是诉诸感性与知性的世俗之心，被庄子常描述为"机心""贼心"（天地）、"成心"（齐物论）等；二是无思无虑的"虚"心，或称为自然之心、道心，庄子常将之描述为"洒心"（山木）、"刳心"（天地）、"无听之以心"（人间世）等。这两种心，前者为庄子所唾弃或不齿，后者则为庄子所提倡或崇尚。

　　庄子所崇尚的自然之心，其实就是"吾人之心暂停对外在事物之感应，亦暂不求对外物之知识，而回头反省时，乃真觉其存在者"。[1] 即通过个体意志的努力，摒弃社会上的名誉、地位、贫富、穷达等影响，而在内心中向往着无名、无功甚至无己之境，"以其知，得其心，以其心，得其常心。"[2] 所谓的"常心"即"游心于物之初"[3] 之心，它获得的方法实际是"无功""无名""无己"等，消除由于社会外加给内心的各种杂念所引起的躁动，使内心逐渐恢复虚静的状态，最后能够达到"游心于淡，合气于漠"，[4] 实现"以虚静通于万物"，使得"道居于心，心呈道境"。[5] 之所以能够如此，庄子解释说：

---

　　① 唐君毅.《中国哲学原论·导论篇》，第68页。

　　② 《庄子·德充符》。

　　③ 《庄子·田子方》。

　　④ 《庄子·应帝王》。

　　⑤ 《庄子·心斋》。

> 万物无足以铙心者，故静也……水静犹明，而况精神、圣
> 人之心静乎！天地之鉴也，万物之镜也。[①]

上述之言反映出人心性问题以及心性与外围之间的关系。人心之静既与动静之静相联系，又与之有很大区别。前者是说人的内心保持着虚无恬淡清明的本然状态，即庄子所说的"虚室生白"，"白"，"纯净""朴素"之意，只有在这时，人们才可以认识万物之境，即万物运作的原则或规则，就像《淮南子•精神训》所言：

> 夫静漠者，神明之宅也；虚无者，道之所居者……人心非
> 静，非虚无，非纯白，纯朴，则会有机心，机心存于胸中则纯
> 白不备，纯白不备则神生不定，神生不定者，道之所不载也。[②]

《淮南子•泰族训》亦有类似的说法："巧诈藏于胸中，则纯白不备，则神德不全也。"可见，人心之"静""虚无"与万物之"道"是"天人合一"的必备条件。换言之，人心之"静""虚无"是正确把握万物之"道"的前提。

由上可以看出，庄子认为人可以并必须用自然之心化解世俗的"茶然疲役"之心，即以自然之道反人文之道，因此许多学人认为庄子之学是游走于社会之外的"出世"学说无疑是站不住脚的。只不过与王朝的统治者处理社会问题不同的是，庄子不是借助直接外在的强制手段寻求解决问题的途径，而是从人自我的内心出发，面对现实，反省曾经的世俗给心灵带来的种种不安与困扰，以"以心"等方式，逐渐淡化直至消除因人世间纷扰而引起的内心的不安和念虑，还心之本来面目，最后达到"道通为一"的最高精神境界。

---

① 《庄子•天道篇》。
② 《庄子•天地篇》。

那么，心之本来面目是什么呢？庄子说：

备物以将形，藏不虞以生心，敬中以达彼，若是而万恶至者，皆天也，而非人也，不足以滑成，不可内于灵台。灵台者，有持而不知其所持，而不可持者也。不见其诚己而发，每发而不当，业入而不舍，每更为失。为不善乎显明之中者，人得而诛之；为不善乎幽闲之中者，鬼得而诛之；明乎人，明乎鬼者，然后能独行。①

"灵台"，即人之心。庄子说灵台"有持而不知其所持，而不可持者"，意思是心有所持守却不知道持守什么，并且不可以着意去持守，那就表明，内心原无具体的内容，人心的内容只会随着外物及自己的改变而改变，但即使如此，对于"备物以将形"者，如果能够"藏不虞以生心，敬中以达彼"，在情感方面不作任何思虑，就可以使心境富有生气，谨慎地持守心中的灵气，则仍然可以保持"灵台"的"灵光"，不会影响到本心。如果做不到这一点，不能真诚地实现自我而让情感随意释放，就会虽有所守心却总是不合时宜，造成对心灵的创伤，不用说百姓，就算是鬼神，也不能见到心的清白纯净。所以，即使是对世俗之心，庄子认为只要能"以心复心"②，也可实现回复到本心、常心的状态。

从"复"的途径或者方式看，其修心的功夫"虚心""静心""释心""刳心""解心"等无疑都是一种虚灵明觉之光照耀在心，此光之本身的内涵无所持，所以我们也可以称之为"无"，正因为这些功夫本身就如一汪汪清水，所以它们不但能够逐渐淡化、最后洗净沾染在心上的种种污痕，使得心显现其本来的模样，而且自身也不会留下任何痕迹。

---

① 《庄子·桑庚楚》。
② 《庄子·徐无鬼》。

而对于本心来说，在没有任何外在的影响下，其纯洁得如同一张白纸，没有任何内容，从这方面看，心相对于外物来说，自然也可以说是"无"。庄子与孟子所说的心"无"最大的区别是，庄子的心"无"是以修养身心的途径，把心内非自我的东西扫除干净，强调的是自觉，而孟子的心"无"是忘却自己，在感物而动时显现本心，强调的是自发。

总的说来，庄子的心性学说从个体的视角出发，以个体的主观能动性为根基，面对社会纷乱、战争频仍、人们生活在水深火热之中，社会的伦理道德和政治法律不但整治不了天下之乱，甚至所谓的仁义礼教禁锢了人的思想，桎梏了人的心灵等现实，庄子不但"将天道落实到人间，而且和人心做了紧密的结合"[1]，通过向内"修心"的方式，使世俗的繁复之心停留在虚无之境："游心于淡，合气于漠，顺物自然而无容私焉。"以"以明"认识客观世界、以"心斋"加强自己的道德修养、以"坐忘"达到理想的人生境界。这种注重个体人格修养的哲学思想，在魏晋时期对士人影响潜台词，不仅在玄学发展中期的嵇康、阮籍等士人的身上有所体现，在正始玄学的代表人物王弼的学说里亦有其明显的痕迹。

4. "天人合一"思想与"心性"和"无"关系的简要总结

"天人合一"思想被认为是中国哲学的独有特征，它几乎成了理解中国古代哲学的一条主线，而它对现代社会人们思想的影响，充分说明其本身所具有的"生命活力"。也许我们可以大胆地说，在今后相当长的一段时间里，它或许是在精神上调节人与自然关系、通往未来社会之门的一把钥匙。在今天尚且如此，在古代，特别是在汉"天人感应"理论遭到怀疑和批判以后，重新审视天人之间的关系更是魏晋学人甚至普通百姓谈论话题的应有之义。而实际上，"天人合一"思想已成为魏晋士人政治与人格理想的理论基础，它们的理论来源自然要追溯到中国哲学发展第一高峰时期的先秦时代。

---

[1]　陈鼓应.《道家的人文精神》，第181页。

　　"天人合一"自然涉及天和人的关系，从认知层面看，就是"把天下与自我置于物理性的整体与个体的关系来认识"。[①] 从实践层面看，天和人的关系即"自然本性与人为的关系"。[②] 换句话说，就是人如何处理人为与自然本性关系的问题，它反映两个层面的含义：一是天和人的关系如何，二是人在此基础上如何把握现实生活中主体的能动性。因此，从一定意义上来说，天人关系一旦转化为"天人合一"，主体就会由天转移到人这方面，这是必须注意的。

　　从神话传说的"绝地天通"到夏商周时代，天与普通人一般通过两条途径进行联系：一是帝王，一是掌管天文、星象、历书、史册及祭祀或占卜活动的巫史。其中帝王利用各种祭祀时的礼乐仪式假装与天进行沟通，然后获得天命，以此来管理人间的各种事务。天命成为处理天人关系的关键，成为帝王统治百姓的主要根据，而天也被看作有着最高意志统领天下之众的神人。从这一角度看，天和人之间并非具有整体合一的特性。随着西周王朝的衰落，战争的频仍、"礼崩乐坏"、社会秩序的失衡等一系列问题的出现，人们不再相信帝王是天的代言人，而是向内注视，试图寻求个人与天的直接对话，于是"自孔子以降的轴心时代的思想家，最终超越了礼乐传统，导致了划时代的突破"。[③] 人的内心成为天与人交流的内在动力，[④] 人的思想意识从此得以觉醒。虽然天在人们的心中仍高居在上，但其已经失去了人格性的形象，不再是有意志的主宰之天，而只是宇宙之中的自然存在，人可以通过自我认识了解天的运

---

　　① ［日］沟口熊三著，刁榴等译.《中国的思维世界》，北京三联书店，2014：28页。

　　② 张立文.《中国哲学逻辑结构论》，北京，中国社会科学出版社，2002：128页。

　　③ 余英时.《人文与理性的中国》，上海，上海古籍出版社，2007：13页。

　　④ 关于人与宇宙的关系，柏拉图有段类似的描述："我们应当考虑到，神把神性赋予每个人的灵魂中那个最崇高的部分，我们说过这个部分位于人体的顶部，因此我们不是从土中生长出来的植物，而是来自天上的生物，是这部分灵魂使我们从地上上升，趋向我们上天的同类。"（柏拉图.《蒂迈欧篇》90a）灵魂最崇高的部分就是人的大脑，即中国古代哲学家认为的人心，人类能够超越世俗（"从地上上升"），实现对宇宙之序的把握。但柏拉图关心的是"为了理解而求知，儒家则更关心为了待人合宜而求知"。（见孟旦.《早期中国"人"的概念》，北京大学出版社，2009：55页。）因此，在根本上又与"天人合一"的目的不同。

作规律。由此老子提出"常无欲以观其妙，常有欲以观其徼"① 的观念，"欲"来自人心；妙，指自然运行的规律或特征；"徼"指具体的自然万物。强调与天地万物打交道时人所占有的主动地位。庄子认为可以通过"心斋""坐忘"的方式达到"形全精复，与天为一"② 的状态。孟子则提出了"尽心，知性，知天"③ 的观念。荀子亦有"道也者，心之工宰也"④ 之说。

以上皆说明，到了春秋战国时期，人们对天人关系的认识已经由外（帝王、巫史）转向内（人心），虽然人和天之间客观上还处在各自独立的状态，但人可以借助自我意识（内心）的努力，摒除外在社会对内心的干扰，实现天与人之间的真正相通，正如《管子·心术上》所言："虚其心，神将如社。"这里的"虚"为使动用法，即使心虚空，"神"则是指天道。这样，人在心之虚无的条件下就可以实现天道与人的本然保持自然的一致性。需要指出的是，无论是道家还是儒家，他们所说的与天为一或知"性"、知"道"，皆是人合于天，而非天合于人，也不是模糊了人与天之间的界限，而只是体现了人的主观能动性与天的本原性的和谐统一，把天的自然属性或运作原则转换为现实人的言行，用"体认人的本性去领悟天的本性，用天命来说明人的本性"。⑤ 正如刘殿爵在对孟子的评价中说：

顺天命而行可以是乐事，只要我们反求诸己，在内心找到道德根源。如此一来，孟子就打破了天人之隔及天命与人性之间的藩篱。由人心深处有一秘道可以通于天，而所属于天者已非外于人，反而变成是属于人的最真实的本性了。⑥

---

① 《老子·第一章》。
② 《庄子·达生》。
③ 《孟子·尽心上》。
④ 《荀子·正名》。
⑤ 张立文.《中国哲学逻辑结构论》，北京，中国社会科学出版社，2002：133 页。
⑥ 转引见余英时.《人文与理性的中国》，上海，上海古籍出版社，2007：14 页。

从刘殿爵的理解中，我们除了看到孟子对天人关系认识的重要性之外，还可以看到，他认为人的道德品质如何是打破天人之分的关键，而且人的心灵深处有着实现"天人合一"的潜在的本性。可见，刘殿爵的理解无疑是符合孟子的思想的。

总体看，先秦时期，无论是孔子的"五十而知天命……七十而从心所欲，不逾矩"，孟子的"尽心知天"，还是老子的"孔德之容，唯道是从"、庄子的"道通为一"，无不体现出天道自然以及人在天人沟通时所扮演的角色，其中个体的心性修养在实现"天人合一"方面起到中枢性的作用，但对心究竟处在一个什么样的状态，如何才能真正实现人性与天性的完美统一，即"天人合一"，先秦思想家们的观点并不一致。

休谟说："人性由两个主要的部分组成，那就是感情和知性。"[1] 后者是认识论问题，即人对天下之物的物理性认定，寻求的是万物之"真"；前者是道德或实践层面的问题，寻求的是人世间人的"善"。作为与人紧密联系的这两个部分，皆与人心的导向有着直接的关系，导向的不同"却也允许我们分别加以考察"。[2] 或者反过来看，我们可以通过对这两方面的分别考察，看出心与人的本性之间的关系。

首先，相对于知性的认识之心，孟子所言之心，以道德伦理为偏向，所以称为道德之心，以发现心之本性为目标。其本心的所发来自人的自然本能，而这只有在人与他者直接发生联系时才能实现，这就要求人在发现本心时，必须暂时忘却自我的存在，即心"无"自身，以他人之事反观其身，本心才可能顺利呈现。其次，墨子的知识之心，以物为认识对象，如果要正确认识物之本质，那么在与事物"接"的前提下，必须集中精力，完全忘却与之无关的其他存在，如此，心认识的内容才能和认识对象的本质相一致。虽然这里是用心思考对象，但人已经忘却

---

① ［英］休谟.《人性论》，北京，商务印书馆，1980：533 页。
② 同上，第 534 页。

思考之心及思考本身的存在，心自然在认识过程中表现为"无"了，当然它不是真正的"无"、不存在，而是心无旁骛。再次，庄子的"灵明之心"。庄子把人的存在之心分为"人心"和"道心"两类，"人心"即世俗之心，是在外物或社会生活影响下的实存之心；"道心"是符合天、地、人自然一体的人之本心。庄子虽然承认世俗之心，也清楚世俗之心对人之本性的影响，但他却避开这些外在环境的影响，直接"以心复心"，通过"虚心""静心""释心""刳心""解心"等功夫，还原心之本来面目。而心之本来面目如同白纸一张，没有任何具体的内容，我们可以称之为"无"。最后，荀子辩名析理之心。荀子言心，集前三者之大成，其独特之处在于，对于知识之心，荀子不但超越了墨家在认识对象时仅限于个体事物或者仅是一类事物的藩篱，以同类之心面对所接事物，而且能够贯彻此心通于古今。对于世俗之心，荀子以"心者，形之君也，而神明之主也，出令而无所受令；自禁也，自使也；自夺也，自取也；自行也，自止也"① 等心之特征，凭借个人主观的努力，通过"虚心""专心""静心"等功夫，以便心能知"道"、保"道"、用"道"，净化世人的世俗之心，显现世人自然纯朴的生命本质，使得人的言行与"道"合一。但无论如何，荀子依然以纯然之本心为基础展开心之功用，而纯然之心的获得无非是人的意志保持心外不受物之累，内不受欲望之累，即心"无"。

综上所述，"天人合一"的基础一方面是人的自然之性与万物构成"道"统一下的物质世界，另一方面是在社会环境已经改变人自然本性的情况下，人的"无为"恰可以修复由之带来的改变甚至毁坏。而"无为"在于心，只有在心无知、无欲的情况下，人才能做到"无为"，而无知、无欲则为人心原初的自然之心，即虚静的状态，因此所谓的"无为"之心，并非人之心没有作为之念，而是需要借助个体的主观努力，摒弃外在对心的干扰，使其回复到自我本然的认知之心。这个过程包含

---

① 《荀子·解蔽篇》。

两个层级：一是通过无私无欲实现对万物的认知公心，二是通过"专心""静心""虚心"实现人格在社会实践中的"天人合一"。不过就"天人合一"的人本身而言，与前者又有所不同，它包含了认知的自然人性与实践的无为心性两个层面。而这里的主观努力就是上文提到的"虚心""静心"等人为的功夫，也正是"天人合一"在实践层面个体的一种道德修养，但无论是儒家还是道家，合乎自然本性的生活才是合理或理想的生活，自然之性的保持在于人心，自然之心的保持在于实践中的功夫和修养，这是两家共同认同的。就政治而言，儒家的"修身、齐家、治国、平天下"与道家以自然之性为制定道德规范、政治制度及其意识形态指引的依据在一定意义上是互通的。就个体人格而言，人心的无为或内心的虚无不但是修身之道，亦是自我实现自然之性，即"天人合一"的最高理想境界之道，同为儒、道两家所青睐。此后中国哲学一路走来，凡言理智、性情、德行者，无不从人心之处考察。

在魏晋时代，面对日益深重的社会苦难，人们"在生命关怀的前提下，不得不思考人类精神生活的出路"。[①]而他们谈论最多的还是天人之间的关系。这也不难理解，作为主流意识形态的"天人感应"学说不但没有体现有意志的天抑恶扬善、促进社会发展等作用，反而促使汉朝逐渐陷入衰落、混乱直至灭亡的局面，重新审视这种学说的科学性、价值性自然成了这个时代学人的重要话题。《世说新语·文学》中说，"何平叔注《老子》始成，诣王辅嗣，见王注精奇，乃神伏。曰：'若斯人，可与论天人之际矣'"。可见，"天人之际"已成为魏晋学者谈论的中心，而对天人关系的讨论不仅仅注重天，更是把目光的重点折射到人的身上，个性觉醒与思想的解放就是最明显的例子。而个性的觉醒与思想的解放离不开"心"这个精神活动的主体，如果"心不使也焉，则白黑

---

① 李景林.《京师中国哲学》第一辑，哈尔滨，黑龙江人民出版社，2010：150 页。

在前而目不见，雷鼓在侧而耳不闻"。① 何谈对自我的关注，更不用说什么个体"觉醒""解放"之类的了。就此推理，人不论是对外物的认知还是对自我的认知，以及对魏晋士人关心的天人关系的认知，心是关键所在。至于王弼在处理天、人以及天人关系的问题上具体采取何种方式，正是我们在下文要讨论的。

总而言之，心一方面是客观世界运行方式得以主观反映的主体，另一方面也是社会生活中一切思想意识的发源地，同时也是个体自我本然之性体现的核心所在，就如程颢所言："在天为命，在义为理，在人为性，主于身为心，其实一也。"② 无论是说"命""理""性"，还是说天道、人道，皆由人之心的意识所主宰，并借助语言的工具从不同的侧面反映出来，其实他们的所指皆是一理而已。王弼哲学正是试图借"无"的范畴为理论工具，以天为开始，以人为结束，预设"万事万物之所以然（必然）当即人们所必需（应当）崇奉、遵循、服从的规律、法则、秩序"，③ 以重建人伦社会秩序为侧重点，以最终实现社会由乱到治为根本目的。因此，我们对王弼之"无"的研究亦必须从"心"开始。

二、一心开二门——对王弼"无"的双重考察④

1. 王弼对"心性"与"无"关系的总体认识

对物而言，王弼说：

---

① 《荀子·解蔽》。
② （宋）程颢、程颐.《二程集》上，《河南程氏遗书》卷十八，北京，中华书局，1981：204 页。
③ 李泽厚.《中国思想史论》上，合肥，安徽文艺出版社，1999：236 页。
④ 在佛教《大乘起信论》中，有"一心开二门"的说法，所谓的二门，一指生灭门，一指真如门。生灭门是就世俗世界而言，相当于康德所说的感触界；真如门是就超越的本然世界而言，如康德所说的智思界。牟宗三认为，"中西哲学都是一心开二门"。（见牟宗三《中西哲学之会通十四讲》，第 83 页。）

凡动息则静，静非对动者也；语息则默，默非对语者也。然则天地虽大，富有万物，雷动风行，运化万变，寂然至无是其本矣。故动息地中，天地之心可见也。①

"天地之心"具体指的是什么呢？我们可以从朱熹的话中找到些线索。他说："天地以生物为心者也。"②"天地以此心普及万物，人得之遂为人心，物得之遂为物心，草木禽兽接着，遂为草木禽兽之心，只是一个天地之心尔。"③也就是说，天地万物与人同为一心的共生关系。④王弼用"动"与"静"、"语"与"默"作对比，指出"动""语"是事物发展变化的进程或实然存在，而"静""默"并非对运动或言语而言，而是指天地之心的状态，是寂时天地之心本然的显现。⑤这种本然性就是"无"，亦如王弼本人所言："天地虽广，以无为心；圣人虽大，以虚为主。"⑥什么是"以无为心"呢？由于心包含的是共生关系，天、地、人之间实际形成了相互交感的自然条理性，因此，天地之心是依顺这条理而没有私意。可见天地之心不但起到生成万物的作用，而且其作用是泛天地的无碍性，这种无碍性就是"以无为心"，没有任何偏私主观性，就如"花开水流，鸟飞叶落，它们本身都是无意识、无目的、无思虑、无计划的，也就是说是'无心'的"。⑦

心本为人所有，"动"和"语"并非物理性的位移与真正话语之义，王弼以此为喻，实指相对于万物本原存在之外的实然。而当万物由"动""语"呈现寂然至无的状态时，"天地之心可见"，天地之心即"静""默"，即"无"，"即是宇宙初始状态的混沌和寂静，同时也表示

---

① 《周易·复卦·象注》。
② 朱熹．《朱文公文集·仁说》卷六十七，《朱子全书》第二十三卷，第3279页。
③ 朱熹．《朱子语类》卷一理气上，《朱子全书》第十四卷，第117—118页。
④ 《礼记·礼运》中亦有"人者，天地之心"的说法。
⑤ 孔颖达在对复卦中的"复，其见天地之心乎"作疏证时说："天地养万物，一静为心，不为而物自为，不生而物自生，既然不动，此天地之心也。"（见孔颖达《周易正义·复卦注》。）
⑥ 《老子·三十八章注》。
⑦ 李泽厚．《中国思想史论》上，第216页。

虚极静笃的体道状态，并与道相映发"。① 由此可见，此"无"是由"静"而致，是无所欲、无所求之寂然而成之的"无"，不是从存在本身的角度，而是从存在的状态，以人化的形式强调天地之性的不偏不倚。之所以指出"无"是"本"，无非是说"无心"是天地包括人在内的自然之本性。

而就人而言，人在道德直觉功能隐而不发的时候，即处静时，是人心的本然状态，"人生而静，天之性也"。② "本然"即为"朴"，而"朴之为物，以无为心也，亦无名，故将得道莫若守朴"。③ 所以人心本然内容也是"无"，"心宜无有"④ 就使它必然像万物一样，同样具有自然无为而若朴的"道"的特征。换句话说，王弼在描述心性的同时，心内涵着"道"的向度。他在对《老子·二十一章》作注说：

> 言我廓然，无形之可名，无兆之可举，如婴儿之未能孩也。众人无不怀有志，盈溢胸心，故曰，皆有余也。我独廓然，无为无欲，若遗失之也。绝愚之人，心无所别析，意无所美恶，犹然其情不可睹，我颓然若此也……无所欲为，闷闷昏昏，若无所识，故曰，顽且鄙也食母，生之本也。人者皆弃生民之本，贵末饰之华，故曰，我独欲异于人。

上述描述的个体意识状态和心性境界，只有圣人才具备这个能力，而圣人异于常人之处就在于能够体"道"、守"道"、践"道"，因此，这种心性的状态无疑映照了"道"的状态。反之亦然，如王弼对（道）

---

① 郑开.《道家形而上学研究》，北京，宗教文化出版社，2003：42 页。
② 《礼记·乐记》。
③ 《老子·三十二章注》。
④ 《老子·五十五章注》。

描述曰：

> 冲而用之，用乃不能穷，满以造实，实来则溢，故冲而用之，又复不盈，其为无穷，亦已极矣。形虽大，不能累其体，事虽殷，不能充其量。

因此人们必须"锐挫而无损，纷解而不劳，和光而不污，其体同尘而不渝"。[①]"道"要求人的心性亦发出意识指导人的行为，与道的功能相一致。这就是说人心在接受外物的刺激以前，总处在"静"、不偏不彰、无皎昧之状的"无"中，人及他者才得以全物之性，一旦由外在刺激而失"静"，引起心的波动，人心就会偏离大道，即如《礼记·乐记》中所言："（心）感于物而动，性之欲也，物至知知，然后好恶形焉。好恶无节于内，知诱于外，不能反躬，天理灭也。"天理其实就是天道，在此之下，人的言行就会伤及自身或与之交往的他者之性，就如王弼所指出的："静则全物之真，躁则犯物之性。"[②] 又说："躁则多害，静则全真。"[③] 可见，心在保持物之本性方面的重要性。为此，"王弼在构建以无为本的形而上学的本体论的过程中，把心也纳入'无'的本体论含义之中"。[④] 试图以心之虚静为手段，改变当前"怀情失直，孝不认诚，慈不任实"[⑤] 的状况，让人的情感在其本性的自觉下，从其心体自然流出，这就是王弼"性其情"理论的真实含义，同时也是何王弼哲学追求的理

---

① 《老子·四章注》。
② 《老子·四十五章注》。
③ 《老子·六十一章注》。
④ 张立文.《心》，北京，中国人民大学出版社，1993：2—3 页。笔者本人不同意王弼哲学是"以无为本"的本体论，但认为张先生看到"心"与"无"的这层特殊关系及其重要地位，实与笔者不谋而合，故引之。
⑤ 《老子指略》。

想人生境界。①

由此看来，王弼通过"静"把万物之性（当然也包括人）与人之心的虚无联系起来，"静"即指向万物的本性，同时也指向人心的澄明虚无。"'虚'者无欲，'静'者无为，此乃道家最基本的修养。"② 因此，如果说对于天地万物而言的"无"是从逻辑抽象的角度推理而出，强调万物之本、之所由的话，那么对人来说则是从人本然之性的角度注重心"无"的功能与作用，而人的视角也由认知层面的"无"相应地转向实践层面的"无"：

> 载之以道，统之以母，故显之而无所尚，彰之而无所竞，用夫无名，故名以笃焉。用夫无形，故形以成焉。守母以存其子，崇本以举其末，则形名俱而邪不生。大美配天而华不作，故母不可远，本不可失。③

这里所谓的"末"，即世俗社会出现的各种事物及制度等，所谓的"本"也即"心体的虚无，与名教情感相对而言的那种虚无。"④ 例如，王弼说：

> 圣人不立形名以检于物，不造进向以殊弃不肖，辅万物之自然而不为，不尚贤能，则民不争，不贵难得之货，则民不为

---

① 韩国良.《道体，心体。性体》，第 172 页。关于此，张载有段话是对"静"、"性"、心"无"与人的本然道德关系的论述，可以作为对理解王弼思想的辅助。他说："静而万理皆备，心无不正，……性尽，则生死屈伸一贞乎道，而不挠太虚之本体，动静语默一贞乎仁，而不丧健顺之良能，不以形之来去易其心，不以客感之贞淫易其志。……全健顺太和之理以还造化，存顺而没亦宁。"（王夫之.《张子正蒙注·太和篇》卷一，上海古籍出版社，1956，第 5 页）从这里可以看出，张载认为，心静则心正，所谓的"心正"，不以外来物的变化或感性产生影响，心"无"，则心中则能够保持太虚本体之道，实现其健顺之良能。

② 高明.《帛书老子校注》，北京，中华书局，2004：299 页。

③ 《老子·三十八章注》。

④ 韩国良.《道体，心体。性体》，第 173 页。

盗，不见可欲，则民心不乱。常使民心无欲无惑，则无弃
人矣。①

　　闲邪在乎存诚，不在善察；息淫在乎去华，不在滋章；绝
盗在乎去欲，不在严刑；止讼存乎不尚，不在善听。故不攻其
为也，使其无心于为也；不害其欲也，使其无心于欲也。②

　　上述皆体现了心之"无"实践层面的意义，即"以无为用"、无为。
不过，它的根基建立在对"天道无为"的遵从、对万物自为的尊重上。

　　对于物自身来说，"无为"显现出物之本性。王弼指出："万物虽
贵，以无为用，不能舍无以为体也。""以无为用"即无为，它有两个层
面的意思：①无为是物之自在的根本，万物的存在是自然而然的，而非
故意而为之；②万物以天道而为，不是自己而为之，但天道融入万物存
在与发展的过程中，实际表现为无为而无不为，因此，物之自为也是一
种"无为"。

　　对于人来说，心"无"则显现出人之本性，"无以为者，无所偏为
也"。而一旦有为，必然"忿枉佑直，助彼攻此，物事而有以心为矣"。③
有为是有心而为，如果是无心，则无为，即无心而为。很明显，王弼是
要将万物"无为"的本性存在方式与人"无为"的存在方式通过主体人
的能动性反映出来，这种能动性体现在现实社会中人能够通过个体的主
观努力，摈弃外在各种欲望对个体心理的影响，用自然之静心、无我之
本心所形成的认知对待他者，顺物之性，尊重他者，以建立和谐统一的
人类社会秩序，按杨国荣所说即是"化本然的存在为人化的存在，涉及
生活领域本身的完善"。④ 在这转化的过程中，无论是认识物还是认识
自我（这里的自我既包括个体的自我，也包括社会上其他人及社会群

　　① 《老子·二十七章注》。
　　② 《老子指略》。
　　③ 《老子·三十八章注》。
　　④ 杨国荣.《哲学的视域》，第81页。

体），皆须以人为主宰，即以人心所思为手段获得对物我的认知。但要获得对物我本性的认知，人则应抛弃外在能够影响到心思的各种因素的存在，即以心"无"基础，不论是人或是物作为认识的对象，都不是以主客两分的模式，而是以诉诸个体心性体验的方式，通过个体心性本然的自觉、自主的反省，获得对物的真理性的认知与人实践层面的认知。显然，两者的认知"是形而上学的知识和真理，却非物理学的知识和真理。"① 从"成物"与"成己"本质看，前者表现为人在实践中对物的当然之则即"天道"，后者就人而言则呈现于个体人格品格的修养即"人道"。②

2. 心"无"与他者的关系

心与物的关系主要是从认知角度进行联系，但这种联系却是极"不公平"的，因为在心与物之间，心是物的主宰者，正如王阳明所说："人者，天地万物之心也；心者，天地万物之主也。"③ 因此，物所呈现出的各种属性或特征皆以心的指向为转移："夫在物为理，处物为义，在性为善，因所指而其名，实皆吾心也。心外无物，心外无事，心外无理，心外无义，心外无善。"④ 这里除可以理解为心即物、即体、即用外，也可以说人们对物的认识通过心反映出来，心的指向或状态决定对物是何种认知。

这样，人们很容易把人从天地万物之中分离出来，似乎人与自然界

---

① 郑开.《道家形而上学研究》，第 173 页。

② 王弼关于心性、无之间关系的理论被随后的郭象延续或发展。首先郭象认为不论是对人自我的认识还是对他者的认识，心在其中扮演着关键或说中间的角色。他说："物无贵贱，未有不由心知，耳目以通者也。"（《《庄子·人间世注》）并且也只有心才能认识万物之本性，顺物之性而行："形与物夷，心与物化。"（《庄子·山木注》）"然则体玄而极妙者，其所以会通万物之性而陶铸天下之化。"（《庄子·逍遥游注》）须"忘天地，遗万物，外不察乎宇宙，内不觉其一身，故能旷然无累，与物俱往而无所不应也"。（《庄子·齐物论注》）即"心无者与物冥。"《庄子·齐物论》）所以"是以至人无心而应物，唯变所适"。（《庄子·列御寇注》）心"无"既体现了人对他者认识所需之态度，亦为自我天地一体修养之所能达到最高境界的必然条件。

③ 王阳明.《王阳明全集·答季明德（丙戌）》卷一，第 311 页。

④ 王阳明.《王阳明全集·与王纯甫二（癸酉）》卷一，第 259 页。

之间是一种对立的关系。事实上，在中国古代哲人看来，天人之间本来就是一个和谐的整体，"天人合一"是人类追求的最高理想，也是制定社会日常行为规范所遵循的最根本原则。由于天地与人关系如何皆在于人心，"心即天，言心，则天地万物皆举之矣"。① 而《中庸》中说："诚者，非自成己而已也，所以成物也。成己，仁也；成物，知也。性之德也，合外内之道也"人是实践的发起者和承担者，"成己"于内和"成物"之外皆"合外内之道"的关键在于人心之"诚"，而"诚"则为人之本性，即"性之德"，而"合外内之道也"。这就是说，人若能保持本然之心"诚"，不但可以成就"自己"，而且能够遵道而行，与天地万物和谐相处，就如有些学者所说，古人"重视二者的内在统一性和和谐，轻视人对自然的认识与改造"。② 他们是否"轻视对自然的认识与改造"暂且不论，但他们重视通过个体的心性修养实现与天地万物和谐相处则是显而易见的。王弼同样如此认为，他说：

> 美者，人心所进乐也，恶者，人心所恶疾也。美恶犹喜怒也，善与不善犹是非也。喜怒同根，是非同门，故不可偏举也。此六者，皆陈自然，不可偏举之名数也。③

对于天下万事万物而言，"善"与"恶"、"善"与"不善"犹"喜乐""是非"，皆来自人之心，是人们所对事物的认知个体意志的反映，就如阳明先生所言："心之所在便是意，意之本体便是知，意之所在便是物。"④ 但这种"意"并非事物之本性所具有的，"而是通过心体的外化（意向活动）赋予存在以某种意义，并由此建构主体的意义世界"。⑤ 或更为明确地说，以个人内心的意向性把握万物，物不再是本然意义上

---

① 王阳明.《王阳明全集·与王纯甫二（癸酉）》卷一，第 311 页。
② 蒙培元.《心灵超越与境界》，北京，人民出版社，1998：5 页。
③ 《老子·二章注》。
④ 王阳明.《王阳明全集·传习录上》，第 79 页。
⑤ 杨国荣.《成己与成物——意义世界的生成》，北京，人民出版社，2010：200 页。

单纯的存在物，而是人心中的观念之物，是人根据社会生活经验而形成的价值判断，这样对事物的认知就可能带有个人主观的意向或目的而有所偏举，因此在对物的认识上王弼强调心"不可偏举"，要"心正"。① 所谓的"心正"，一方面能够对他者有较为正确的认知；另一方面，在此基础上，人才能得其之用，或者在实践中不伤他者，与之和谐相处。这恰如王夫之所言："惟豫有以知其相通之理而存之……推行之大用，合于一心之所存，此之谓神。"② "相通之理"指物与人共存之道，而此道能够"推行之大用"，但前提是必须将其存于人之心中。进一步说，要使此"相通之理"能够在人的内心中存在，心必须不得有所偏私。如何做到心无偏私呢？

---

① 《大学》里有这样两段话：

"古之欲明明德于天下者，先治其国；欲治其国者，先齐其家；欲齐其家者，先修其身；欲修其身者，先正其心；欲正其心者，先诚其意；欲诚其意者，先致其知；致知在格物。"

"物格而后知至，知至而后意诚，意诚而后心正，心正而后身修，身修而后家齐，家齐而后国治，国治而后天下平。"

"正心"与"心正"是否是同一个意思呢？

前者按宋代理学家对"格物"的解释是"即物穷理"，这种解释即使是以现代人认识物的经验也无可厚非，因此，几千年来被广为接受。但有个问题，"格物"之理怎么就会使得人"诚意""正心"呢？"诚者，天之道也。"从认识论上把"物"作为具体自然之物看，"物格而后知至"的"知"应是物的知识，即"理"，即"天之道"的"诚"，这种"诚"一旦进入人之心，转化为人的一种思想，即"诚意"。不过，这种"诚意"非是伦理的内容，若是如此，"正心""诚意"与"格物"之间并不存在必然的联系。如果把"正心"作为"格物"条件的话，一个心术不正的人同样可以做到这一点。就如一个科学家，你不能说他（她）品德不好就不能认识某物。可见，"格物"中的物并非自然之物，"知"也非认识论上的"知"；如果把"物"泛指人间的事务，"知"是道德伦理，通过"格物"所获得的"知"，即人的"诚意"，是"诚意"使得心正。不过这里的"正心"非是从人的情感态度上说的，就如叶秀山所说：'端正思想态度'，大概有过于现代化之嫌。"（见叶秀山.《中西智慧的贯通——叶秀山哲学文化论集》，江苏人民出版社，2002：268 页）而是指心的品德或内容，且它强调心所存后天外在的社会实践之理，这也是和首句"欲明明德于天下"相照应。

后者的"心正"与上句的"正心"显然有所区别。"心正"表示思想的纯洁公正性，它的思路是以"格物"达到"心正"。所谓的"格物"，叶秀山认为："格"的本原之义为"格位""品格"，用作动词则表示把"物"放置到它本来应有的位置上，即本来的"格位"，这样人对"物"的认识"不会因'欲求'所障目，不为'私'所'蔽'"。（同上，第 270 页）换言之，"心正"就是人可以摒弃个体的私欲或外在力量的诱惑，内心保持一种纯净，则可"知物""知己"，最终实现个人修身、家庭和睦、天下太平的价值取向。王弼在这方面无疑与之有着相似的思维理路。鉴于"正心"与"心正"的上述差别，所以笔者使用了"心正"概念而非前者。

② 王夫之.《船山全书·张子正蒙注》第 12 册，岳麓书社，1996：72 页。

王弼认为"可欲不见，则心无所乱也"。① 只要做到无欲无乱，心则可"虚有智"而"守其真"，自然不会偏私，这样对自我来说，就不会因为偏爱而"造立施化，有恩有为"，而他者则可"各适其所用，莫不瞻矣"。② 否则，人一旦有所偏私，就会使得"物失去其真""物不具存"，以至于"物不足以备载也。"

总之，王弼认为，人只有保持内心的"虚无"，才能使得"心正"，才能对物"顺自然而行，不造不施"，才可与他者和谐一致地存在于宇宙的整体之中。这里的"虚无"当然不是说心是空的，而是相对于人的"欲"或"私"等非人本然存在的东西而言，因此，从另外一个角度说，心之"虚无"亦体现了人自我本然存在的一种属性。

对他者而言，在具体的社会里，自然万物都有其现成的存在空间，物在其生成和发展的过程中与空间环境并行不已，事物在此空间中表现出其自体之相，被人类的感官所认知，这就是康德意义上的时空观。时空作为先验的概念或范畴，是为人们认识和描述物提供便利并由人心中形成的一种观念，正如康德所言："就事物由理性依其本身来考虑，即不顾及我们感性的性状而言，说明空间的观念性。"③ 但它又不仅仅是一种观念，以空间来说，当事物成为我们外感官的对象时，空间作为事物显现的必然形式，又可以说是客观存在的，所以具体之物所存在的空间并非属于物自身，即就物的本身来说，空间就是"无"，是透过人心对"无"观念外化的具体。西谷启治则把这种物存在的空间称为"场"，不过，他也认为：

> 场所和万物的自身原始的存在并没有内在的联系，是外在
> 于万物存在之场，而这种场所唯有透过自己被无化才能现起

---

① 《老子·三章注》。
② 《老子·五章注》。
③ ［德］康德著，邓晓芒译．《纯粹理性批判》，第61页。

的、所谓绝对（hypokeimenon）之场。①

从事物的外部环境看，上文我们已经论述过，物作为宇宙整体的一部分，"无"是个体事物自身独立的一种属性，事物欲保持自体的本性，同样要求外部空间环境的影响是"无"，更明白一些说，这种由物的属性的"无"转换为外部环境的"无"是对他者而言，主要还是针对人而言，人与他物不同的是，人在世界之域中，不但为四大之一，重要的是他有着其他三大不可比拟的主观能动性，因此，其他之物一旦进入人的视域，成为人的认知对象，人对物的影响和作用是直接或显露的，不但可以改变物的存在形式，甚至可转变物的本然性质。而这种情形不止发生在物的身上，千百年来人类自身的变化也证实了这一点。所以，不论是对物还是对人类自己，若想回归其自体性存在，或者说保持事物的本质，人们必须首先超越现实的自我，避开人的一己之私，为他者亦为自己提供一个"绝对之场"，但如果用心衡量，这样的"场"就是心"无"。

王弼未必能意识到上述之理，但他认为万物的生存与发展有其始终不移的"道"，是万物之宗，不以人的意志为转移，是客观存在的，因此作为万物共同的属性，人们可以认识它、遵守它甚至利用它，但不可以改变它、破坏它。"道"虽为万物之宗，但由于它无形无象，且"生而不有，为而不恃"，对具体之物"无为无造"，因而万物是"自相治理"，这就要求人们如同"道"一样，"无为"于万物。当然这种"无为"不是无所作为，而是遵物之性，顺之而为。若要做到这一点，自然要求人必须心中无私无欲。其实就是为维持物的本性提供一个"绝对之场"，即外在"无"的环境。显然，上述"心""无""道"之间的关系，王弼不是从物之具体存在来论证的。"道"作为万物之宗或生存的原则，其地位不是通过"道"的实存而是通过"道"的存在形式

---

① ［日］西谷启治.《宗教是什么》，第 314 页。

（"无"）的功能性体现出来的。换句话说，"道"的生成与本体性的作用是以道的形式"无"的功能性来完成的，而当这种功能性的"无"转化为人的一种思想意识时，则成为人社会实践中的根本原则和动力，这样"无"即从认知的概念转化为人自我实践性的范畴。王弼不厌其烦地对万物的本原进行反复论证的根本原因就在于，用这种以"道"观之的方法将人与自然和社会联系起来，以消解人与物、人与人之间的矛盾或冲突，最终实现人与社会发展的和谐有序，这也是王弼整个哲学的思路与目的。

另外，王弼理论实际上是以能够满足人们社会生活的需要而作出的，特别是当社会处在一个非常时期，迫切需要一种新的理论来整合或者修复的时候，必然会在已有的理论基础上产生满足社会需求的新理论。对于王弼哲学来说，"无"就是这种理论的主要承载者，它的实质是王弼把人的理智或心灵当作社会的运作方式与自然界万物的存在及运行原则保持相交通、实现一致性的桥梁，就这一点，王弼的"无"与西方哲学所说的"无"有着明显的区别。例如西方古典的巴门尼德、柏拉图的非存在的"无"，近代康德的对存在否定、限制的"无"，黑格尔的"纯无"，现代哲学家海德格尔的存在之"无"，皆是从认知的层面借助逻辑论证得出，而王弼"无"概念的产生从来就没有与社会实践分离过，下述的心之"无"更证实了这一点。

3. 心"无"与人自身的关系

如上文所述，王弼认为人的内心若保持一种无私无欲之"无"，就可以遵循万物之"道"，实现与他者的和谐一致相处。那么无私无欲的心"无"是否是人之本然之心？对自我之身有何影响？

老子说："涤除玄览，能无疵乎？"[1] 所谓的"玄览"，河上公解释说："当洗其心，使洁清也。心居玄冥之处，览知万事，故谓之玄览。"[2]

---

① 《老子·十章》。
② 《道德经集释·能为第十》，北京，中国书店，2015：12 页。

"洗其心，使洁清"说明本然之心被外在东西掩藏或污浊，"有所涤，有所除，早有疵矣"。① "涤除"之后，心回复本来面目，而处在"玄冥"的状态，说明心之本然就是"玄冥"。而"玄冥"又是怎样的状况呢？河上公的回答是："言道德玄冥，不可得见，欲使人知道也。"② 也就是说，人的本然之心不但具有"知道"的潜在因素，而且处在"玄冥"之境还具有使人"知道"的主观能动性。由于"玄冥"之心不可见，因此心之本然应是虚无之态，当然，河上公说心之不可见，非指人的生理之心，而是从实践的层面看的人的意识，因为心之"洁清"的结果是"无疵""不淫邪"。

相比河上公的观点，王弼更进一步。他说："玄，物之极也，言能涤除邪饰，至于极览，能不以物介其明，疵之其神乎？则终与玄同也。"③ 如果能够涤除界的"有""邪饰"，或不被其所惑，则人的本然之心可见，人所具有本然之道的心就可以与物玄同，这样，天地之心可见，人心就可以达到与天合一的最高境界。人之本然之心不但与物同体，而且具有他物无法比拟的主观能动性，可以使人的言行符合道。王弼指出：

统说观之为道，不以刑制使物，而以观感化物者也。神，则无形者也。不见天之使四时而四时不忒，不见圣人之使百姓自服也。④

"以观感化物""不以刑制使物"，以人的直觉认知与对待物，不是受外力影响之下的"使物"，就可实现"以道观之"。换言之，"道"存在于人的本然之心中，只要发现人之本心，就可开显"道"的存在。可

① 王夫之.《老子衍、庄子衍、庄子通》，北京，中华书局，200：9页。
② 《道德经集释·能为第十》，第14页。
③ 《老子·十章注》。
④ 《周易·观卦注》。

见，无私无欲还不能够完全充分地反映人的本然之心，而只是本然之心的必要条件，或者说只是本然之心最基本的要求，只有心处在"玄冥"状态才能够体现出本然之心。不过，人能够依靠主观努力而实现的无私无欲之心显现出本然之心的功能或特性，即"遵道"，因此，在此意义上也可称无私无欲之心为"道心"。

人的"道心"是在社会实践中通过"德"体现出来的。王弼说："何以得德，由乎道也。"① 反过来说，心存道，才能"由乎道"，才可以"得德"，因此，作为个体的一种自身修养及维持人们在日用伦常的行为规范，段玉裁把"德"看作"内得于己，身心自得也；外得于人，谓惠泽使人得之也。"② 而其结果是："长得而无丧，利而无害。"

那么，"何以尽德"呢？王弼说："以无为用，则莫不载也。"③ "尽德"本质在于"遵道"，"道"在发生作用时是"无为而无不为"，因此"遵道"对人来说，就是遵从"道"的运作方式，就是"无为"。所以这里的"以无为用"中的"无"其实是"道"的性质或功能，是一种使动了的"道"的性质，但实践中人又何以"无为"呢？王弼说："随物而成，不为一象；随物而与，无所爱矜；因自然以成器，不造异端。"④ 可见，所谓的"无为"并不是真的没有任何作为，而是相对于物而言，人应遵物性而为，不能够因个人的目的或欲望而作为。无论是欲望还是目的皆取决于人心，因此，人之"尽德""遵道"实际是以发现人的"道心"即心的无私无欲为前提的，就如王弼所说："夫名所名者，于善有所章而惠有所存，善恶相须而名分形焉。若夫大爱无私，惠将安在？至美无偏，名将何生？故则天成化，道同自然。"⑤

---

① 《老子·三十八章注》。
② （汉）许慎撰，清段玉裁注.《说文解字注》，上海，上海古籍出版社，1981：849 页。
③ 《老子·三十八章注》。
④ 《老子·四十五章注》。
⑤ 楼宇烈.《王弼集校释》，第 626 页。

不过，在实际社会生活中，人完全意义上的"道心"是不存在的。[①]当人与外在之物、人或事发生联系时，本然之心必然增添因对外交往而形成的新意识，它们往往以满足个体物质或精神上的需求与目的为转移。也就是说，外界的环境或事物之所以能够成为主体关注的对象，是因为它们能够满足个体某方面的一己之私，但由之而形成的意识并非人的本然之心所有，所以就有可能遮蔽的作为主体的本然之心的存在。随着人受到外在环境和生活经历的影响，人现实拥有的思维、感情、欲望、人格、意识等会越来越脱离本然之心，也会逐渐脱离对万物本原"道"的认知，人在这样的意识支配下做出行动，势必会扭曲对他者的看法甚至伤及他者。反之，他者也会以同样的可能与方式对待自己，如此一来，必然会引起人与人之间关系的紧张，甚至是社会秩序的失衡。

既然问题是由于人的外在意识掩盖了本然之心，在认知发生时使自我脱离了万物之道，只有将这种影响摒弃至无，才能够使人的意识沿着万物本然之道，"脱去潜藏于被称为外在实在者背后的主观性、表象性"，[②] 最终成就本然之我。之所以能够如此，正如王弼所言："无之为物，水火不能害，金石不能残。用之于心，则虎兕无所投其齿角，兵戈无所容其锋刃，何危殆之有乎？"[③] 当然，心"无"不但能够保全人之自身，而且是人类实现天下有道的重要途径："天下有道，知足知止，无求于外，各修其内而已。"[④]

由上我们可以看出，王弼之"无"已从物之"无"或"无为"（这里的"无为"相对"道"之本性而言）转移到人之"无为"，而人之

[①] 一个成年人，生活在自然之境与社会人群的交往中，有一定的成心总是难免的，就如庄子所说："夫随其成心而师之，谁独无师乎？"（《庄子·齐物论》）但当这种"成心"成为人们共有的思维内容时，通过不同的方式在时间的流逝中不停地在众人之中进行自我反思及相互沟通或批判，经过不断地扬弃，最终形成了具有内在共通性稳定的意识或思想，成心也就变成了"道心"。也就是说"道心"从某种意义上不是一成不变，而是在变化着的。由于"道心"的形成是个漫长的过程，因此，一般情况下可以认为它是不变的。

[②] 西谷启治.《宗教是什么》，第132页。

[③] 《老子·十六章注》。

[④] 《老子·四十六章注》。

"无为"全仰仗人心的"无欲",即心之"无"。这样王弼就借助人心完成了从认知上的"无"向实践上的"无"的转变,正是这种意义上的"无",不但彰显了万物的自然本性,而且为人们在社会生活中的思想意识提供了理论上的指引。

这里需要强调的是,王弼之"无"在指人心之"无"时,有两个层面的内涵。

第一个方面是人心的"无私""无欲"。"私"与"欲"是相对于他者而言的,没有他者的存在,也就无所谓私欲。也就是说,这种私欲的存在或发生必须是在客体作为主体的认知对象的条件下才有可能,而客体能不能成为主体的认知对象,以客体是否能够满足主体个体的意志或需要为前提,而后者正如詹姆士所说:"认识只是与实在发生有利关系的一种方式。"① 这样,事物显示在人们面前的已经是人化了的事物,而非事物的本身或本身的全部,就像西谷启治所指出的:

> 事物的形貌显示出的已经是从其自身偏移的事物之相,不能显示在其自身当中事物的存在方式。事物从其自身的偏移而映现在我们的意识,即映现在我们的感性与知性中。②

对事物的认知已经偏移了物的本身,认知的内容只是人对物主观表象的反映。之所以产生偏移,恰是我们个体意识所造成的。对于人能不能认识事物的本然这一问题,康德明确表示了否定的态度,他认为,以人的能力是不能认识事物的本体的,认识的只是由感官受到物刺激所产生的表象,表象并不是物的本身。这一点与王弼有相似之处,王弼说:"夫形者,物之累也。"③ 这是说事物的外表往往掩盖了物的本身,以至于人们在对物进行认识时常常被物的外在现象所蒙蔽。但王弼与康德又

---

① ［美］威廉・詹姆士著,李步楼译.《实用主义》,商务印书馆,1979:202 页。
② 西谷启治.《宗教是什么》,第 157 页。
③ 《周易・乾卦・象辞注》。

有着很大的不同，王弼并不认为人无力认识事物的本质，只是人心被他物所遮掩或扭曲，使得存"道"之心在认知发生时偏离了"道"，只要回复人的"道心"，就能够真正认识万物，而这种有"道"之心就要求保持心之"无"。

如果说认知层面的"私"展现的只是人对物认识的偏移，那么实践层面的人之"私"则反映出社会人际关系的紧张或矛盾冲突。所以，为了社会的和谐稳定，王弼强调个体的"无私""无欲"。他说的"无私""无欲"是要求人心的一种公正、公平，或者说是一种"公心"。心的意识内容具有时代的普遍性、一般性，这样才能实现社会的和谐统一。可见，王弼的心之"无私""无欲"不是"无"，而是以公众之心成就全体的个体私欲。换言之，王弼之心"无"不是"无"，而是"有"，而且这种"无"之"有"与心之本然的"无"之"有"的内容有着很大的不同，前者是通过社会实践和人与人交往后天形成的，而后者则是"天生而成"。

第二个方面是"虚静"，即人在没有任何外在的影响或介入下心保持的一种本然状态。"虚"指没有外在意识进入的"空""静"，心之功能或作用的未发状态。与心之无私欲之"无"不同的是，后者以他者为对象，是在社会实践下日常伦理规范要求的必然结果，前者以自身为对象，对自然之物的本来面目进行评判，心之"无"对个体自身来说先天存在；后者强调人心的社会性，而前者则倾向于人心的自然本质，由此带来的是社会之心的"无私无欲"，是摆脱外在力量对个体精神的束缚，自然之心的"虚静"带来的则是个体人生道德境界的提升。

三、"无"的本质及其多义性

通过以上对"无"的分析，我们可以把"无"分为两门：自然万物为一门，人和人事为一门。前者由物之客观而定，后者由人之主观而定。"所谓客观是从宇宙本体方面说，主观则是从人事或主体的精神境界方面说。"① 但这也只是从某个角度粗略的分法。应该说,目前学界对王弼"无"的性质和内涵还存在较大的分歧。② 以笔者看来,王弼之"无"是指,从具体世界存在的时间维度看,自然界的万事万物从根本上说都是虚假的,或者是虚无的,因为一切东西都不是作为现在的实存永久地存在着,自然界中的万物如果说存在轮回,那也只是在作为构成事物本质的物质上的转换,而且正是有着这种无形无象的物质作为媒介,万物的轮回才得以实现,且轮回并不是说这种事物以整体的形式转换为另一种事物,事物的存在只有"此生"而没有"来世",由此自然界具体万物的本质不过是虚的存在,最终的归宿就是"无",这可以说

---

① 高晨阳.《论玄学"有""无"范畴的根本义蕴》,《文史哲》,1996,第 1 期,第 29 页。

② 康中乾对近些年来学界对王弼"无"的研究状况进行了简要而全面的梳理和评析。他认为,在本质上"无"是"抽象的一般""是一种共相";是以"无"代"道",或者说"无"等同于"道";是"纯粹思想的创造物",是"头脑中虚无的概念,不是一种实体性的存在,而是某种作用的方式。从宇宙论方面看,有两种观点:一是认为王弼的"无"就是"以无为本"的本体论,一是以本体论为主,中间夹着生成论的尾巴。从概念的内涵上看,①没有任何规定性的"纯有""纯无";②与之相对,有了"无为""无形""无声""无名""无欲"等规定性的"无";③"无"相当于黑格尔的"存在";④原理或原则,"其内容是自然无为"。康中乾并未对"无"的本质作直接的判断,但他在承认"无"多义性的基础上,认为王弼"无"的范畴有三种五方面的含义,即"本体义""生成义""抽象义""功能义""境界义"。(见康中乾.《有无之辨——魏晋玄学本体论思想的再解读》,第 161—202 页)康中乾如此之分,看上去很合理,但笔者认为至少有以下几点问题:①很明显,康的目的是想澄清"无"的内涵与本性,但有些类别之间的区分含糊,或者说它们之间本具有同体性,单纯指向哪一含义或性质皆不完整;②把"无"等同于"道"本身就是有争议的,他自己也说:"'有'与'无'都是'道'本身所具有的性质。"(同上,第 183 页)但康中乾把"道者,物之所由也,德者,物之所得也"认为是"无"的生成义,显然是将"道"当作"无",另外,"由"并不具备生成义,而理解为根据或原则较为合适,或者只能是本体义;③把"无为""无形""无欲"等简单地与"无"画等号并不合适;④康中乾承认"无"的多义性,但仍称王弼哲学为"无本论",换句话说,也就是把上述的性质的分类归入为"本体",一是本身就承认生成与本体的区分,再者称抽象本体、境界本体、功能本体是否说的通,这是值得商榷的。而如果按照冯治库对老庄"无"的分法,王弼之"无"亦应分为"纯粹的无""否定性的无"及"主体性的无"。但冯治库本人否定王弼有此明确的分法,甚至说王弼对老庄的"无"的理解与老庄之"无"是相悖的。认为王弼把"无"实体化,"无"是"一种无规定性的外在的实体"。(见冯治库.《无之基本问题——中西哲学对无的辨析》,人民出版社,2013:15—25,170、175 页。)暂且不论冯治库对老庄之"无"的理解是否站得住脚,只从认识论的角度看待王弼之"无"显然会出现理解上的偏差。另外,冯治库说"中国人在老子、庄子之后再也没有人追问无了"。此语不但与事实不符,并前后矛盾,同时亦可看出他对王弼之"无"并没有太多或深入的研究。

是万物的本质所在。即使就具体的现实之物而言，物仍然离不开"无"，它是保持自我而非他物的前提，因此，凡是"自身性使得物自己维持着自己是自己的质，此即物的有、存在的性质；非自身性则使得物自己要化解、消解掉自己的质，此即物的无、非存在的质"。① 从现象学上看，这种非存在的质或"无"虽然是事物自我打开、自我彰显个体本性的基础，但它作为个体的自身之性又必须依靠他者才能呈现出来；从物的生存与发展的角度看，世界万物都在不自觉中遵道而行，"道"因"无形无象""无恃无为"经常被王弼用"无"所指代，但即便如此，"无"还是不能完全等同于"道"，理由很简单，当王弼之"无"与"道"发生联系时，"无"开显的只是"道"的某一方面而非全部。

以人而言，人的本质也如同"无"，这种"无"不仅相对于人的物理性或者生理性的具体，而且"指他在各自的存在根本处，在自他分别是真实地被等自体之处"。② 也就是从社会层面上说，人世间所有的悲欢离合、恩仇怨恨，一切的荣华富贵、穷困潦倒，与人的自体存在相比较，全是"无"。这里的"无"可指非存在，也可理解为对价值层面的否定；以人与他者之间或社会关系而言，人与"无"在王弼哲学中以心为中介或纽带，在意识方面表现为"无私""无欲"，在实践方面表现为"无为""无伪"；而就人的自我道德修养或人生价值取向而言，人心之"无"偏重于心灵的虚静。这里的"无"不是表明严格的否定或对立，而是相对于某种东西在场的"缺席"。但不论"无"侧重上述哪种含义，总体而言，三方面的"无"都以心为根基，相互影响，相互制约，和谐一致。人若能超越人间的功名利禄，则可避免人的一己之私，保持内心的虚静；反之，人心的虚静在面对人世间名利的时候，绝不会为之所动，亦不会有私欲所在，否则，人之心就不能称为虚静。

上述"无"之义可谓是王弼哲学的核心所在，但并不能表明"无"

---

① 康中乾.《有无之辨——魏晋玄学本体论思想的再解读》，第236页。
② 西谷启治.《宗教是什么》，第125页。

的全部意义。从根本上说，中国哲学的许多概念或范畴在不同的语境中含义并不相同，[①] 王弼之"无"亦是如此。他"在不同语境下对'无'作了不同的使用，因此，不同语境中的'无'的确有意义上的不同"。[②] 可见，称王弼哲学是"贵无论"尚可，称之为"以无为本"的本体论显然是以偏概全，容易造成学人对"无"乃至对王弼整个哲学的误解。

王弼"无"的多义性已被我们证实，而"无"具有其他的内涵，也已由部分学者所关注或认可。[③] 这里我们再举几个例子：

《老子·十一章注》中："毂所以能统三十辐者，无也，以其无能受物之故，故能以实统众也。"又说，"埏埴以为器，当其无，有器之用。凿户牖以为室，当其无，有室之用。"前者的"无"是指"毂"与"辐"之间的空隙，后者的两个"无"皆指由具体之物形成的内部空间。显然与学人笼统地认为王弼之"无"是本体论或简单地理解为生成论的"无"有着根本的区别，前者不过是突出"无"的用而已；有时王弼还把"无"描述为"虚"，他说："凡有起于虚，动起于静，故万物虽并动作，卒复归于虚静，是物之极笃也。"[④]"物之极笃"是"穷极虚无"，即"虚"是"无"，它（虚无）不是不存在，而是"混成无形""混然不可得而知""万物由之以成"。注意这里的"无"并不是生成之义，"凡有起于虚"，"起"为开始之义，相对于"有"，"无"只是强调存在方式，而不是本身的使动功能，因此不能看作生成，而只是一种存在；而"无"在涉及实践层面时，其内涵也不尽相同。王弼在《老子·五章注》中有言："橐，排橐也。钥，乐钥也。橐钥之中空洞，无情无为，故虚而不得穷屈，动而不可竭尽也。"这里的"虚"即"无"，是"空洞"，但"空洞"已经被王弼从自然的事物人化为人的思想情感及实践活

[①] 概念含义的不同并不代表它们之间的独立，正如尼采所说："单个的哲学概念并不是某种任意地和独立不羁地发展着的东西，相反，它们是相互联系地发展的。"（见尼采著，戚仁译《上帝死了》，上海，三联书店，1997：36 页。）

[②] 高新民．《有无之辨与人生哲学》，武汉，华中师范大学出版社，2013：627 页。

[③] 参见田永胜《王弼哲学与诠释文本》，第 230—240 页。

[④] 《老子·十六章注》。

动——"无情无为",它不仅仅是物理性的性质;当然"无"在实践层面的意义显示人自我精神上的种种状态,如"无欲""无意""无必"等。另外,"无"还表示不确定之义,但却有明确的所指。由于这些所指超越了感性的实在或因语言能力所限,只能凭实践经验直观猜测与逻辑推断的综合,这样得出的结论既有些模糊,又有些神秘,往往难以用语言准确表达,而只是"强之曰",所以严格地说,它们不能算是真正的概念,而是人的一种观念,这一点在王弼的言论里多有体现。例如他说:"言道以无形无名始成万物,万物以始以成而不知其所以然,玄之又玄也。"① 万物究竟是怎样"以始以成"的,人们并不知道其中真正的原因,所以称作"玄之又玄"。那么"玄"是什么呢?"玄者,冥默无有也,取不可得而谓之然也。"② 王弼用双重的否定再次表明对万物本源认识的模糊性和不确定性,最后只好得出"万物始于微而后成,始于无而后生"的说法,至于"无"究竟是什么,在万物生成中扮演着什么样的角色,恐怕王弼本人真的说不清楚。或许王晓毅的话多少能够体现出王弼的一些真实想法,他说:"王弼将宇宙本体及其存在方式和作用定义为'无'本身,又蕴含着宇宙本体可能不存在的思想因素。"③

从我们上文分析的"无"的来源看,人的社会实践经验与学术历史背景是王弼之"无"具有多义性的主要原因之一,但它还与语言的本身与作为主体的人相关,语言所表达的含义与单独的字、词或句本身蕴含多重内容相关,而"主体常常根据内在的意向、期望、知识、经验等对这些信息加以选择,那么它们就会相应地呈现出多样的意味"。④ 另外正如牟复礼所言,由于中国古代的哲人"还没有对语言进行技术性的、专门、严格的使用,所以语义还没有远远脱离日常用法"。⑤ 也就是说,在古代哲学中,专门意义上的概念用语与日常用语并没有明确的界限或区

---

① 《老子·一章注》。
② 《老子·一章注》。
③ 王晓毅.《儒释道与魏晋玄学的形成》,第103页。
④ 杨国荣.《理性与价值》,上海,三联书店,1998:90页。
⑤ [美]牟复礼著,王立刚译.《中国思想之渊源》,北京,北京大学出版社,2009:37页。

分，或者说还没有专门意义上的概念，当然也有概念自身表达需要内涵的不确定性，这些都会出现语言的多义性，显然王弼之"无"的多义性也有这方面的原因。不过，语言或者说概念的多义性并非只具有负面的意义，对王弼哲学来说，虽然"无"的概念存在意义模糊、隐晦、不确定性等特征，给后人的理解带来诸多的困难，但也体现出概念多义下的灵活性。王弼的"无"不仅在认知层面表现出多义性，重点指向物，而且在实践层面亦表现出多重的意义，重点指向人。对今人来说，欲把握王弼"无"概念真正的内涵或指向，也必须尽可能灵活地对待"无"在不同语境中的意义，切不可一刀切。①

从王弼对"无"的有关论述看，无论是认知上的"无"还是实践上的"无"，无不与具体之物及人们的社会生活经验紧密地联系起来，通过在客观世界中的具体之物或事件来开显"无"的哲学意义。这样的情况在《老子注》中多处可见，这里试举几例：

《老子·二十章注》："言我廓然，无形之可名，无兆之可举，如婴儿之未能孩也。"

《老子·六章注》："谷神，谷中央无。谷也，无形无影，无逆无违，处卑不动，守静不衰，谷以之成而不见其形，此至物也。处卑而不可得名，故谓之玄牝。"

《老子·十六章注》："无之为物，水火不能害，金石不能残。用之于心则虎兕无所投其齿角，兵戈无所容其锋刃，何危殆之有乎？"

"无形无名者，万物之宗也。不温不凉，不宫不商，听之不可得而知，味之不可得而尝。故其为物也则混成，为象也则无形，为音也则希声，为味也则无呈。"②

---

① 事实上，由于王弼思想的指向是社会政治、伦理道德、个人修养等一系列实践活动，而不是形而上的、逻辑理论的探索，因此他的理论建树是基于相对具体的事物或事务，有时甚至是建立在有些常识或不言自明的理论上，这样他的理论就不可能具有高度的抽象性或概括性。这也是为什么王弼哲学中"无"存在多义且被许多学人单纯从形而上的哲学的高度误解的原因之一。

② 《老子指略》。

　　由此，我们若要正确理解王弼之"无"，必须与具体之"有"联系起来，通过"无"在不同的语境中以及在同一语境中不同的层面进行辨析，使得王弼之"无"的具体含义全面地展现在大众面前。而在做这项工作之前，必然要对"有"的概念做些基础性的了解，正如王弼自己所说："举终以证始，本始以尽终；开而弗达，导而弗迁。寻而后既其义，推而后尽其理。善发事始以首其论，明夫会归以终其文。"① 最后需要指出的一点是，作为"贵无论"之学，除了"贵无"不可简单狭隘地把"无"理解为单纯的一种含义外，还要看到"无"具有多重功能及多重词性等众多情况，如"无"既有名词的性质，也有副词的性质，以及被看作具有否定差别和对立的动词性质，词性的不同同样也会影响到其内涵指向。而这也在一定意义上说明，简单地把王弼的"贵无论"称为"以无为本"的本体论有些粗疏，并不能反映出"贵无"之学中"无"的本质和功用。

---

　　① 《老子指略》。

第五章　有无之辩

第一节　王弼"有"的多重指涉

在《说文解字》中，许慎这样说，"有，不宜有也。《春秋传》曰：'日月有食之。'从月，又声。凡有之属皆从有"。段玉裁为"不宜有"作注说："谓本是不当有而有之称，引申为凡有之称。"对后者的解释为"此引经释'不宜有'之恉"。[①] 在古人看来，日食月食皆为不祥之兆，许慎引用《春秋传》的这句话实是对"不宜有"之义的解释，"有"相对于日月而言，并非日月本身，而是日月出现的现象，其本身无所谓"有"与不"有"，后引申称物之现象为"有"。可见，古代的"有"包含两个方面的含义：一是"有"与物相关，体现的是物的某些或全部现象，或是对具体之物的指称；二是相对与"无"来说，"不当有""不宜有"的潜在意思为"有"应该是不存在的、没有的，即"无"，可看作是对人思想观念否定的描述。

哲学意义上的"有"最早出现在先秦道家学说中，但其所显内涵亦非一义。《老子·四十章》说："天下万物生于有，有生于无。""万物生

---

① 段玉裁.《说文解字注》，上海，上海古籍出版社，1981：533 页。

于有",指万物在具体的有形之存在中生成,"有"为有形之存在。① 这种有形之存在到底指的是什么,老子并没有说清楚,但有一点是可以肯定的,它绝不是对万物逻辑的抽象。这并不是说老子思想中"有"没有形而上的意蕴,《老子·一章》中就说:"无,名万物之始,有,名万物之母。"(关于此句的标点,有的版本标成"无名,天地之始,有名,万物之母"。)"有"在这里即万物形而上的总称,有时也被称为"万有",之所以说它抽象,是因为世上根本就不存在这样的具体之物,但由于其指的是万物的全体,所以它不可能有形有象,因此在某种意义上就是"无",就如叶秀山所言:"万有之'有'实为一个抽象的思想体,世间并无此种思想体,有的是可无化为万有,又可成就万有的'无'。"②

当然,"有"的哲学概念并不排除日用的内涵,意为相对于否定"无"的具体存在,它泛指人的感性所能感知的一切事物,如庄子说:"有有也者,有无也者,有未始有无也者,有未始有无未始有无也者。俄而有无矣!而未知有无之果孰无也?"③ 显然,庄子此处的"有"是面向自然界的万物而言的,与上述之"有"成为万物总称不同的是,后者更侧重总体中的每一个个体;"有"与平常意义上相关的还有万物的自身或有形有象的实有。庄子说:"凡有貌象声色者,皆物也。"④ 也就是能够诉诸感觉的有形有象的具体存在都可称为物。这一点和康德的"物自体"的意涵有些相近,按康德的说法,虽然"物自体"的本身不能被人所认识,但却承认它在客观时空中的存在,也称为"有"。

---

① 学人一般把它解释为万物的总称,若如此理解,"有"只是思维的抽象,抽象的东西是无法生成具体的东西的,显然与此段文字表达的"内容不符。且若如此,"有"与"无"的关系如何看待?有的人认为,"无"比"有"更根本,因为是"无"生"有",理由是"有生于无","无"也是人逻辑推理的结果。但"有生于无"能不能一定得出"无"生"有"的结论?生于"无"并不能理解为"有"为"无"自身所生,道理如同某人生于某地,非是某地生了某人一样的逻辑,更何况若"有"为万物的总称,老子应直接说万物生于"无"而不是"有生于无"。由此,笔者认为,"无"与"有"是从形体上而言的。还有的认为这里的"有"指的是有形有象的"天地",或可通。

② 叶秀山.《世间为何会"有"、"无"?》,中国社会科学,1998,第3期,第64页。

③ 《庄子·齐物论》。

④ 《庄子·达生》。

"有"在古代哲学中不但是具体之物或万物的指称，还涵盖了人与人、人与物、人与社会之间产生的各种关系及思想意识、制度规范、道德伦理等非实在性的名称，它们往往从实践的层面渗入到日用伦常中，尽管它们不是物质性的实体，也无法用感性直接感知出来，但同样被称为"有"。例如老子说："有无相生，难易相成，高下相倾，声音相和，前后相随。"河上公注解为："见有而为无也，见难为易也，见短为长也，见高为下也，上唱下必和也，上行下必随之也。"① 这里的"有无""难易""短长"等不再是简单地对客观存在的描述，而是人在具体情况下的一种价值判断，但这并不代表它们不存在，只是以精神性的"有"作为存在方式而已，其他如文学、艺术、政治、法律、风俗习惯等亦属同样的情况。总之，正如余敦康所说："中国哲学所谓的有，包括天地万物社会人事的一切，既是一般的存在，也是具体的存在，既是思想的对象，也是感性的对象。"②

在王弼哲学中，"有"的内涵亦有多重指向，不仅在认知方面"有"具有多重具体指向，而且社会现象与生活实在等实践层面的"有"亦是如此，它们有所同也有所区别。

以天地而言，"有"是天地之名的代称。王弼在为"无，名天地之始，有，名万物之母"作注时说："有形有名之时，则长育之，亭之毒之，为其母也。"③ 作为万物之母的"有形""有名"是什么呢？王弼解释说："天也者，形之名也；"④ "地也者，形之名也。"⑤ 将天地作为"有"而生万物并非王弼首创，《庄子·达生》中说："天地者，万物之父母也。"而河上公也说："万物皆从天地生，天地有形位，故言生于有。"⑥ 可见，王弼"有"指天地之义并非无源之水，而是有其历史依据

---

① 《道德经集释·道德真经注》，北京，中国书店，2014：3 页。
② 余敦康.《何晏王弼玄学新探》，北京，方志出版社，2007：77 页。
③ 《老子·一章注》。
④ 《周易·乾卦注》。
⑤ 《周易·坤卦注》。
⑥ 《道德经集释》，第 56 页。

的，是确信无疑的。

以物而言，首先"有"是天地万物之源。王弼说：

> 演天地之数所赖者五十也。其用四十有九，则其一不用
> 也。不用而用以之通，非数而数以成，斯易之太极也。四十有
> 九，数之极也。夫无不可以无明，必因于有，故常于有物之
> 极，而必明其所由之宗也。①

天地之极用"一"即"有"来指称，而在王弼哲学中，"一"就是
"道"，"道"就是"一"，因而被称作万物之宗，即"有"为"一"；其
次"有"指万物之总名。他说："凡有皆始于无，故未形无名之时，则
为万物之始。"②"未形无名"指的是"无"，"万物"则为"有"，"凡"
代表一切，因此，"凡有"是万物的总称；而从存在的角度看，"始"只
是"有形"与"无形"的分界线，即"有"与"无"的分界线，所以
"有"与"无"同指万物，只不过是"无形"与"有形"的区分而已；
最后，"有"指具体的有形之物。王弼在《老子·十一章注》中说：
"木、埴、壁之所以成，三者而以无为用也。言无者，有之所以为利，
皆无以为用也。""有之所以为利"中的"有"显然就是指"木、埴、
壁"，三者之所以能够有价值，给人带来益处，是因为本身的"无"发
生的作用。

从实践的层面看，王弼说："有，有其事也。""有其事"指的是人
世间所发生的事情，而且人事之"有"与万物之"有"虽然"事有宗而
物有主"，但"途虽殊而同归也，虑虽百而其致一也。道有大常，理有
大致，执古之道可以御今，虽处于今，可以知古始"。③也就是说，人事
与自然之物虽然有所区别，但两者都遵循着"常道"或"致理"，古今

---

① 韩康伯.《易辞注·引王弼大衍义》。
② 《老子·一章注》。
③ 《老子·四十七章注》。

不变。而他在《老子·十四章注》中则直接用"有"代替"有其事"，用以说明人事与万物"殊途同归、百虑一致"的"道""理"。他指出："无形无名者，万物之宗也。虽今古不同，时移俗易，故莫不由乎此，以成其治者也。故可执古之道，以御今之有，上古虽远，其道存焉，故虽在，今可以知古始也。""时移俗易""以成其治"显然指社会人事，"以御今之有"即用上古之道治理当下的社会。

　　从上述物之"有"与人之"有"之间的联系可以看出，王弼哲学在以解决人事为目的的同时，为什么要不厌其烦地反复论述万物之"有"的原因。

第二节　上通而下达、内通而外达
——"无""有"的辩证关系与发展

　　王弼哲学以"贵无论"著称，但"贵无"只是他理论的特征或基础，而其哲学的最终目的在于"贵有"。如在认知层面上的"无""在自身内不过是作为纯粹逻辑推演而形成的体系"。[①] 而如何把这种形而上的"无"实践化，"使自身具有经验实在性的内容和意义"[②] 是王弼最为关切的。这样如何理解二者之间的关系就成了我们研究的必然诉求。

　　正如我们上面所提到的，在王弼哲学中，"无"在不同的语境中具有多重的内涵或指向，而"有"亦是如此。既然是"贵无"以明"有"，必然是以"无"正"有"，因此，"无"与"有"之间在一定的语境中必然存在逻辑上的一致性，这种逻辑如何展开，事实上在以上对"无"和"有"的单独分析中已经有所体现，下面我们将再次从认知和实践两个层面对"无"与"有"的关系加以明确化。

---

①　康中乾.《有无之辩——魏晋本体思想的再解读》，第 64 页。
②　同上。

一、上下通达——认知层面"无"与"有"的关系

从认知的层面看，"有"指具体之物时，可以凭借人感性或实践的经验很容易地被观察或感受到，但对"无"的理解却无法沿此路进行。王弼说："凡有皆始于无，故未形无名之时，则为万物之始。""未形无名"指称的是"无"，但并非人们日常理解的"有无"的"无"，只是因"无形无名"，人们很难用对待具体之物的方式对万物之始究竟是什么进行描述或感受，它呈现在人意识之中的只能是"无"。具体来说，作为有形有象的万物在存在之前不可能是某一具体的有形之物，而既然是万物之宗，只能有一处根源，在现实中人们通过不断地对存在形式各异的具体之物进行高度的综合抽象，最后只能剩下空的外壳"无"，才能够满足各个具体之物，这"无"虽"你既不能认识，又不能达到，也不能说出"[1]，但它的确是一种存在，因此也是一种"有"，也如海德格尔所说的"有"是一种存在，"无"也是一种存在，它的存在意义在于有了"无"的描述，才能表达出万物之始的含义。从王弼的言语中可以看到关于具体之物"有"与物之本原之"无"的上述关系，他在《周易·复卦注》里说：

> 复者，反本之谓也，天地以本为心者也。凡动息则静，静非动也，语息则默，默非对语者也，然则天地虽大，富有万物，雷动风行，运化万变，寂然至无是其本矣。

万物的存在是发展变化的，而变化最终的结果是从形态千差万别的具体存在到无形无象的"无"。"无"虽在感性上是无，但它所据万物，是万物从有形到无形，因此又是"有"。既然"有"亦可以为万物之总称或一般，从存有的角度说，王弼之"无"和"有"并没有根本的区

---

[1] ［德］黑格尔.《哲学史讲演录》卷一，北京，商务印书馆，1959：265 页。

别，这一点在《老子·二十五章注》中也可以体现出来："混然不可得而知，而万物由之以成，故曰混成也。不知其谁之子，故先天地生。寂寥，无形体也。周行无所不至而免殆，能生全大形也，故可以为天下母。"什么是"混成"呢？"名以定形，混成无形。"由此可见，"无"是有形的混成，就是万物的总体。"无"与"有"如果说有区别则在于前者注重万物总的存在，而后者更注重万物的共相或一般。

从万物的本原上看，王弼并没有脱离汉代气化论的影响，认为万物是由气生成的，但很明显，他并不是在意无形无象具体物的本身，而是为了对万物本原的描述，认为只有有了"有"的开始，人们才能真正认知万物，毕竟在万物存在之前，总是要追问其来源。① 《庄子·齐物论》亦云："有始也者，有未始有始也者，有未始有夫未始有始也者；有有也者，有无也者，有未始有无也者，有未始有夫未始有无也者。俄而有无矣，而未知有无之果孰有孰无也。今我则已有有谓矣，而未知吾所谓之其果有谓乎？其果无谓乎？"以庄子言，他所说的"有"就是指物的具体存在，但从时空中看，所存之物总有一个开始，如果这个物的开始为一具体存在，后者仍应有一个它的开始，继续推行下去，永远都没有尽头。但最后是"有"还是"无"，庄子认为人们是不知道的，所以就这个意义而言，有的学者认为庄子实际上反对老子的"无中生有"的理论是有一定道理的。但笔者认为，实际上老子也并没有完全肯定万物之原的"有"与"无"，应该说此观念上的"无"在老子哲学中也是非常模糊的，认为庄子反对老子"无中生有"的理由并不充分，庄子只是对万物本原的存在表示了自己的怀疑。一方面，庄子并没有如西方那样设想一个全能的上帝，这是他的积极意义所在；另一方面，他提出万物产生的最初问题，可以说是人类社会发展到现在，对自然界的认识已经达到了极高的层次。谁也无法提供令人信服的证据来证明宇宙及万物的最

---

① 冯友兰在分析老子"有生于无"时亦说："若分析物的存在，就会看出，在任何物之前，必须先有。道是无名，是'无'，是万物之所以生者，所以有之前必须是'无'。"（见梁启超等《国学大师说老庄及道家》，第31页。）

初来源，但不代表其对万物本原的否定，而老子利用人感性的认知和理性的推理，以极其玄妙的"无"或"道"作为问题的答案，这一点显然要比庄子更胜一筹。但无论是庄子还是老子，虽然他们的着眼点并不真的在于获得对自然界本原的认知，而是借此实现其实践意义上的诉求，但又认为，如果想要实现对具体万物和人世间人事的认知及处理方法，还必须以它们的本原作为出发点。王弼显然也是这样认为的，他说：

> 夫欲定物之本者，则虽近必自远以证其始，夫欲明物之所由者，则虽显而必自幽以叙其本。故取天地之外，以明形骸之内，明侯王孤寡之义，而从道一以宣其始。[1]

王弼仍沿着老子的思路，通过对《老子》的注解，从上至下，由天至人，详尽论述了"无"作为万物本原的特征及可能性，[2] 就像我们前文提到的具体有名有形之物"名有所分，形有所止"，即任何一个具体之物在内容或形式上都各有所止，因此，任何具体固定的指向某一物的名都难以承担如此大任。由于"无"没有固定的形式，所以它可以指向或成就任何事物。在内容上，既可以把"无"看成什么都不是，也可以把它看成什么都是，如此才适合于自然界的万物之中，王弼正是利用"无"本身这种概念的模糊性或灵活性，使得"无"成为人们心目中符合万物本原的观念。其实从形而上的角度理解，脱离具体之物，形名只是一种抽象的存在，"无"和"有"只是名称不同而已，都可以当作万物

---

① 《老子指略》。

② 许多学人认为，王弼的哲学思想在继承老子思想的基础上，要高于老子，特别在宇宙论上，认为王弼把老子的"无中生有"的生成论上升到"以无为本"的本体论的高度。但本书前文已经有所说明，这种说法并完全不符合文本的事实。这里还有一个简单的事实，既然王弼是对《老子》作注，而不是诠释，那么他就必须尊重老子的根本思想，因为以常理而言，给经典文本作注的主要目的是给他者提供阅读或理解文本内容的方便，如果对文本嵌入太多注者的思想，就偏离了注的初衷或实质。所以笔者认为，王弼是对老子思想的扩展，或者说是进一步的引申，而不能作最根本的改变。田永胜通过具体文本与思想的比较充分说明了这一点。（见田永胜.《王弼哲学与诠释文本》，第三章，第一节，第70—101页。）

最原始的存在，但如果不是玩文字游戏而是以常理用"有"指称万物之始，则必然会陷入如庄子一样无限追问下去的尴尬境地，而用"无"代指天下之物，则可以避免上述可能。"无"为"无"，已经什么都不是了，人们就很难再问"无"具体是什么。我们常人的直观感觉也是如此，"无"就是万物"有"的最初形态，整个世界都是从无到有、从有到无的，且以个体的最终归宿看，它就是以"无"为存在形式，所以王弼说："天下之物，皆以有为生。有之所始，以无为本。将欲全有，必反于无也。"①

以上只是以人的直观感性认识"有"和"无"，"无"是无形名，"有"是有形名，我们简称为"无"与"有"。② 在万物从"有"到"无"、从"无"到"有"的"有""无"之间，最终以"无"的形式存在，这也验证了王弼"将欲全有，必反于无""凡有皆始于无"的思想，因此他说"有以无为本"，非一定为本体论意义，"有""无"的关系在此显然只是从物存在的角度看待的。此外，王弼说"道生有，有生万物"，而不说"无"生"有"，生万物，其实与老子"有生于无"，及"道生一，一生二，二生三，三生万物"的理论是相一致的，"生于无"并不代表"有"由"无"所生，"有生于无"只是说明天地万物从"无形"到"有形"而已，而不论是王弼还是老子，皆认为"道"才是万物的本原。

作为王弼哲学核心概念之一，"道"不仅是万物的来源，亦是万物存在的根据，换言之，万物不仅生于"道"，也是其存在与发展的原则，由于"道"的无形无象，无法从感性上确认它，所以好似是"无"生万物。③ 但实际上，不是"无"的本身生成"有"，生成万物，而是"道"

---

① 《老子·四十章注》。

② 冯友兰指出："在道家体系里，'有'与'无'，'有名'与'无名'的区别，这两个区别实际上只是一个，因为'有''无'就是'有名''无名'的省略。"（见梁启超等．《国学大师说老庄及道家》，第 29 页。）

③ 老子说，"万物生于有，有生于无"，又说："道生之，德蓄之，""道生一，一生二，二生三，三生万物。"表明老子思想中"道"与"无"在生存论上的相通性，所以王弼作为《老子》注者，有此层面的思想应在理之内，但并不能以偏概全地说"道"同"无"，上文已详论，此不再重复。

以"无"的形式创生万物，也就是说，万物真正的终极是"道体"而不是"道形"。所以，汤用彤说：

> 盖万有非独立而存在，依于无而存在。宗极既非于本无之外，另有实在，与之对立。故虽万物之富，变化之烈，未有不以无为本也。对此无之本体，号曰无，而非谓有无之无，因其为道之全，故超乎言象无名无形。[①]

显然，"无"是以"道"的存在特性及内容的架构形式与"道"发生联系的，因此，王弼说："凡有起于虚，动起于静，故万物虽并动作，卒复归于虚静，是物之极笃也。"[②]"有起于虚"，万物以"虚无"的形式出现在人的感性之中，被称为"物之极笃"。"极笃"即物之本原，而之所以要强调"静"，王弼解释说："归根曰静，故曰静。"[③]"根"即万物之本原，与"极笃"同为一义。这说明，"道"不仅有"无"的形式，而且有"静"的本质，但无论如何，王弼认为："夫物之所以生，功之所以成，必生于无形，由乎无名，无形无名者，万物之宗也。"[④]"道"与"无"的关系由此一目了然。

"无"不但从形式上与"道"相关联，而且能够开显出万物"道"的属性与原则，或者说，"道"的"无"之形式体现了其对万物的双重

---

① 汤用彤.《汤用彤学术论文集》，北京，中华书局，1983：235 页。笔者斗言，汤用彤承认宗极与"无"是合二为一的，且他自己也认为"无"作为"道之全，超乎言象，无名无形"，是终极的外在形态。但他又说万物是"以无为本，且"无"非"有无之无"，这样就出现了前后不一致的矛盾。实际汤混淆了"无"和"终极"道体及外在形式的关系："无"只是"终极"道体的形式而已，真正的万物之本应是"道"。汤用彤的这段话主要理论取向是证明"无"为万物之本，认为"无""即体即用、体用不一"，并认为这是对老子本体论的巨大发展，是从生成论向本体论转向的一个标志。认为万物本原是体用一如的关系并没有错，但他把"道"之存在形式当作道体本身，肯定有其理论的不完善之处。所以笔者是不太同意汤用彤这种观点的。

② 《老子·十六章注》。

③ 同上。

④ 《老子指略》，第 195 页。

作用，一是作为万物的本原，二是万物之存在的原则或根据。王弼说"静则复命，复命则得性命之常"，而"常之为物，不偏不彰，无皦昧之状，温凉之象"。能够"包通万物"，是因为"无所不包通，则乃至于荡然公平也。荡然公平，则乃至于无所不周普也。无所不周普，则乃至于同乎天也。与天合德，体道大通，则乃至于极虚无也"。"穷极虚无，得道之常也。"① "常"就是指"道"，"道"则表现为"常"。牟宗三在对王弼《老子注》第一章的"常"字作疏解时说："王注解'常'字，如字作解，意即定常，恒常之意。'非其常也'，言非恒常不变之大道。"② 即"常"按字面义解释为"恒常"，但在王弼哲学中则指恒常不变的大道。因此与其说是"常"以"不偏不彰，无皦昧之状，温凉之象""荡然公平"包通万物，不如说是"虚无之道"在万物生存之中对万物作用方式的呈现。在王弼看来，作为物存在的本原和运行的原则，"道"以无形无状的方式存在于物的过程，它无处不在、无时不在存在于现实的具体事物中，但"道"对万物自我的本然存在却以"生而不有、为而不恃""无为而无不为"的方式得以开显，因此，这个"道"之"无"可以看作万物自我的本质或特性，同时也体现了"无"属于"道"的功能性作用，也就是学人为之总结的"体用合一"。

"无"不但通过"道"彰显与自然万物间的联系，而且作为万物自身的构成，一方面突出自己的存在，另一方面展现其成就该物作为独立个体的属性及其作用。③ 为此，王弼借用坛、壁、橐龠等中的"空无"指出"无"是物的属性及其在物中发挥的功能或作用，物能够成就其本身，是因为"无"（空）的存在："木埴，壁之所以成，三者而皆以无为

---

① 《老子·十六章注》。
② 牟宗三.《才性与玄理》，长春，吉林出版集团，2010：115 页。
③ 韩国良认为"何王之'无'都是从无形无名意义上讲的"，似乎说得比较笼统或模糊。以物观之，作为万物的起始之义，并没有什么问题，以人观之，"无"本身就是人的意识的产物，无所谓形与名，另外，"无"在指人心的本然存在或非外力干涉影响下的状态时，王弼也称之为"无"，同样，它也无涉于形名问题。韩国良这样的说法会使人对"无"的理解片面化或简单化，甚至会影响到对其他方面问题的把握。（见韩国良.《道体·心体·审美》，第54页。）

用也。"① 而能够成就对人而言的实践意义，也恰是因为"无"（空）的存在："有之所以为利，皆赖无以为用也。"② 同样的思路在《老子·六章注》中可以得到证实："谷神，谷中央无。谷也，无形无影，无逆无违，处卑不动，守静不衰，谷以之成而不见其形。"谷中央的"无"即空，正是由于空，所以才能以成就"谷"的作用，才能"无物不成而不劳，用而不勤也"。"无"既属于"体"（物自身），即物的属性，亦发挥着"用"，即"无"的功能，这样体用就合二为一了。需要指出的是，我们说"用"的时候，"无"已经非名称性存在的"无"，而是功能性的、动词性的"无"了。

非但物之自身的"无"体现了物的属性，正如上文所言，作为物之存在的场域，"无"亦为物区别于他者的必要条件，前文我们已经论证。不过，作为具体之物属性的"无"与本原的"道"并不是相互分离的，因为具体之物皆由"道"而生："夫物之所以生，功之所以成，必生于无形，由乎无名，无形无名者，万物之宗也。"③ 没有"道"，则没有具体之物，更谈不上物的属性"无"；"无"同样离不开"有"，没有现实客观的"有"，就没有物之终极和真正本质"无"的境域，即如王弼所言："夫无不可以无明，必因于有，故常有物之极，而必明其所由之宗也。"④ 这说明，如果要展示"无"作为物之极，体现万物的"所由之宗"，必须以具体万物存在为前提，保持具体之物本然的"无"，才有开显并遵"道"的可能。在现实生活中，"有"亦具备根本的意义，没有现实中的"有"，"无"是无法体现出来的："四象不形，则大象无以畅，五音不声，则大音无以至。"反之，"四象形而物无所主焉，则大象畅矣，五音声而心无所适焉，则大音至矣"。⑤ 所谓的"大象""大音"，是

---

① 《老子·十一章注》。
② 同上。
③ 《王弼集校释·老子指略》，第195页。
④ 韩康伯《系辞》注引王弼大《衍义》，楼宇烈．《王弼集校释》，第4页。
⑤ 《王弼集校释·老子指略》，第195页。

"无"，是无形之"道"的一种体现，而"四象""五音"则是具体物之"有"。换言之，"道"以隐性的方式把"无"与"有"联系起来，而从形而上的角度看，这正如冯友兰对王弼思想评价的那样："总而言之，凡是抽象的都是无，具体的才是有。抽象的必须依靠具体的，一般的必须依靠特殊的，才能显现出来。"①

综上，在认知层面，王弼认为，"有"和"无"是相互联系、相互依赖的。没有"无"，则具体的"有"就不可能生成或存在，没有现实世界具体的"有"，就难以体现万物的本原及其本质，自然界总是在万事万物的千转百回、奔流不息之中从无到有、从有到无不断地前进，而在循环往复的过程中，万物的"无"与"有"莫不以"显道""遵道"浑然一体。

二、内通而外达——实践层面"无"与"有"的关系

王弼之"无"不仅仅具有认知层面的内涵，以万物为主体，亦有实践或精神层面的所指，以人为主体，而"有"，前者的对象指具体的万物，后者则重点在社会人事。就实践层面而言，王弼之"无"包括人思想的"无私""无欲""朴"，行动之"无为""无恃"等；"有"泛指人世间发生或存在的一切人事、规章制度、风俗习惯、伦理道德等，当然也包括具体之物在内。在这层含义中，王弼认为："万物以自然为性，故可因而不可为也，可通而不可执也。"② 既然万物的属性以"自然"为前提，作为具有主观能动性的人，若与万物和谐相处，当与它们发生联系时，必然要尊重它们，顺"物性而为"，不能出于人的一己之私对其有所伤害，即"天下常无欲之时"，"万物各得其所"。③

对物如此，对社会生活与人类自己也是一样。王弼本人也注意到了这一点，他认为，就君主而言，应该"居无为之事，行不言之教，不以

---

① 冯友兰．《中国哲学史新编》，北京，人民出版社，2007：59—60 页。
② 《老子·二十九章注》。
③ 《老子·三十四章注》。

形立物，故功成事遂"。① 对普通个体的自我而言，"抱朴无为，不以物累其真，不以欲害其神，则物自宾而道自得也"。② 总之一句话，在社会实践中要求人对世间之"有"亦应做到"无"。但如何才能做到呢？

王弼指出，"道"之所以能够成就万物，是通过其"无"为而成，而道为什么能"无"为，恰是以"无"为心。"朴之为物，以无为心"③"朴，真也"④，是物的本然状态，被王弼用来代指万物本原的"道"，表明"道"的本真就是"朴"，王弼在说"道"对待物是以"天下之心为心"时，"道"的天下心，就是无心，也就是"道"之本然的自心。反过来，简言之，"道"正是因本然之心即"无心"才能使其在具体行动上表现出"无欲""无为""无执"，才可成就天地万物。因此，王弼认为，人的本然之心同样也应是天下之心，也就是"无"心，由此表现出的行动对他者而言就是"无为"。这样就回到上文问题的答案，只有人在本然之心即"无"心的情况下，对待万物才能做到"无为"。

对于王弼上述观点，我们可以用现代的眼光或理论进行分析。作为"道"生万物之一的人，同样以天下心为心，实际是说人在本然之初，亦无个体之私心，即无心，如初生的婴儿之心，在心理内容上几乎是"白板"一块，⑤ 因此称为心"无"。当然这个"无"并非是人物理性的有无，而是指与心后天形成的思想内容相比较而言的"无"，或者说是空。而在实际的生活中，人心从"无"变成了"有"，即人心拥有了在此之前没有的观念或各种思想，但这些"有"从哪儿来呢？洛克是这样说的："心灵是怎样得到那些观念的呢？……它们是从经验得来，我们

---

① 《老子·十七章注》。
② 《老子·三十二章注》。
③ 同上。
④ 《老子·二十八章注》。
⑤ 洛克认为，人的心灵原来是一张白纸，上面没有任何记号，没有任何观念。因此后人把他的这个观点称为"白板说"。（见［英］洛克.《人类理解论》，商务印书馆，1981：68页。）

的一切知识都是建立在经验上的，而且最后是导源于经验的。"① 洛克的观点具有一定的合理性，现代科学认为，当人的大脑接受到外界某种事物或环境的刺激时，会产生相应的反应，经过大脑神经中枢的过滤、综合分析判断后，会在大脑内形成一定的意识，这种意识就会留存在大脑里，即古人认为（即使是现代的普通人也经常这样说）的在心里有了思想意识和观念，也即我们所说的心"有"，而在人心之外，则是具体实际的"有"，而相对"有"，人的本然之心就是"无"。"有"心而为就是有为，无心而为就是"无为"，不过，这里的有为、无为与王弼所讲到的有为、"无为"稍有不同，王弼的有为强调的是因个人意识上的偏私而为，而"无为"是顺"物性而为"，非现代的无所事事，这一点是要注意的。

现在的问题是，人的本然之心只是理论上的存在，在实际社会生活中，人只要一生下来，就会慢慢地受到外界各种事物及环境（包括自然环境与社会环境）对心理的刺激与影响，从而在心中形成非本然之心所具有的思想意识，它最突出的问题在于因个人的经历不同、所处的环境不同等诸多因素，表现出在外力影响下作出的判断与真实的存在有可能出现偏离，带有明显个人私欲或目的。当用这样的心认识和对待他者与社会时，人们对他者的认知结果不再是它们的本然之"有"，而是个体意志的自我之"有"，由此而产生的行动则不再能够按照他者的本然之性进行下去，继而会损害他者或事物的正常秩序，结果是人与万物、人与人之间关系的紧张，最终导致整个社会秩序的失衡，甚至是战争的爆发。由此可见，人的私欲（外来意识）是造成人与社会问题的根源，如果没有了这种私欲干扰人之本心，人与他者打交道时，无论是作为认知主体的人还是作为认知对象的他者，都是以天下心为心，或者说从个体看来，大家都以"无"心相待，表面上看人与他者以主客的对立而在，实际却因众人的"无"心得到了消解，使得万物在"道"的统领

① ［英］洛克.《人类理解论》，商务印书馆，1981：68 页。

下，成了相互联系、相互发展的和谐的统一体。① 因此，摈弃本心之外的私心、切断私心来源的外部环境及净化私心的存在本身成了解决问题的关键。对于主体来说，任何人都必须生活在一定的社会环境里，② 这既是客观的现实，也是人区别于其他动物的根本所在。荀子说："人能群，彼不能群。"（《荀子·王制》）所以，如果想阻断因人与人之间的联系而形成的意识于人心之外，或者说切断外来意识的根源影响是不可能的。从实践看来，解决问题的出路在于当外来意识进入心中时，人的态度如何，或者说人心是如何对待这些外来意识的。毕竟心不但是意识的存在之地，而且外在的意识影响或作用也是经由人心形成和发出的，对此不论是对他者还是自我，在无法隔绝外部环境的影响时，只能靠个体的主观努力，充分发挥个体的能动性，对自我的欲望或目的进行有意识的控制，对主体内心非本质的意志加以克服，③ 使得它们不再对本然之心产生影响。人能够用"天下之心"认识和对待他者或外部之"有"，则可与其会通，顺"物性而为"，天下则太平也。而主体也因"无"外在之心，克服了相互之间的主客对立而自得其性，这其实就是老子所说

---

　　① 在这里，人们容易产生误解的是，认为人的本然之心可以真正认识事物的本质和全部，这是极其错误的。康德虽然承认物自体的存在，但认为对于物自体，人们是不可能认识的，能够认识的只是物的现象而已。冯友兰的观点基本和康德一致，但他说，对事物的最高程度或者说全部完全的了解，"在理论上虽是可能有底，而事实上不能有底"。（见冯友兰.《三松堂全集》，河南人民出版社，2001：470—471 页。）关于此，用"程度"表示人对事物认识的状况比较准确。相比较而言，显然，康德的观点有些绝对，或者对人类的认识能力太过于悲观。而我们这里强调本心的认识与对物的本然认识没有太大的关系，对物而言，是在认识物性的基础上，重点放在顺物性上，而以人为对象时，注重的是认识的主体能够用人本然的"己所不欲，勿施于人""己欲立而立人，己欲达而达人"之心对待他者，这样就可实现天、地、人之间的和谐与稳定。

　　② 马克思说："人不是蛰居在于社会之外的存在物，人就是人的世界，就是国家、社会。"（见马克思、恩格斯.《马克思恩格斯选集》卷一，人民出版社，1972：1 页。）

　　③ 冯友兰说，理性可以分为两种：一种是道德理性，一种是理智理性。他认为西方伦理学界和宋明道学家的所谓理欲的冲突中的理，皆是道德理性，而西方所说的情感理性及道家所谓以理化情的理，均是理智理性。（见冯友兰.《三松堂全集》，第 351 页。）冯友兰这种分法有他自己的道理，但笔者认为，站在自然人的角度，人之为人，不但有理性，而且有感情，所以，两者存在于一个共同体之中，相互之间发生作用是不足为奇的。站在社会人的角度，人需要并已经在内心形成了对社会伦理的认识和接受，所以，同样也会与人的理性产生一定的联系。鉴于此，当人的思想意识遭遇到理性时，我们认为理性与这两方面皆有关系。

的"外其身而身存，非以其无私邪，故能成其私"的真正内涵。

可见，人的无私无欲是成就他者、自我及社会的根本，人不但具有"天地之心"，而且依靠自我的"知觉灵明"之性处置对心产生的各种刺激和影响，人虽然不能够左右外在的"有"，却可控制自我之心的"无"，就如西谷启治说的，"虚无之场不外是使主体变成比原来更为主体性，事物的实在性才能如实地展现出来"。① 即通过个人的主观努力，把内心变成虚无之场，以便如实地"接待"外面的事物，给予万物真实的存在并通过意识的形式反映出来，② 用于指导人的行为，实现人、事、社会的和谐统一。

王弼一直强调人心的"无私""无欲""无为"，是因为他看到了个体私欲在具体社会实践中造成的危害，他说："甚爱，不与物通，多藏，不与物散，求之者多，攻之者众，为物所病。"③ 他认为正确的态度是"随物而与，无所爱矜，随物而直，不造为异端，因物而言，己无所造。"④ 要做到这一点，内心只有保持清净无为，正如王弼所言："躁罢然后胜寒，静无为以胜热，以此推之，则清静为天下正也。静则全之真物，躁则犯物之性，故惟清静乃得如上诸大也。"⑤ 只有内心"无私""无欲"，心才可有清净的状态，而"清净"之心能够避免"犯物之性"，开显其"天下之正"的本然之性。由此，王弼实践层面的"无"与外在之"有"通过人心连接起来，实现了人与事的和谐相通。

---

① 西谷启治．《宗教是什么》，第57页。
② 不过还有一点需要说明，在现实中，即使是摈弃了个人的私欲或目的，此心也非婴儿般的本然之心的存在了，而是后天受多重因素影响而形成的一种包括知识与伦理道德在内的新的心，如果这些内容具有的是公众性质的，或者说是天下人之心，我们也可以称之为另外一种形式的"自然"之心。同样在没有个人的私欲时，在现实生活中仍然可以实现本然之心与天地万物的和谐相通。
③ 《老子·四十四章注》。
④ 同上。
⑤ 同上。

第三节　"道心"与"人心"

——"无"与"有"的天人和谐

魏晋时代，学人主要的历史任务就是为时代构建一种新的理论，用以纠正社会纷杂无序和人心失衡的局面，为人们提供一个可以走出惑罔的思想导向，因此，尽管魏晋哲学的宇宙论占据了很大一部分，但正如李泽厚所指出的，"魏晋玄学的关键兴趣并不在于去重新探索宇宙的本原秩序、自然的客观规则，而在于如何从变动纷乱的人世、自然中去抓住根本和要害。"① 或更简洁地说，玄学中宇宙论是为社会实践服务的，实践论以宇宙论为基础，宇宙论是实践论构成的前提。在这个问题上，王弼有着明确的说明。

他说："论太始之原以明自然之性，演幽冥之极以定罔惑之迷。"② "太始"，万物之始，即王弼所说的"道"，形式上的"无"。③ 为什么称"道"为"幽冥"呢？因为"道以无形无名始成万物，以始以成而不知其所以玄之又玄也"，④ 是"欲言存邪，则不见其形，欲言亡邪，万物以之生，绵绵若存"，⑤ 且"无曒昧之状，温凉之象"。⑥ "自然之性"是物之天然的本性，而非后天的人为；"幽冥之极"与"太始之原"同一所指，只不过前者指出了万物之初的幽深，难以用合适的语言描述，王弼称之为"无"；"定"，纠正、揭示之义；"罔惑"当然是针对人来说的。王弼通过由下至上、由具体万物至抽象的"幽冥之极"与"太始之原"的推演，明确万物运行的根本原则，然后由上至下，用之指导人们日常

① 李泽厚.《中国古代思想史论》，天津，天津社会科学出版社，2008：155 页。
② 《老子指略》，第 196 页。
③ 《列子·天瑞》中："有太易、有太初、有太始，太始者，形之始也"。因而如此说。
④ 《老子·一章注》。
⑤ 《老子·六章注》。
⑥ 《老子·十六章注》。

的社会人生，这个原则就是万物本原的"道"。

根据王弼所言，"道"除了创生万物之外，还要对万物"长之、育之、亭之、毒之"，但无论如何，"道"都是"生之"，"不塞其原"；"蓄之"，"不禁其性"，让"物自济"。"道"能够这样做，和它自身的特性有很大的关系。它"虚而不得穷，屈动而不可竭尽"，[①] 所以才能创生万物；它"无形无影"，所以才能够"无逆无违"，任万物自成；且由于"无状无象，无声无响，故能无所不通，无所不往"，[②] 始终存在于万物之中："道取无物而不由也。"[③] 从以上所述中可以看到，就"道"自身的特性看，用一个字可以表明，那就是"无"，正是"道"之"无"的特性所发挥的功能，才成就了"道"对天地万物的原则性作用。

既然"道"之"无为""无恃""无造"的"无"成就了宇宙万物，作为"域中"四大之中唯一具有主观能动性的人，在对待他者时，为了保持他者本然属性的完备或与他者和谐相处，实现整个宇宙之内的和谐统一，必然如道所为，无所作为，即法"道"。对自然万物及其世界如此，对人类自己亦如此。道理很简单，人类既是天地万物的一部分，亦是人类社会的因子，非但需要人对万物本然之性的爱护，亦需要人与人之间个体之性的尊重，若要做到这一点，人类同样必须"法道"，这样天之"道"就为我们提供生命存在的自然、社会、文化语境下适合人类行为的导向，也就是将人的认知转向实践，将天之"道"转为人之"道"，"道"之"无"转为人之"无"。

从上述还可以看出，人的"无为"不是无所作为，也不是老子所说的"无为而无不为"、不为而为，而是在遵物性下的有所为。"无为"是针对物性、不伤物性而言的，社会上出现的"尚贤显名，荣过其任，贵货其用，贪者竞趣，穿窬探箧，没命而盗"[④] 等现实问题，实际皆是由

---

① 《老子·五章注》。
② 《老子·十四章注》。
③ 《老子·二十五章注》。
④ 《老子·三章注》。

于人的主观有为已经超出了物或事情的本身，不但无益于对象，反而只会伤害它们自身。就如王弼所说：

> 夫燕雀有匹，鸠鸽有仇，寒乡之民，必知旃裘，自然已足，益之则忧。故续凫之足，何异截鹤之颈，畏誉而进，何异畏刑。①

显然，人的主观有为不但会伤及物之本性，而且会因"尚贤显名，荣过其任，贵货其用"引起社会的纷争与动乱，而主观有为的根在于人的欲望，且这种欲望往往是超过了事物的本性存在的需要，如上述的"尚""荣""贵"等对于物的"名""任""用"的本身都有"过"的含义，因此才会有上述结果；反之，若人顺物性而为，"唯能是任，唯用是施"，"因物之用，功自彼成。"② 而要做到上述这些，必然"欲之所本，适道而后济"。③ 王弼并不是否认人欲望的存在，只是欲望的存在必须适道、遵道，才能成就万物与自我。由于"道"无所偏私，因此王弼的"无欲"与其说是"无欲"，不如说是无个人主观性的私欲，而非无任何欲望，才可遵道顺物性而行，这时人心就开显出了道心，物与人实现了"道统为一"。当然，没有欲望并不代表没有意识，如果人真的意识不到自己的意识，那就有可能上升为个体人生的一种最高境界，即王弼所言"故常无欲空虚，可以观其始物之妙"，真正实现天人的合一。

关于王弼之"无"，我们可以用牟宗三的一段话作简要的总结。牟宗三认为，王弼讲"无"，"讲境界形态上的无，甚至讲有，都是从作用上讲"。而"天地万物的物，才是真正讲存在的地方"。④ "有""无"属形而上的范围，但都离不开万物的存在，对万物存在的把握是通过

---

① 《老子·二十章注》。
② 《老子·二章注》。
③ 同上。
④ 牟宗三.《中国哲学十九讲》，第128页。

"有""无"实现的，而这种实现是以物本身具备了"有""无"的属性为前提，即"有""无"之用是因为有了"有""无"，这就是学人常说的"体用合一"；而牟宗三所说的"形态"，严格来讲是从存在形式上把"有""无"看成物的同一属性，而从本质上看，"无"不过是万物之"有"的本然属性，而正是"无"的功用，才有了物的本性存在，它们是"道"统率下的一体两面。另外，无论是"道"性的"无"物性的"无"、还是心性的"无"，王弼的重点并不在"无"的属性上，而是注重"无"的属性的发用。就"道"而言，正是因为"无"的作用，"道"才能生养万物、成就万物，万物也因为"无"的存在而使得该物与其他物区分开来，并能够"自相治理"，可以说，"无"的作用是保证它们自己本来如此的根本。如果说"无"在"道"与物关系上的作用还是从认识的角度来说的，那么，人心的"虚无"作用则是从实践的层面体现了人的一种精神境界，即内心保持"无"的状态。对他者而言，人可以在生活实践中做到顺物之性，尊重他者，这样才能与他者和平相处，从而实现自然界、社会的和谐统一；而对自我来说，这是不断提高个体修养，最终达到与天合一的人生理想最高境界的基础和前提。"无"的这两个作用正是我们下面要谈到的"自然"。

第六章 从"有无之辩"走向"自然"

上文已经提过，王弼哲学虽被称为"贵无论"，但与"无"相比较，"自然"在王弼哲学中更具有核心意义，就如王晓毅指出的那样："'自然之性'不仅是王弼伦理学的中心，而且是整个哲学体系的中心。从贵'无'论到崇本息末的政治学说，都是围绕人性自然展开的。"① 王晓毅实际只指出了"自然之性"功能的一半，另一半的作用不但加深了人们对生命的体悟，而且改变了汉末以来人们被扭曲的灵魂，恢复了个体生命的自然本色，那就是王弼的人生哲学。可以说，王弼哲学在实践层面的积极意义在于促进了个体人性的觉醒与思想的解放，实现了在魏晋这个特殊的历史时期士人双重人格的内心平衡，增加了生命的厚度和精神上的弹性。

第一节 "道""物""人"与"自然"的关系

一、"自然"的含义

"自然"一词最早出现在道家老庄之书中，但并非现代"自然界"

---

① 王晓毅.《儒释道与魏晋玄学的形成》，第122页。

之义①。现代学者柯林武德认为，在现代西方的语言中，"自然"包含两个层面的意义：一是作为集合名词，指的是"自然事物的总和或汇集；二是它的本来之义，指的是一种原则（principle），即物的固有的属性，有时也可指本源（source）"。由此，柯林武德说："nature"一词"涉及的是某种使它的持有者如其所表现的那样表现的东西，其行为表现的这种根源是其自身之内的某种东西。如果根源在它之外，那么来自它的行为就不是'自然'的"。② 在现代汉语中，"自然"一般亦具有这双重含义，如某物的本然之性被称为自然属性，而"自然万物"的称谓实际有时亦代指自然界。也就是说，中西方现代语境中的"自然"内涵并没有多少区别，但可以肯定的是，它有别于中国古代哲学中的"自然"，比较接近古希腊的 Physics。③ 而道家中的"自然"，特别是《老子》之中的"自然"本义，到目前为止在学人之间仍存有很大的争议性。④ 除

---

① 之所以没有较为准确地说"自然"概念出现在《老子》一书中，是因为《庄子》中亦有"自然"的概念。而关于《老子》《庄子》的先后问题，传统以司马迁《史记》为根据而确定的著作年代以《老子》为先。但这样的顺序在学界早有争论，钱穆的著作《庄老通辨》就认为《庄子》早于《老子》，日本学者池田知久在其著作《道家思想的新研究》中认为，《老子》与《庄子》"成书的年代本身也有相当宽泛的推论幅度"。（见沟口熊三.《中国的思维世界》，三联书店，2014：131 页。）这样，关于它们孰先孰后的问题至今还没有定论。所以，我们按照池田知久的说法："'自然'一词，可以认为从在最早时间使用它的只是在道家思想及其影响下的各种思想这一事实来判断"作如上所述。（见池田知久.《道家思想的新研究》，中州古籍出版社，2009：536 页。）

② 见柯林武德.《自然的概念》，北京，北京大学出版社，2006：52 页。

③ 我们可以用郑开把古希腊的 Physics 分为三层含义进行比较："① '自然而然的'，与'人工制造的'相对应；② '本性使然的'，与'人为约定的'相对应；③ '自然界的'与'社会共同体相对应。"（见郑开《"道家形而上学研究"》，宗教文化出版社 2003 年，第 196 页。）

④ 这从下列论述中便可得证。就性质而言，谭宇权认为老子的"自然"是指"人为的自然"；（见谭宇权.《老子哲学评论》，文津出版社，1992：185 页。）刘笑敢将老子"自然"的核心意义定为"人文的自然"，主要关心的是人类社会的生存状态；（刘笑敢.《老子古今》，中国社会科学出版社，2006：319 页。）陈鼓应把古代哲学中的"自然"分为物理的自然、人文的自然、境界的自然。他认为，《老子》里的"自然"都是和人有关联，是"自己如此"自性的意思，并且说人要发挥自己的自性—自主性、自为性、自发性、自由性、自在性，所以他把《老子》的"自然"归结为人文的"自然"，而把《庄子》的"自然"归结为境界的"自然"。（见陈鼓应.《道家的人文精神》，中华书局，2012：135 页。）笔者认为三家把老子的"自然"定为"人为"或"人文"的"自然"具有一定的合理性，又有它的不足。毕竟老子把自然不仅仅指向人为主体的，还直指以万物为主体的自身本性,胡适说："自是自己,然是如此,'自

有对老子思想理解角度、视野、思路等不同的原因外，也表明老子时期"自然"概念内涵的不确定性，正如钱穆所指出的："虽道家思想盛言自然，其事确立于王弼，亦不为过甚矣。"①但即便如此，对王弼"自然"的理解今人仍存有歧义，如有学人认为"自然"在王弼那里意味"根源于'无'的万物的内在本性和性情"②；有的则认为"'自然'的内涵更多的是指一种生存的姿态，自然观表明的不是人与自然的关系而是人对自身的态度"③；还有人认为"'自然'是一个本体论的范畴，有'道'的意义，把'自然'看作人的本体"④。其实，"自然"作为王弼哲学的核心概念，⑤或许是由于"自然，其端兆不可得而见也，其意趣不可得而睹也，无物可以易其言，言必有应，故曰，悠兮其贵言也"⑥的缘故，就是说"自然"概念本身的模糊性也是产生理解分歧的主要原因之一。不过仅以王弼哲学的整体性而言，"自然"的主要内涵还应该是相对固定或者说有一定范围的。

———————

然'只是自己如此。"（见胡适．《中国哲学史大纲》，团结出版社，2009：50 页。）张岱年也认为，"所谓自然都是自己如此之意"。（见张岱年．《中国古典哲学概念范畴要论》，第 80 页。）因此把《老子》的自然都归为人文的自然并不合适，就如李泽厚说："自然性并不就是'人的本性'，动物性的自然存在也并不自由，动物性的自然存在并非人的自由理想。"（见李泽厚．《中国思想史论》上，第 187 页。）再者，谭宇权把"人为"与"自然"联系在一起，本身与老子"自然"的内涵就形成一种悖论；而陈鼓应并没有明确指出在道家哲学中什么地方体现出物理之"自然"，但从他后面所说，还是指的《老子》的"自然"，不过这似乎对他而言前后也有矛盾的地方。就内涵而言，目前常见的有以下几种观点：①自然而然，相对于物来说没有外力干涉下自我存有的状态，而对人而言则是顺物性而为的动作；②事物内在的本性。即事物发展的动力，也是事物保持自我存在的特性；③事物的应然状态。其他还有一些不太为人所熟知的解释，如实然、偶然等。类似的说法还有"自然"，自成而然；"自然"，自然如此；"自然"，不加以干涉，让万物顺任自然等。（见陈鼓应．《老子注释及评价》，中华书局，1984：131 页。）

① 钱穆．《庄老通辨》，北京，三联书店，2002：363 页。
② 杨义银、赵明．《从宇宙生成论到本体论》，《西南师范大学学报》，1992，第 2 期，第 66 页。
③ 洪涛．《道家自然理路的历史演进》，《江淮论坛》，2004，第 5 期，第 78 页。
④ 宁新昌．《论魏晋玄学中的"自然"境界》，《孔子研究》，2009，第 1 期，第 59 页。
⑤ 据钱穆统计，王弼言及"自然"共二十七条。（见钱穆．《庄老通辨》，九州出版社，2011：392—395 页。）张启群列出了总计二十六章中的三十条，（见张启群．《论魏晋的自然观》，北京大学出版社，2000：38—40 页）这还不包括王弼在《周易注》及其他文献中言及的。当然，完全从数量上确认一个概念在学说中的地位似乎有些理论上的瑕疵，而我们预设"自然"为核心概念还出于对王弼哲学已有知识的整体掌握。
⑥ 《老子·十七章注》。

就概念而言，笼统地说，"自然"指的是一种"不同于'人为'而又高于'人为'的状态"。① 简单地说，"自然"就是人不涉非人为的状况，由天造就。这实际是指就物而言，"自然"预示着一种必然，② 物的存在非"人为"可以改变，或者更明白些说，万物的存在都有"自然之极则"天道的存在，这是不以人的意志为转移的客观事实；另外，物之"自然"对自我而言，是自由自在的、活生生的，因此，万物若是保持"自然"之态，应不受任何外力的限制或约束，即远离人为。

就"自然"本身的语义而言，"自"在汉语的语义中，一是表示方向、地点等的介词，一是表示反身的代词。《说文解字》中将其根源追溯到"鼻"，按王庆节的分析，在中国传统观念中，指鼻子就是指自己。③ "自然"即自己的样子，或就是指自我。

就王弼的"自然"而言，我们把它分为"道"之"自然"、物之"自然"、人之"自然"。在每一个分类中，"自然"虽都有各自不同的内涵，但总体上说，它们都没有超出"自然"概念基本的语义。

二、"道"之"自然"

关于"道"与"自然"的关系，两者之间最早直接相联系的内容见于《老子》第二十五章："人法地，地法天，天法道，道法自然。"关于此，陈鼓应比较了历代具有代表性的几家所作的注后认为，"道法自然"应理解为："'道'纯任自然，自己如此。"④ "任自然"即任"自己如

---

① 王庆节.《解释学、海德格尔与儒道今释》，北京，中国人民大学出版社，2004：243 页。
② 关于"自然"与必然的关系，戴震是这样分析的，他首先把"自然"区分为两类：一是"血气之自然"，一是"心知之自然"。他说："由血气之自然，而审察之以知其必然，是之谓理义。自然与必然，非二事也。就其自然，明之尽而无几微之失焉，是其必然也……如是而后安，是乃自然之极则。若任其自然而流于失，转丧其自然，而非自然也。故归于必然，适完其自然。"（见戴震.《孟子字义疏证》卷上，《戴震全集》，黄山书社，1995：171 页。）
③ 王庆节.《解释学、海德格尔与儒道今释》，第 145 页。
④ 陈鼓应列举的观点有河上公的"'道性'自然，无所法也"；董思靖的"'道'贯三才，其体自然而已"；吴澄的"'道'之所以大，以气自然，故'法自然'"；童书业的"所谓的'道法自然'就是说道的本质是自然的"；冯友兰的"道之作用，非有意志的，只是自然如此，故曰'人法地，地法天，天法道，道法自然。'"（见陈鼓应.《老子注释及评价》，中华书局，1984：168 页。）

此","自然"为本然的意思。陈鼓应说具有一定的合理性,但"道"之"任自然"更本质的含义应为作为人、地、天都必须遵从的"道",实际是宇宙之中万物的最高法则,是在它们自生自成运行过程中共同的运作原则,其本身的存在是自然而然的,非外力造就,也非外力所能改变的,因此说自己本来如此,自然如此。而有学人把它理解为"道即自然",这其实是对"道"和"自然"的一种曲解。"道"在此的含义是万物运作的原则,而"自然"应该被理解为"道"在万物发展中对物作用过程的描述,[①] 是"自然"成就了"道"在每一个特殊事物过程中的本然存在,因而"自然"并不是"道"的本身,这和西瓜性寒,但寒非西瓜本身是一样的道理。关于"道"与"自然"关系中的"自然"的这种内涵,在韩非的《解老》中有所体现,他说:

> 夫物有常容,因乘以导之,因随物之容。故静则建乎德,动则顺乎道……故冬耕之稼,后稷不能美也。丰年大禾,臧获不能恶也。一人之力,则后稷不足。随自然,则臧获有余。故曰:"恃万物之自然而不敢为也。"[②]

由此可以看出,韩非所说的"顺道"就是指"恃万物之自然",即万物的"自然"对于主体来说就是要"乘以导之""不敢为";"随物之容",也就是"自然"为物之"常容",而物亦是"道"之容的具体展现。因此,韩非的理解应与老子的原意是一致的,只不过他突出了"道"或"自然"的非人为性。关于这一点,现代学者叶秀山解释说,老子"道法自然"应理解为:"'道'就是'导',是顺其'自然'的事,

---

① 这也符合"自然"原始之义,正如池田知久所言:"古代汉语的"自然",在刚刚诞生时,是在文法上与'泰然''漠然'等同样的副词之一,是形容'万物''百姓'存在的样子(存在样式和运动状态)的词语。"(见池田知久.《道家思想的新研究》,第536页。)

② 《韩非子·解老》。

不仅是'人为'的事。"① 上文我们已经说过,"道"之原始之义是给不知道路或者迷路的人提供导引,这个"引"不过是顺路而行,并不需要人故意用力而为,所以"道"的"自然"就是自然而然。

总之,《老子》的"道","是自然而然,本来如此,所谓的'道法自然',不仅意味着以自身为法,而且也意味着人、地、天这三个低于道的整体都处在道的支配之下,效法的纯任自然"。②

对于"道"与"无"的关系,王弼则认为:"道不违自然,乃得其性,法自然者。在方而法方,在圆而法圆,于自然无所违。"③ "方""圆"本是具体之物的外在形式,王弼用其指代物之属性,效法"自然"即追随物之属性而行,是"圆"随"圆",是"方"随"方",这样就可保证与物的"自然"一致。由此可推断,物之属性即体现了"自然",而对于万物而言,"凡物之所以生,功之所以成,皆有所由。有所由焉,则莫不由乎道也"。④ "道"实际起到支配万物之性的作用,或者说,"道"对万物生存与发展更具有本原性,万物在生成后虽然是"自相治理",但其在运作过程中所呈现的仍然是"道"。也就是说,"道"并非在物之外而单独存在,而是渗入到万物的生存与发展之中,或者可以说,物的"自相治理",不但成就了物本身及其属性的规定,而且成就了"无为而无不为"的"道"的具体发用。由于物之属性是物之"自相治理",体现了"自然",诚如牟宗三所说:"此言道之自然义,亦可谓由'自然'规定道。"⑤ 因此王弼说:"道不违自然,乃得其性,法自然者。"同时亦说明,万物本性之开显,正是在"道"遵"自然"的条件下才得以实现。

由上可知,"道""性""自然"之间存在逻辑的相关性与一致性,

---

① 叶秀山.《中西智慧的贯通——叶秀山中国哲学文化论集》,南京,江苏人民出版社,2002:43页。

② 余敦康.《王弼何晏哲学新探》,北京,方志出版社,2007:217页。

③ 《老子·二十五章注》。

④ 《老子·五十一章注》。

⑤ 牟宗三.《才性与玄理》,长春,吉林出版集团,2010:144页。

三者任何一方的消解或变化，则直接关系到其他两者的存在，但就三者的地位而言，"道"却是根本的。无形无象的"道"作为万物之宗，不但能创生万物，而且由于其本身无所作为，无所造作，使得万物能够"自相治理"，成就其"自然"之性，因此，作为主体的物而言，"自然"只是其存在的方式，正如罗勉道所说："道与之貌，天与之形者，自然也。"①

王弼之"道"不仅成就万物，彰显万物的"自然"之性，指向万物之道，亦包含人之"道"，即人们在日用伦常中应遵循的原则。他说的"道不违自然，乃得其性"正是其"人道"思想的体现，因为，"道"本身是"无为""无作"的，不存在"道"的自身违不违的说法，只有人具有主观能动性，所以违与不违是针对人来说的，而此时之"道"不再是自然意义上的"道"，而应是人的行为原则，即"人道"。不过，人道的本质还在于自然之"道"，道理很简单，以物为对象，只有人道遵循自然之道，才可成就物的自然之性，当然以人自我为对象，同样亦可成就人的自然之性。这种通过人的行为将自然之"道"转化为人之道的现象，一方面体现出个体生命在万物之中的"自发性、自为性与自主性"②；另一方面也呈现出天地人之间相互会通的可能性，同时亦可说明，"道"与"自然"关系的复杂性。

关于王弼的"道"与"自然"关系，杨国荣说："在王弼那里，道与自然常常交替使用。"单凭这句话，我们似乎只能理解"道同自然"，否则使用何可交替？但他又说，"从重建道德本体这一视角看，道的具体内涵究竟是什么？在《论语释疑》中，王弼有一个言简意赅的说明：'故则天成化，道同自然'"。③杨国荣强调从道德本体的视角谈"道同自然"，这说明王弼的"道"同"自然"是需要一定条件的。道德本体以儒家而言应为天之道，"则天"即遵从天理，属人道，人道与天道合

---

① 罗勉道.《正统道藏·南华真经循本》，转引池田知久.《道家思想的新研究》，第589页。
② 陈鼓应.《道家的人文精神》，第93页。
③ 杨国荣.《论魏晋价值观的重建》，《学术月刊》，1993，第1期。

一，才有了"道同自然"。但这时"自然"因"道"的双重性也已经具有两层含义：一是作为人道的"自然"。"自然"成为人行为的根本或原则，即顺物性而为；二是天道的本然状态。严格地说，是排除了人为的芜杂后"天地万物的自我和自我运动的性格，以及使得它得以如此存在的根源性、法则性"的存在方式。① "根源性、法则性"的存在方式就是"道"，"道"的存在方式就是"自然"。这正如杨国荣在另外一场合说："自然有多种含义，它既被界定为与道合一的普遍的本体，又兼指与人文相对（未经人化）的本然存在或本真状态……是人道（人文）原则与自然原则的关系。"② 而其所说的"道"与"自然"的"交替使用"，笔者认为，只有在形而上的生成、运动发展着的法则性的"道"同时贯穿着人与万物才能如此之说，与"道"相比较，作为"道"的存在方式，"自然"比"道"的语汇抽象程度更高，所以更具有一般性和普遍性，它可以在更多的语境中表达更宽泛的意义。我们下面要论述的物之"自然"与人之"自然"可证明这一点。

三、物之"自然"

就物而言，"自然"首先指"内在于这些事物中，使得它们像它们表现的那样表现的某种东西"。③ 或者称为如其所表现的那样原则，成为物存在的特有属性。王弼在对"有无相生，难易相成……"作注时说："此六者皆陈自然不可偏举之明数也。"④ "有无""难易"等虽然是针对人而言的，但它们这些特性并不是人为造成的，而是存在于事物本身，自己如此，自然而然的。这种"自然"王弼在其他地方也曾提到过，如他说："天地之中，荡然任自然，故不可得而穷，犹若橐钥也。"⑤ "橐，

---

① 沟口熊三.《中国的思维世界》，第 132 页。

② 杨国荣.《思与所思——哲学的历史与历史中的哲学》，北京师范大学出版社，2006：155 页。

③ 沟口熊三.《中国的思维世界》，第 134 页。

④ 《老子·二章注》。

⑤ 《老子·五章注》。

排橐也。钥，乐钥也。橐钥之中，空洞无情，无为故虚。"① 橐、钥之所以"屈动而不可竭尽"，就是因为内部是空的，无任何阻挡，天地之间的"荡然"，即与空相似，它如同一巨大的容器，物在其内，所在不会受到任何阻碍或压制，天地任物自然而然；同样的观点王弼在《老子·十五章注》中亦有所表达，他说："言自然之气，致至柔之和，能若婴儿之无所欲乎？"人的"自然之气"，不是刻意的而是人本身自然而然存在的"气"（这里的"气"非物质性的气，而是指精神方面的），如果能达到"至柔"的程度，则成人也可若婴儿一样无现实社会的七情六欲。可见，物的这种"自然"实际隐含了人自身本然的条理性或秩序性。

"自然"的第二层含义指物的潜在功能或能力，是物先天的属性。他说："不学而能者，自然也。"② 不学而具有的"能"当属物之本身，这种"能"实际乃人天生如此，非后天习成，即"自然"。在《老子·二十八章注》中，这种本然或天然之义就更加清晰地表达出来，王弼说："婴儿不用智，而合自然之智。""婴儿"的特征是什么呢？与成人相比，其最突出的特征是没有经过任何社会化的沾染，因此，他象征着人性的初始与本来面目，最近于"道"，因为"道法自然"，婴儿又"合自然之智"，所以婴儿的人性既合于"道"，又体现出"自然"的特征。由此而推，"自然"即是表现于万物非社会性的先天本质。

"自然"的第三层含义指"自我"存在，即事物的具体存在。王弼说："万物以自然为性，可因而不可为也，可通而不可执也。"③ 万物虽皆由"道"而生，但却"自相治理"，因此，物当以自我成就自己的属

① 《老子·五章注》。
② 《老子·六十四章注》。
③ 《老子·二十九章注》。

性，"自然"指的就是物自我。[1] 正因为万物以自我为性，作为主体人的态度对作为客体的物才应"可因而不可为，可通而不可执也"。否则"为着败之，执着失之"。

"自然"针对物的三层含义是从不同视域而得出的，自然而然指的是物的生化状态，本然是对物的自身本质的强调，而"自然"的自我之义则突出物的具体存在。不过，三者又不是相互孤立而是相互联系的，万物的自然而然是本然性的必然，而本然以自然而然得以保证与外显，万物的自我具体存在正是物的本然自然而然的结果。总之，"自然"概念是对万物的存在自己如此、本然如此、自然而然如此、实然如此的一种形而上的描述，也是万物生化过程中成就自我的必然条件。

四、人之"自然"

就物质性存在而言，人与其他万物一起，构成自然界的一部分，因此亦应同样具有万物上述的一切"自然"的属性。例如王弼说："夫耳、目、口、心，不以顺性命，反以伤自然，故曰盲、聋、爽、狂也。"[2] "自然"这里指的是人的生理上的本然，"性命"就是人本来就有的，即"自然"。"盲、聋、爽、狂"是因违反人的本然之性而使机体的功能失去其功能后的结果。再如，王弼曾有言："圣人达自然之性，畅万物之情，故因而不施，顺而不为。"[3] 这里的"自然之性"当然是指人的"自然"之性，而且指与物同样的天然之性。当然，人毕竟不同于物，还具有自我的独特之性，从王弼的思想看，它所表现在对于人与"自然"关系的看法更多的是从实践或价值层面而非是从认知的角度而言的。

---

① 沟口熊三说："作为语法，'自然'的副词性用法，其实'自'（原本）一个字就可以表达，甚至不需要制造'自然'这两个字。"他还说："从原初开始自与然的结合就并不怎么坚固。因此，追问诸如自然二字中的'然'字是否被强调，还是如同悠然中的'然'字那样仅仅是语尾词，抑或追问'自'与'然'这两个字哪个是意义上的重点等问题，恐怕没有太大的意义。"（见沟口熊三．《中国的思维世界》，第135页。）

② 《老子·十二章注》。

③ 《老子·二十九章注》。

从人自身之性上看，王弼说：

美者，人心之所乐进也；恶者，人心之所恶疾也。美恶，犹喜怒也；善不善，犹是非也。喜怒同根，是非同门，故不可得偏举也，此六者皆陈自然，不可偏举之明数也。[①]

"美恶""善不善""是非"，之所以被王弼赋予这"六者皆陈自然"，是因为它们皆由人的本然之心发出，即从心之"根""门"发出，因此属于人的一种自然而然的本性。王弼这样说是有他的根据的，《孟子·告子》说："恻隐之心，人皆有之；羞恶之心，人皆有之；恭敬之心，人皆有之；是非之心，人皆有之；……非由外铄也，我固有之也。"在孟子看来，人的"羞恶""是非"皆是人心所固有的本性，王弼不过是变一种说法而已；从人与外界的联系看，王弼将人的"自然"存在与社会的荣辱联系起来，认为若是摒弃了外在的荣辱，社会之人就可回归"自然"之人。他在《老子·十三章》中对"何谓贵大患若身"是解释的："大患，荣宠之属也。生之厚，必入死之地，故谓之大患也。人迷之于荣宠，返之于身，故曰大患若身也。"对"吾所以有大患者，为吾有身"的解释是"由有其身也"，正因为"有其身"，老子才说："及吾无身，吾有何患！"而王弼的观点是："及吾无身，归之自然也。"[②] 也就是将荣辱抛掷于身外，人不但没有了危险，而且回归到人之"自然"之境，"自然"即"本然"；从人对他者的态度看，人之"自然"则体现为天然之理，王弼说："我之教人，非强使（人）从之也，而用夫自然。"[③]"强使"即人的"造"或"施"使他者服从，"用夫自然"意指用天理使人服。对这一点，王弼有直接的表达，他说："举其至理，顺之必吉，违之必凶。"另外，在人与他者发生联系时，往往在保持自我"自然"

---

① 《老子·二章注》。
② 《老子·十三章注》。
③ 《老子·四十二章注》。

的同时，才能体现尊重他者"自然"，王弼说："顺自然而行，不造不施，故物得至而无辙迹也，顺物之性，不别不析，故无瑕谪可得其门也。"① "不造不施"，人之"自然"；"物之性"，物之"自然"的体现，"顺物之性"当是遵物之"自然"了。

总体看来，从物质性的存在而言，王弼的"自然"概念作为万物包括人的存在方式，既反映了它们的本然，又体现出作为个体非外力作用下独立存在的动态过程，以及万物的具体存在，是自然界中人、物共存的整体性自在状态；从人精神性的存在看，物能否"自然"存在以及以何种方式呈现往往受到人的支配或决定，也就是取决于人心，人心之"自然"就是人的"自然"，不仅是对他物、他人，对自身也是如此。不过，王弼的"自然"不论指人还是指物都不是静态的，而是动态的，特别在表达物的本然时更为明显。因为，物的本然事实上是在不断变化的，换句话说，王弼顺物之性顺的是现在具体之物的自然性，而不是物的原初之性。同样，人之自然性在时空的不断变换下亦非一成不变。所以，"自然"常常是作为万物当下存在的描述性动态词，而不是作为静止性宾词出现的，这样"自然"就不再是原初的必然，而是一种开放性、具体人与物的当然。与王弼不同的是，老子认为，原始的"自然"是最理想的存在状态，但人在其存在的过程中不断打破这个原则，偏离这个状态，这是造成社会纷乱的根本所在，由此他提出返回原始时代的呼声。可见，老子强调的"自然"应是自然万物与人类社会的原初状态所具有的，这与王弼的"自然"的性质并不相同。老子的理论看到了"自然"的失衡、无序及被破坏，却忽略了作为"自然"主体的自然界和人类社会都是在不断变化、进步的过程，因而他对"自然"本身的理解是停滞的、静止的，王弼却恰恰注意到了这一点。虽然其"自然"理论也有缺陷或消极的一面，但与老子相比较，显然是"青出于蓝而胜于蓝"。

---

① 《老子·四十七章注》。

第二节 从“无”到“自然”的哲学基础

王弼之学，虽以“有无之辩”展开，却以“自然”为终止，但尼采说：“单个的哲学概念并不是某种任意地和独立不羁地发展着的东西，相反，它们是相互联系地发展的。”① 对整个哲学尚且如此，那么对一具体哲学更应如此。从根本上说，王弼正是通过对“无”和“有”的推演，试图还原万物和人的“自然”存在方式，使万物与人呈现出其自身应有的存在原则及发展特征，外用来修正社会的政治制度与道德伦理规范，内用来修炼个体的人性品德，使得人的思想意识能与天地万物之性保持一致，做到“德应于天，则行不失时”。② 虽然，与老子一样，王弼对自然万物的本原总是用“玄”“幽冥”“玄之又玄”“吾不知其所以然”“不可名状”等众多的模糊概念或言语指代，还不能够完全说清楚万物及人何来何去，不能给予较为科学的描述或名称，但这些对王弼来说都不重要，重要的是他如何利用已有的概念或范畴展开其学说的逻辑理路以达到其目的。较为具体地说，就是王弼是如何实现从“有无之辩”到“自然”或者说从物道向人道转化的。③ 通过上文对“有无之辩”与“自然”的分析，实际已发现两者之间的逻辑关系及理论根据，下面我们对两者之间的联系作一总结。

一、“道”之“无”与“自然”的关系

王弼说：“道以无形无名始成万物”，且“凡有皆始于无，故未形无名之时，则为万物之始。”因此，就“道”体而言，“无”为“道”之外

---

① ［德］尼采著，戚仁译.《上帝死了》，上海，三联书店，1997：34 页。

② 楼宇烈.《王弼集校释》，第 626 页。

③ 黑格尔说：“在哲学知识的进程中，我们不但必须按照其概念规定来说明对象，还必须指出与它相应的经验的现象，必须指明现象事实上与其概念相一致。”（见［英］斯蒂芬·霍尔盖特著，丁三东译.《黑格尔导论——自由、真理和历史》，人民出版社，2013：198 页。）

在形式，"道"为"无"的具体内容。"道"之所以可以作为万物之宗，首先在于它绝对是先天存在，否则不能称"始成万物"；其次就"道"的形式而言，相对于万物的具体，"无"在形式上没有了任何的规定，正是有了无规定性的规定，"道"才能真正成为形式万千的物的总体，才能够"在方而法方，在圆而法圆"，也正是"道"的形式"无"可以适应任何一种形，才成就了"道"与"自然无所违"。由此可以看出，"道法自然"的根本在于"道"的形式的"无"。

就"道"的性质而言，由于"凡物之所以生，功之所以成，皆有所由，有所由焉，则莫不由乎道也"。[①] "道"已经不仅仅作为创生意义，同时还作为万物在成长过程中开显的原则，这种原则是不以人的意志为转移的必然，也是一种"自然"。[②] 而体现这种必然或"自然"的正是"道"之"无"的特性："道者，无之称也，无不通也，无不由也，况之曰道。寂然无体，不可为象。""道"，"无体""无象"才能存在于万物之中，并且贯穿于物的整个成长过程，即"无不通也，无不由也"，这是不以任何意志为转移的客观事实，证明了"道"之存在的必然性，而任何物的存在遵循一定的原则或规律也是自然而然的，否则这世界是很难想象的。

就"道"的用而言，"道"常"为而不恃、长而不宰""无为无造"，因此，对待物是"因物之性，不执平以割物"。[③] 顺物性，对"道"而言，体现了其不为或无为；对物而言，则是保持了其"自然"，亦可称之为本然。这实际验证了王弼所说的："道不违自然，乃得其性，法自

---

① 《老子·五十一章注》。

② 章启群说，王弼的"自然"概念"具有一种规律和法则的内涵，体现了一种必然，又表现在偶然中"。（见张启群.《论魏晋自然观》，第11—12页）笔者认为，章启群说的是有道理的。从"自然"概念针对物的内涵看，物的本然是天地所造就，体现其存在的必然性，而物是此物而非另一物，或物以这种而非其他种形式出现也是自然而然的，体现其存在的偶然性。不过似乎这里的必然与"自然"还不能画等号，因为"自然"是以"道"的必然性为前提的，没有了"道"的必然性，就没有物，就没有物的"自然"展现。关于"自然"与"必然"的关系，前文我们已经提到戴震的观点，可以与今人的理解相互印证。

③ 《老子·四十一章注》。

然也。"从这个意义上也可以讲"道同自然"。但实际上"自然"只是"道"之"无"作用下在物上的一种现象的呈现或对物存在状态的一种描述,"自然"的存在既与物之本性紧紧相连,又以"道"的功能性的"无"为基础,失去了"道"之"无"的作用,不但没有了"自然"的显现,物作为独立个体的存在恐怕也难以实现。

由上可见,作为"道"之属性的"无",不论是"道"之存在形式、"道"之本质还是"道"之功用,它在"道"与"自然"的联系方面都发挥着基础性的作用。而"无"在物上的作用并非相互分离各自独立的,而是以"道"为节点编织在整体之网中,与"道"共同"主宰"着与"自然"的各种关系:"道"以"无"的形式成为万物之宗,创生具体万物,同时也成就万物之本性,而且万物一旦生成,"道"又因"无"的特性("无不通也,无不由也")存在于物的内部,成为物的"自然"本性保持自我存在的原则;而在物发展的过程中,"道"充分利用了"无恃""无造""无为"的功能,赋予物在这个过程最纯粹、简单的如其所是的外在形式,这种形式就是"自然"。不过,在"无""道""自然"三者之间,"自然"也不是完全被动的,它不但使万物之"道"的开显得以保障,又是"道"之"无"自身本质及其功用的再现,没有了"道"之"无"为基础,"自然"不会存在,而没有了"自然"的存在形式,"道"之"无"的特征及功能亦无所归依,而正是"自然"的存在,才使得逻辑上凝成物之内在本性"道"的存在。

最后一点需要指出的是,虽然表面上看,"无"是"自然"在现实中存在的基础,但"无"是"道"之"无","无"对"自然"存在的任何基础性作用都离不开"道"的主体,"道"实际上成为王弼从"无"到"自然"的关键所在,没有了"道"的存在,王弼的哲学就如天河把牛郎和织女分割成两半,无法形成从"无"到"自然"的完整统一的学说体系。

二、物之 "无" 与 "自然" 的关系

上文已明："物" 之 "自然" 包括三面指向：首先，由天道创生的具体之物在其本身表现出的某种东西，能够成为具体之物的特有属性，王弼称之为存在的 "自然"，或物本然的存在；其次，物本身具有的某种功能也认为是 "自然" 的；最后，指物的具体存在，这里不是指物的原始本身，而是物的 "此在"。① 具体之物之所以能够存在，是因为 "此在" 就具体之物而言是 "自然" 的，否则物就没有现在的存在。

物之 "无" 亦包含三方面的意义：一是作为万物的生成与 "消失"，"无" 是物 "始" "终" 的存在形式；二是作为物的本然属性，"无" 是成就该物而非他物的前提条件；三是 "无" 作为具体之物的外部之 "场"。

那么，物之 "无" 与物之 "自然" 两者之间，会发生怎样的联系呢？

万物皆由 "道" 而生成，"道" 不但以无形无象创生万物，而且凭借其 "无不通，无不由" 的特性渗入物之内，成为物的本然属性。由于 "道" 在物中 "生而不有，为而不恃"，"无为" "无造"，万物实际是 "自相治理"，因此可以说物自己成就了自我的样子，自己如此，即 "自然"。可见，万物从 "无" 到 "有"，从绝对的必然转化为客观的 "自然" 的过程，"道" 是关键和基础，而 "无" 却发挥着实际的功能和效用。

具体之物本身也离不开 "无"。从物的内容构成上讲，具体之物要保持自己是该物而非他物，必须排除任何外在的东西对物的增加或减少，否则轻者使得该物本然之性受到损害，重者则会彻底改变物的本然

---

① "此在" 本是海德格尔哲学中的专有术语，张汝伦给予它的解释是："此在是关系，既是人与存在的关系，也是存在者与存在的关系。"（见张汝伦.《〈存在与时间〉释义》第一卷，上海人民出版社，2012：20 页。）我们在此引用，主要是想重点强调存在者与存在之间的区别，以引起重视。

之性，物就不可能是"自然"的存在。就如王弼说："夫燕雀有匹，鸠鸽有仇，寒乡之民，必知旃裘，自然已足，益之则忧。故续凫之足，何异截鹤之颈，畏誉而进，何异畏刑。"① 所谓的"自然已足，益之则忧""续凫之足，何异截鹤之颈"皆可表明，物的"自然"之性或"自然"之物的保持与实现，既不能对物增加什么，也不能减少什么，实际上是说，具体"自然"之物的存在与"无"无法分离；从物的功用上看，物之"自然"本性亦须以"无"的存在为前提。王弼有例可证："埏埴以为器，当其无，有器之用。凿户牖以为室，当其无，有室之用。"首先，从物的本身构成看，"器"和"室"之所以能够为"器"和"室"，就是有了"无"，否则，"器"只是"埏埴"，而"室"也只能是"户牖"了；再者，就"器"和"室"的概念内涵与客观实践相符的要求看，没有了"无"，则"器"和"室"就难以存在自我之名所应承担的用途，"器"和"室"也就不能有此之称了。综上所见，物在已经成为"自然"之物时，仍然与"无"紧密相连。

物的存在总是在一定时空内的存在，很难想象没有时空的具体之物。对于具体之物而言，由于物由"道"创生后"自相治理"，因此自然界之物的存在就是本然的、"自然"的存在，这时物存在的"场"即时空与物之间保持着和谐一致的关系，或者说对物的存在表现出"无为"，所以实际上这时的"场"相对于物而言应看作"无"。"无"不是真正的没有，从本质上说，是"场"对具体之物的存在本性没有产生根本性的影响而指"场"之功用的"无"。就如张汝伦所言："就存在不是存在者而言，它是'无'。"② 由此可见，场之"无"也是保障具体之物"自然"之性必不可少的因素。不过，这只是把具体之物作单独的分析，事实是，任何具体之物的存在在整个宇宙中都不是单独的，而是与他者共存的，是在相互联系、相互影响下自然而然的存在，而不一定是本然

---

① 《老子·二十章注》。
② 张汝伦．《〈存在与时间〉释义》第一卷，第 20 页。

的存在，所以在实践中，我们把这种"自然"的存在称为"此在"（关于"此在"的含义，可参照上文所作的解释）。需要特别指出的是，"自然"之物的"此在"之所以能够存在，是在它们之间相互"尊重"、相互利用、相互影响、和谐统一在天地之下才得以实现的，而能在此中破坏这个平衡或者说对他者"自然"存在起到威胁作用的人是主要的因素，因为人在天地之中，具有任何他物无可比拟的主观能动性。下文说的"自然"的实现主要就是针对人而言的。

三、人之"无"与"自然"的关系

人与"自然"的关系，既有人生理个体的"自然"，它涵盖了天地万物所有的"自然"性，又具有人独自拥有的精神上的"自然"性。对人而言，后者更为重要，并且所关系到的"自然"往往从实践的层面谈起。

从精神"自然"所涵盖的内容看，第一方面是人们在日用伦常中所遵循的伦理道德常被看作如人的生理机体一样，皆属人之本然所有，并非为后天主观的努力获得。例如儒家所说的仁、义、孝、慈等伦理道德，不但被先秦儒家孟子等人看作人之本性的固有，也被王弼归入人的"自然"之列。它们的存在不需要人主观的努力，只要发现本性之心就可以做到。第二方面，他所说的人本身之"自然"，也是一种精神的"自然"，因为从荣辱之身或社会之身回归到人的"自然"之身，是通过心无"荣辱"而实现的。第三方面是人要以"自然"而非"强使"对待他者，"强使"当然是人主观意识的作用。以上"自然"的三个方面虽有所不同，但却统一由人的精神（心）来掌控，亦需心之保障，因此人之"自然"的关键在于人心，因为"心术之动，然后从之者也"。① 而且从前两方面看，人之"自然"的开显与人内心的虚无状态是一致的。道理很简单，第一方面的"自然"是在人之心"静"下就可得到的，王弼

---

① 《庄子·天道》。

所说的"人生而静,天之性也","静则全物之真"。心如何"静"? 只有内心无所欲望,保持虚无,心"无"则无所杂念,自然会静下来。第二方面的"自然"的彰显与人之"无"关系更为直接,摒弃外在的一切意识,只剩下本然本心,人当然会回归人之本然。至于第三方面的非强迫之性,对于他者,人是否存在强迫,关键看是否能够遵"道"而行,人如何才能遵"道",内心须存"道",存"道"则不容私,所以严格起来讲,人的内心的"无私"既成就了他人的"自然",亦成就了自我的"自然"。

总之,在王弼看来,人的"自然"与"无"的关系,除自身与万物具有相同的关系外,在本质上是心之"无"与"自然"的关系,对人自我而言,如张湛所说:

> 夫虚静之理,非心虑之表,形骸之外;求而得之,即我之性,内安诸己,则自然真全。故物所以全者,皆由虚静,故得其安;所以败者,皆由动求,故失其所处。[①]

对他者而言,心"无"与"自然"的关系如庄子所说:"游心于淡,合气于漠,顺物自然而无容私焉。"[②]

第三节 "自然"的实现

一、物之"自然"的实现——无为而为

长期以来,学术界通常把道家的"自然"与"道"更多地联系在一

---

① 《列子集释·天瑞注》。
② 《庄子·应帝王》。

起，认为"自然"是用来解释"道"或者描述"道"的，这样的观点最早见于汉代河上公对老子"道法自然"的解释："道性自然，无所法也。"① 元代吴澄注解的是："道之所以大，以其自然，故曰法自然。非道之外，别有自然也。"② 现代学者对之的理解也如古人，认为"法自然"就是"道""本来如此""自本自根、自己如此之义"。除了我们上文提到过的哲学家冯友兰、张岱年、陈鼓应等，持相似观点的还有许抗生、童书业等。③ 我们暂且不考虑"自然"是不是指"道""自己如此，无所效法"的含义，我们首先要弄清楚"自然"是不是仅指"道"的"自然"。

老子说："以辅万物之自然，而不敢为。"④ 庄子说："顺万物自然而不容私也。"⑤ 东汉哲学家王充说："天动不欲生物，而物自生，此则自然也。"⑥ 而王弼则说："圣人达自然之性，畅万物之情。"⑦ 由此不难看出，不论是先秦的老子、庄子还是汉代的王充，直至本书讨论的王弼，都认为"自然"是万物的"自然"，而不是"道"的"自然"。

通过上文我们知道，物之"自然"可以指向物具体的某一方面，也可以指物之全体。而王弼所说"万物以自然为性"指什么呢？

由于万物是"自相治理"，虽然我们不知道物究竟是怎样的一个"自相治理"，但是把"自然"之性中的"自然"解释为"自己如此""本然如此""自然而然"，与"自相治理"在逻辑上保持一致性应该是没有问题的。⑧ 可见万物的"自然"之性是自我形成，是自我如此，因

---

① 《道德经集释·河上公章句·象元》，第 36 页。
② 吴澄.《道德真经注》，上海，华东师范大学出版社，2010：35 页。
③ 参见许抗生的《帛书老子注译及研究》，杭州，浙江人民出版社，1985：114 页；童书业的《先秦七子思想研究》，济南，齐鲁书社，1982：113 页。
④ 《老子·六十四章》。
⑤ 《庄子·应帝王》。
⑥ 王充.《论衡·自然》。
⑦ 《老子·二十九章注》。
⑧ 王弼在解释"自然"概念的时候，称"自然"为"无称之言，穷极之辞"，或许对"自相治理"而产生的物之性无法阐述所得出的。张岱年先生对"自然"的解释与王弼的类似，但又稍有区别，他说："人们在探求事物的原因，问来问去，达到无可再问，最后只得说是他自己如此。"（见张岱年.《中国古典哲学范畴要论》，第 81 页。）

此"自然"之性就是指物的自身存在。

既然万物本身的存在就是"自然"的，我们这一节的题目却是"物之'自然'的实现"，显然不是说物自我的实现，而是与物相连的他者（主要指人）以何种条件或者采取何种方式保持万物的"自然"之性。

前文我们已经说过，物的"自然"之性是以物之"无"的三个层面为基础的，因此，必须将物之"无"转化为人之"无"才可真正保持物的"自然"之性。具体说来就要求人"无为""无持"以保证物的"自相治理"；对物之构成本身"无增无减"，保持物的完整性；对"道"的存在之场保持"无"，以免影响或破坏物的发展。一句话，对万物必须"可因而不可为也，可通而不可执也。物有常性，而造为之，故必败也。"① 那就是顺物之性，无为而有为。

所谓的"顺物之性"，要求不以个人意志对待物，没有了个人主观欲望的行为，对自己而言，当然属于无为，但对物来说并不是不作为，顺物而为也是一种为，就如汤用彤所言："王弼所谓的无为，为 natural，对人伪言。"②

二、人之"自然"的实现——及无吾身，为无为

杨国荣说："哲学并不仅仅是对存在及其本质的抽象思辨，而是始终与人自身实现或敞开存在本质（达到'存在之存在'）的过程相联系。"③"自然"概念就其对物而言，正如上文所述，不过是宇宙万物生成与存在形式的本质抽象，而如果使得这种本质的内容具体化，则必须借助人的存在及其具体的实践过程才可得以彰显，这在"物之'自然'的实现"一节中已经得到证明。但为什么是人而不是他物去完成这个任务呢？"道"生天地万物，而在天地万物之中，人是最贵的："天生万

---

① 《老子·二十九章注》。
② 汤用彤.《魏晋玄学论稿》，北京，三联书店，2009：141 页。
③ 杨国荣.《哲学的视域》，第 4 页。

物,唯人为贵".①《黄帝内经》中也说:"天覆地载,万物悉备,莫贵于人。"② 如果说前人对人地位的高扬还处在表面,王弼则从人的内在本性进行比较,他说"天地之性,人为贵。"③ 人性之贵,贵在人能够发挥他的精神与思想的生命动力,或者说个体生命之中人所独有的品质或能力。正如后来向秀所说:"夫人受形于造化,与万物并存,有生之最灵者也。"④ "灵"即表现出人独有的能动性,也是人"贵"于物的根本,但人性之贵不仅仅是为了彰显人在万物之中的优越或尊贵地位,更主要的在于它是人实现社会价值与自我价值的根本和前提,可以说,人以"自然"状态的存在是人存在的最高境界,因此如何发挥人性之贵,充分利用人性之"自然",高扬人性"自然"中思想与精神的活力和动力,成为实现人生目标和理想并为之奋斗的重要途径。

在魏晋之前的古代社会,人们的心中就存在着天、地、人合一的整体观,⑤ 天、地、人皆由"道"生、"道"成。而《中庸》中说:"天命之谓性,率性之谓道。"所以《周易》中说:"成性存存,道义之门。"⑥反之,遵"道"即遵"性",因此,人欲实现人的"自然"之性,也必须尊重他者之性,即如安乐哲所说,必须以"尊重自身与那些将我们情

---

① 《列子·天瑞篇》。
② 《黄帝内经·素问·保命全形论》。
③ 从老子的物、道关系看,天地是包括在物之内的。(见《老子·二十五章》)庄子也表达了同样的思想:"天地与我并生,万物与我为一。"(《庄子·齐物论》)虽然这里庄子重点在人的精神所能达到的境界,但天地与万物的关系亦在这里清楚地显露出来,而对于王弼来说,正如上文所言,道创生万物,从"无"到"有",在"有"中,以"全"的角度看,天地与万物皆从属于"有";从"类"的角度看,天地与万物并不能等同,事实上是先有天地,后有万物,或者说天地生万物。如果就后者而言,我们就可知道,天地之性包括人性在内,他说的"天地之性,人为贵"就存在这种包含的关系。关于"全"与"类"的概念,可参见冯友兰《三松堂全集》第四卷,河南人民出版社,2001;21—29页。
④ 《黄门郎向子期难养生论》,《鲁迅辑录古籍丛编》第四卷,北京,人民文学出版社,1996;50页。
⑤ 试举两例。荀子说:"天有其时,地有其才,人有其治。"(《荀子·天伦》)董仲舒在《春秋繁露·立元神》中说:"天生之,地养之,人成之。天生之以孝悌,地养之以衣食,人成之以礼乐。三者相为手足,合一成体,不可一无也。"
⑥ 《周易·系辞上》。

境化事物之间所形成的整体性，并与他们共同建立了没有摩擦的均衡"为原则。① 也就是说，人成就我之"自然"的同时，亦成就了他者之"自然"②，即先成就自我之性，才能成就他者之性。不过，如果从先后秩序来看，必然先成就人之性，才能成就物之性，如《中庸》所言："能尽人之性，则能尽物之性；能尽物之性，则可以赞天地之化育；可以赞天地之化育，则可以与天地参矣。"如何尽人之性？"唯天下至诚，为能尽其性；能尽其性，则能尽人之性。"③ 它的根本道理在于"诚者天之道也；思诚者，人之道也。"④ 可见"思诚"不仅是人遵道的途径，也成就天地、人、物之性的前提，也就是只有通过"思诚"的方式，才能彰显天、地、人之道。那么什么是"诚"呢？"诚者，物之终始，不诚无物。诚者非自成自己而已也，所以成物也……性之德也，合外内之道也。"⑤ "诚"，以伊藤仁斋所说："是圣人的真实无伪、无人工痕迹，犹如天道自然流转一般，所以说是'天之道'。"⑥ 由此可以看出，"诚"即天道，但称之为"诚"主要是针对他者而言。"诚者非自成自己而成物"，无疑是说个体之心必不得有私心或欲望，才能成就他物，而言"诚者天之道"，恰恰借人之口说明"天道"本性的无私，因此人们在践行"天道"时，自然要"思诚"了。而这种"思诚"的结果是人们能够自觉地对待他者与自我，"成己""成物"，最终合内外之道。王弼的思

---

① ［美］安乐哲，郝大维.《道不远人——比较视域中的〈老子〉》，北京，学苑出版社，2004：48 页。

② 陈赟先生说，就"天地而言，我们可以说'生之谓性'，就人而论，则是'成之者性也。'"（见陈赟.《中庸的思想》，第 225 页。）"性"与"自然"属物之同一性质。不论是人还是物，本身就"自然"如此，无所谓"自然"，或者说"自然"就是他们自己。但对人而言，他者的"自然"存在或者说所以成性的任务就必然是有人来承担，因为人是最活跃的因素。

③ 《中庸·二十二章》。

④ 《孟子·离娄上》。

⑤ 《中庸·二十五章》。

⑥ ［日］沟口熊三著，刁榴译.《中国的思维世界》，第 165 页。朱熹对诚的解释是："'诚之为义，其详可得而闻乎？'曰：'难言也。姑以其名义言之，则真实无妄之云也，若事理之得此名，则亦随其所指大小而皆有取乎真实无妄之意耳。'盖以自然之理言之，则天地之间惟天理为至实而无妄，故天理得成而名。"（见朱熹.《四书或问》卷四.《朱子全书》第六册，第 591 页。）

想显然亦是承此而来并有所发展。

王弼说："夫耳目口心，皆顺其性也，不以顺性命，反以伤自然。"①他的这句话包含了正反两个方面的意义：一是顺。由于"性"与"自然"在本质上是一致的，"顺性"则实现物之"自然"；二是不顺。不顺则伤"自然"。如何才能顺"自然"呢？他说："顺自然而行，不造不施。"② 又说："顺物之性，不别不析，辅万物之自然而不为施。""顺性"与"顺自然"的结果一样，"不造不施""不为施"，而"不造不施"的根本则在于"耳目口心"顺其性，但在古人看来只有心才具有思考和意识的能力，即只有心能够对人发出指令，人才能有相应的行为，因此，"耳目口心"顺性实际指心之"顺性"。

心之"顺性"分两个对象：一是他物或他人，二是自我。对于前者，人"顺物之性"，实现物之"自然"，要求人"无为而有为"；而后者，以自我为对象，"顺性"就是顺自性。这样，做到保持自我的本然，也就是实现了人之"自然"，因为"自然"就是人自己本然如此。对个体的"自然"来说，人的行为必须是从人之内在本性中发出的，这种行为在许多情况下是人在潜意识下不自觉地发出的，没有个人的主观故意或外在环境的影响因素在里面，就如人在饥时寻食、寒时寻衣等反应，因此人这种"自然"而为实际上无有可为之而为，即为无为。

怎样才能做到这一点？当然仍须从心开始。前文已说，心是（思想意识）人行动的指导者，只有心处在其"自然"本性状态，发出的指令所指导的行为才是本然的行为，即顺性而为。质言之，心本性的状态是"虚无"，因此人心只要处在虚无静笃的状态下，人之"自然"当可实现。

与人之"自然"实现稍有不同的是，物之"自然"的实现之心"无"，只要求人心保证"无私""无欲"，但并不是没有了意识，更不是

① 《老子·十二章注》。
② 《老子·二十七章注》。

意识不到自我的存在。但人之"自然"的实现却非仅仅如此，它是在实现物之"自然"的基础上达到更高的心理状态，那就是心的"虚无"，就如王弼所说的"及无吾身，归之自然也"。[①]"无吾身"当然不是说肉体的消失，而是主观上没有了自我思想意识的本身。法国哲学家笛卡儿说："我思故我在。"[②]我在思考时，我才存在，停止了思考，我的存在则失去了根据。笛卡儿的原意是想表达世界的一切都可以怀疑，唯有我在思考是真实存在的。从反向思考，如果没有了人的身（存在），那么意识也失去了存在的根据，因此，王弼的"及无吾身"显然是说，如果人心没有了主观意识意识到自我，成了"虚空"，才能称之"及无吾身"，这时人就可以回归人之"自然"，而由此心产生的"为无为"是没有意识指引的依人之本性而发出的行为，并不是日常生活中说不需要任何作为、没有任何行动的无为。

但常人都知道，这只不过是王弼理想中人之存在的最高境界，而在现实社会中，不用说个体的自身，生活实践也难给予其实现的条件。不过，这并不是说王弼的"自然"理论只是一种理论，甚至是一种空想而毫无实践意义，这样就把王弼"自然"概念的理解狭隘化、片面化了。物之"自然"的实现并不排斥人的思想意识，只是要求面对外在的影响人心要保持"无私""无欲"，[③]因此，它在社会中的积极意义是显而易见的：人之"自然"的实现要求人心的"虚无""静笃"，对提高个体的

---

① 《老子·十三章注》。

② 笛卡儿是这样说的："I am, I exist, is necessarily true whenever it is put forward by me or conceived in my mind". 翻译过来就是："我是、我存在——这一命题，无论我在什么时候提出它或在心里思考它，它都必然是真的。"（见笛卡儿.《第一哲学沉思集》，九州出版社，2007：43 页。）

③ 刘笑敢对她有相关看法。"自然"未必是排斥一切外力的作用和影响，任何存在都不可能不受外力的作用，只是排斥外在的强力或者直接的干涉。"自然"强调的自然的、自己如此并不是绝对的，它衡量的标准是外力的存在与作用不能影响到"生存个体或行动主体的存在与发展的动因的内在性"。所谓纯粹的自然状态，即受外力作用为零的存在是没有的，也是不可能的。（见刘笑敢.《老子古今》，中国社会科学出版社，2006：238 页）笔者认为，刘笑敢所言极是。对物来说，只要外力作用不至于影响到其存在的本性，就可以称之为存在的状态保持"自然"；对人而言，人作为具有主观能动性的存在，其行为是出于"成己""成物"的内在的动因，也应认为是"自然"的。

修养，实现个体的人格理想，甚至延年益寿都不无裨益。其实，王弼人之"自然"是精神之"自然"或心之"自然"，而"自然"的实现是一个修养过程，"无私无欲"是这种修养过程中存在的一个必然阶段。如果能够看到上述这一点，就不会再认为王弼哲学是一种消极的、远离尘世的无用之学了。

第四节　"自然"在实践中的双重向度

王弼在《老子指略》里这样写道："论太始之原以明自然之性，演幽冥之极以定惑罔之迷。因而不为，损而不施；崇本而息末，守母以存子；贱夫巧术，为在未有；无责于人，必求诸己，此其大要也。"① 此段与其说是王弼对老子哲学的一种概括，不如说是自己学术理论的总体思路："论太始之原"是对天地万物本原的追溯，从中把握其本然之性，通过对本原之"道"作用的分析以判断当下社会的"惑罔"之因，而最终给予解决"惑罔"的方法是，以万物的"自然"为本，以平息世间的"惑罔"。其具体做法是一切皆须从人自身做起，顺物之性，无为而为。可见，王弼"明自然之性"非纯为自然万物之"自然"，而是借万物之"自然"消弭人世间的"惑罔"，这才是其最终的价值取向。

一、"自然"——"无为"与君主的治世

在中国古代政治思想史上，人们总是把治世之方与天联系起来。最早认为天是宇宙间一切的主宰，是百神之大君，它不但管理着天上的各种神灵，而且决定着人世间的一切。对此即使如不信神的孔子也发出了"巍巍乎！唯天为大"的感叹，以为天是至高无上的天，总是对"天"

---

① 楼宇烈认为，这里的"损"疑当为"顺"，理由是"因近而误"。并举《老子·二十九章注》"因而不为，顺而不施，除其所以迷，去其所以惑，故心不乱而物性自得之也"作根据。笔者赞同其观点。

充满着敬畏。虽然上述情况在秦汉之前就有不同的声音,① 但直到汉代,认为天是有意志的天、主宰着人世间的观点不但仍然存在,而且随着社会及政治统治的稳定有所加重。例如董仲舒就提出:"道之大原出于天,天不变,道亦不变。"② 这里的"道"并非指自然之"道",而是先王之"道"、统治阶级的为政之"道"以及社会生活中传统的伦理道德之"道"。虽然在这里董仲舒并没有直接说天是有意志的,但显然天和人的关系是密不可分的,为此,他还把自然现象与世间的人事相比附:

　　阴者阳之合,妻者夫之合,子者父之合,臣者君之合。物莫无合,而合各有阴阳,阳兼于阴,阴兼于阳,夫兼于妻,妻兼于夫,父兼于子,子兼于父,君兼于臣,臣兼于君。③

　　实际上,在董仲舒看来,天还是如人一样是有意志的,而且是主宰天下百姓的神,所以他认为"王者承天意以从事"④,即要求人们特别是国君必须顺天而为,国家才能得到安宁幸福。

　　王弼也认识到了君主的重要性,认为一个地方或国家的和谐有序,没有君主是不行的,"万国所以宁,各以有君也"。⑤ 国家的兴衰不在于下,而在于上,不在于百姓,而在于君主,而君主的统治在于"立天子,置三公,尊其位,重其人,所以为道也"。⑥ 然而在当下,君主不但不能"重其人,尊其位",而且由于个人欲望的膨胀,往往采取各种强

---

①　比如《周易·贲卦·象传》:"观乎天文,以察时变。"显然这里的天非有意志的天。《吕氏春秋·当赏》:"民无道知天,民以四时寒暑、日月星辰之行知天。"这里是从实践经验中认识天,而天有自然之天而没有意志之天的含义。荀子虽然没有表明天的性质,但他说:"善言天者,必征与人。"(《荀子·性恶》)还说:"从天而颂之,孰与制天命而用之。"(《荀子·天论》)天的主宰地位不复存在。而东汉的王充等人则直接指出天为自然之天。绪论已举,此不再重复。

②　(汉) 班固.《汉书·董仲舒传》卷二十六,北京,中华书局,1962:2516页。

③　(汉) 董仲舒.《春秋繁露·基义》,北京,中华书局,2011:160—161页。

④　(汉) 班固.《汉书·董仲舒传》卷二十六,第2502页。

⑤　《周易·乾卦注》。

⑥　《老子·六十二章注》。

制的手段，人为地设置各种法令制度，对下欺压百姓，以满足个人的私利。"骨无知以干，志生事以乱。"① 也就是说，为欲望（志）制定的各种措施或法令（事）因偏离了自然之道（这些措施并非根据天道而是根据君主"志"而生）必然会带来大乱："天下多忌讳，而民弥贫；民多利器，国家滋昏；人多伎巧，奇物滋起。法令滋彰，盗贼多有。"② 既然社会动乱的根源主要是"上之欲，民之从速"的结果，③ 因此，王弼认为君主应如此而为：

> 和而无欲，如婴儿也。夫天地设位，圣人成能，人谋鬼谋，百姓与能者，能者与之，资者取之，能大则大，资贵则贵，物有其宗，事有其主，如此则可冕疏充目而不惧于欺，黈纩塞耳而无戚于慢，又何为劳一身之聪明，以察百姓之情哉。④

"唯无欲而民亦无欲自朴也。"只要君主"无欲"，人民就可以保持纯朴之道，君主也就可"居无为之事，行不言之教，不以形立物，故功成事遂，而百姓不知其所以然也"。⑤ 可见，君主的无私无欲不但成就了百姓的"自然"，国家亦得到很好的治理。

同样需要指出的是，我们说君主"以无为为居，以不言为教，以恬淡为味"，是"治之极也"⑥ 的"无为"并不是没有任何作为，而是由心之无私欲而遵天道而为。因为在古人看来，人类社会政治秩序的原则与天道是一致的，因此王弼指出："治而不以二仪之道，则不能瞻也。"另外，对于君王的"无为"，不但在战乱年代如此，即使在和平时期也应"安不忘危，持之不忘亡"，以"谋之无功之势"，"不可以无之故而不

---

① 《老子·三章注》。
② 《老子·五十七章》。
③ 《老子·三章注》。
④ 《老子·四十九章注》。
⑤ 《老子·十七章注》。
⑥ 《老子·六十三章注》。

持，不可以微之故而弗散。无而弗持则生有焉，微而不散则生大焉。故虑终之患如始之祸，则无败事。"① 所以要求君主即使在和平年代也"当慎终除微，慎微除乱"，方能实现国家的长治久安。

当然，人心的"无私""无欲"，使得人更接近"自然"之心，所以王弼又说君之心是"心无所主也，为天下浑心焉。"②"浑心"，"为素朴完整之心"。③ 真正合格的君主就借此完成了治国安邦的职责，但就个体而言，心之"无私""无欲"却使得自己的心灵受到了洗礼，个体的人格修养得到了较大的提升。就如西谷启治说："从无我性起的自己的立场，是身心脱落、脱离身心的立场，同时也是自己未得救度之前先救度他人的立场。"④

二、"自然"——"有为"与世人的生活实践

如上文所言，君主的自然无为是以泯灭个人的欲望或私心为前提的，目的是减少因个人私欲而对百姓不合理的干涉，以维持社会的和谐有序。但就个人而言，心理的"无私欲"主以修身与维持个体正常的社会生活为主，它更接近人心之"未发"的状态，人之未发之心与自然之性是并行不悖的。朱熹说："喜、怒、哀、乐，情也。其未发，则性也。"⑤ 人之自然本性如"婴儿之未孩"，处在混沌蒙昧甚至无知无觉的状态，心当然无所谓私与欲，而一旦有了"喜、怒、哀、乐"之情，心就有了个体主观的判断分析，就有了私欲。就可能偏离人的"自然"之性，所以孟子强调人要"尽心知性"，"尽心"扩充和发现自己的本心，才能恢复人的本然之性，开显人性之中"道"的原则，也才能正确处理社会生活实践中遇到的各种事情。道家也认为，人的行为应遵循天命之性，即合乎人性的"自然"，才能符合日用伦常之道，但其强调"虚心"

---

① 《老子·六十四章注》。
② 《老子·四十九章注》。
③ 楼宇烈.《王弼集校释》，第133页。
④ 西谷启治.《宗教是什么》，299页。
⑤ （宋）朱熹.《四书章句集注》，北京，中华书局，2011：20页。

"心斋"，要求人们"后其身""不以己身"等，实际和儒家不过是殊途同归而已。都是把天命视为本然之性，把顺性作为道德行为的标准，把心的教化作为修道的内容，正如《中庸》之言："天命之谓性，率性之谓道，修道之谓教。"①

很明显，儒道两家都清楚地意识到，无论是"率性"还是"修道"，皆事在"人为"，朱熹在这方面也给予了明确的概括："盖人之所以为人，道之所以为道，圣人之所以为教，原其所自，无一不本于天而备于我。"② 而人为的关键在于人心，人心的关键则在于心之正（无私欲），"吾之心正，则天地之心正也。"③ 人之"正心"，即是天地之心、自然之心④。

王弼也认识到了人心之正在社会生活中的重要性，他说："不自是，则其是彰也；不自伐，则其功有也；不自矜，则其德常也。"⑤ "不自是""不自伐""不自矜"都需要人之自然的"本心""正心"，但人之本心在实际生活中常受到外界的干扰，心已非原有的自然之心，因为有了外在意识的浸入，难免就会影响本然之心而作出错误的判断，由景生情是必然的，而人又不能脱离人间世独自存在，那么如何才能保持本然之心呢？王弼的办法是通过意志的努力，做到"应物而不累于物"，保持"正心"。很明显，这样做既"阐扬人的道德行为当合于人性自然，又顺乎人情之常"。⑥ 人既可以正常生活在人世间，又能保持或提高个人的道

---

① 陈赟说："如果不是将'六经'仅仅视为儒家的专有物，不是将尧舜禹视为仅仅与儒家的文化象征体系相联系的圣贤，而是把'六经'视为先秦各家共同尊奉的文化遗产，将尧舜禹视为整个中国历史图景与文化图景中的故事（已经进入历史的事件），那么'中'或'中庸'所关联着的道统谱系必须在古代中国思想的整体性中加以确立。"（见陈赟.《中庸的思想》，第31页。）

② 朱熹.《四书章句集注》，第19页。

③ 同上，第20页。

④ "正心"是抛弃了"私欲"的心，剩下的只是人思维的意识，而这种意识与人之本能的意识已经非常接近了，就像尼采所说："绝大部分有意识的思维仍必须被看作本能的活动，甚至在哲学思维中也是一样……正如生育行为在遗传的过程和遗传发展中不起作用一样，'有意识'也绝不与本能相对立。"（见尼采.《上帝死了》，第34页。）

⑤ 《老子·二十四章注》。

⑥ 陈鼓应.《道家的人文精神》，第65页。

德品质与人格修养，做到了"自然"与"有为"的完美结合。

王弼哲学的根本目的，并不在于形而上的思辨，也不仅仅是为了辩明析理，更不是简单地为调和儒道两家学说的分歧而采用的"中庸"之学，而是为了给封建统治者提供一个治世的理论根据和方法，这是众所周知的。但在面对汉末魏晋之初这样一个"屈折礼乐，呴俞仁义"而导致"擢德塞性""残生伤性"的时代①，在"天下瘁瘁焉人苦其性"的状况下②，王弼的"自然"理论真正起到的作用倒是为士族大众提供了处世修身的切实可行的实践之路。同时我们也可以看到，它不仅影响了魏晋这个时代，而且逐渐植根于人们的血液里，形成了人的心理结构和思维定式，传承千年，成为中华民族特别是学人道德修养习成与人格理想追求的重要法宝。

第五节 "自然"的理论缺陷与历史分野

从总体看，王弼要求人保持心之"自然"，以实现"顺物性而为"，把天地万物和社会人事都用一个绝对的、抽象的、"自然无为"的共同原则来处理，从根本上忽略了客观物质世界的多样性及人类社会复杂多变性的真实存在，更模糊了客观物质世界和人类社会具体运动和变化的区别，因而会由之产生许多矛盾和问题。首先，"顺物性而为"必须先明物之性，否则就无法顺之。这一点王弼也非常明白："明物之性，因之而已。"③ 但万物虽皆由道所生所成，而实际对每一个具体之物而言则各具其理，面对自然界的千万不同之物，即使我们忽略了万物之性自我的变化，若欲全部"明物之性"，也实非易事。其次，人与物之间除了其物质性或生命体与他物有一致性外，人类还有属于自己特有的理性，且理性会随着时空的变化而变化。纵向说，不同的社会时代对于人们会

---

① 郭庆藩.《庄子集释》，第 321、314、323 页。
② 同上，第 364 页。
③ 《老子·四十七章注》。

有不同的理性；横向看，同一时代不同的人所拥有的理性和对有关理性的理解也不尽相同，也就是说，时空的不同会造成人的理性处在流变之中。人的理性本身已是抽象的，已经与自然之物有了根本的不同，流变的特性增加了对人之本性认识的难度，所以欲明人物之性可谓难上加难。再次，"自然无为"对物本性的认识是以"万物自相治理"而得出的，以个体为考察对象，与他者并没有绝对的联系，但人类社会恰恰是"人能群，彼不能群"（荀子语）的存在方式，即人类社会是由个体之间的相互交往而存在的，因此对物可以"自然无为"，但并不能代表可以以此对待人类社会，物和人在这方面没有完全的可比性，因为人类社会就如尼采所说"在真理的增进和人类的安宁的存在之间不存在预定的和谐"。[①] 也就是说，"自然无为"对人而言并不具备"真理的增进"这一特性，但人类的存在却是在不断向前增进的。最后，以王弼的逻辑，人心只要保持"无私""无欲"或"虚空"，就可以"无为"，即可以"顺物之性"行事。心之公正无私，并不代表其认识物之本性的能力也相对较高，就像一个法官，虽然有着公正之心，但若没有践行的能力，那么也很难做到依法行事；而心之"虚无"，"如婴儿之未孩"，人的确可以做到以人之本能顺自性而为，但问题是，这样的结果是很难预料或估计的，而王弼一再强调"自然"的真正意义在于"'自然'是引导士人重整社会秩序及回归自我，达于个人自由的思想依据"。[②] 能否真正达到王弼预想的目的，现实的答案当然是否定的。

从具体历史及实践上看，作为具体之在，任何一物都有其产生、发展、消亡的过程。在这一过程中，物始终都在不停地发展变化，理论上，对同一物来说，今天的物非昨天的物，而明天的物也非今天的物，因此说物之自然本性随时空的流变而不断地"潜移默化"，可以说物的"自然"之性掩藏在历史之中。历史是一个变化的动态过程，物之"自

[①] 尼采．《上帝死了》，第168页。

[②] 边家珍．《经学传统与中国古代学术文化形态》，北京，人民出版社，2010：98页。

然"之性也应是动态的,而非静态的。这样物之"自然"与历史在根本上就应是动态的同步和统一。而在物存在的过程中,万物之性除"自相治理"在时空中发生改变以外,占据主体而又有着主观能动性的人类在社会生活实践中不但认识历史,而且主动创造历史;不但在认识自然界,而且在改造自然界,也可以说在改造或改变着万物,同时也是在改变着人类自己,即如马克思所说:"人与自然界之间的关系直接地包含着人与人之间的关系,而人与人之间的关系直接地就是人同自然界的关系,就是他自己的自然的规定。"① 由此可见,万物(包括人)不但有着时空的改变,而且有着人为的改变,如果说对物"自然"的改变还只是停留在物质性的层面,而对人之"自然"的改变最重要的则体现在人的精神层面。这种精神层面改变的背后之因与物相比更为复杂,可以说,它是人的自然性与社会性、传统与现代、个体与群体等多重因素的交融在人性结构的内化中造成的,由此人的"自然"之性的变化存在许多不确定的因素。面对万物与人之"自然"上述情况的存在,王弼对"自然"处理的方法是"顺物之性"而为,实现的条件是对他者保持内心的"无私""无欲",对自我保持"虚无""静笃"。这种简单的处理方式显然存在许多的问题或缺憾。

首先,从实践层面看,一方面是要求人"顺物之性",对物"无为",而不能伤及物;另一方面是自然界和人类社会的文明与进步要求人们必须不断地认识物,利用物,改造物。② 显然,王弼并没有看到这种"顺物之性"与改造物之间的矛盾和冲突。从实效上看,王弼在谈到物时,反复强调物存在的必然性,如他说:"物皆不敢妄,然后各全其性。""物无妄然,必有其理"等,也就是说,天地万物和人类社会都是按照必然的秩序产生和运行的,那"自然无为"也就成了必然,所以,

---

① 马克思.《一八四四年经济学——哲学手稿》,北京,人民出版社,1979:72页。
② 恩格斯把摩尔根在《古代社会》中对历史三个时期的划分概括为:"蒙昧时代是以获取现成的天然产为主的时期,野蛮时代是学会畜牧和农耕的时期,文明时代是学会对天然的产物进一步加工的时期。"(见《马克思恩格斯文集》第四卷,人民出版社,2009:38页)这段话表明人类社会历史发展的必然性与人对自然之物加工改造的重要性。

他对自然无为的解释就是:"在方而法方,在圆而法圆,与自然无所违也。"这种"自然无为"的原则,一方面否认在对待万物及人类社会发展过程中人的主观能动性的作用,特别是在社会实践中可能出现的偶然事件,未必一定合乎自然或人之道的本身,一旦发生意外,"自然无为"的原则就会失去它的灵活性,在处理问题时就会显出它的滞后性;另一方面,对人而言,它削弱甚至使人丧失了探究自然界及人类社会发展的活力和动力,滞碍了社会历史发展前进的脚步,也使得人在自然界和社会面前处于被动的地位。对人来说的"顺自性而为",由于要求人的内心保持"虚无",容易使人形成两个极端:一是使得有些人不受外在的任何约束,任性而为,为人狂放、不务世事,生活糜烂、醉生梦死,严重地败坏了社会的风气,如玄学后期的王衍、王恺、贾谧等人;二是,"无为"的思想使人易于安于现状,缺少奋斗或创造的动力,这在王弼自我的言语中也有所体现,他说:"不为事始,须唱乃应;有事则从,不敢为首;不为事主,顺命而终。"① 面对复杂多变的社会,个体的"自然"虽然可以在思想上"安其居,乐其俗",但"顺物之性"所表现出的随遇而安的心境,在社会生活中展露出的消极情绪也是显而易见的,因而它的负面效应也是毋庸置疑的。杨国荣对之产生的原因分析道:"违逆自然的否定,常常趋向于接受既定的境遇,后者往往容易限制改造对象和改造自我的积极努力。"②

以物为对象来看,自然界的万物都有着它们自己非意识的目的,这种无目的的目的自然会产生出天命。无目的的目的或自然而然的命运是"自然"的必然结果,无论事物存在时间的长短或状况的优劣,万物的存在都在"自然"中进行自我调适,可以依然保持个体相互之间的和谐稳定,因此,对物来说,它的存在就是自然而然的;而对于人来说,从出生到死亡,这是人类目前还无法控制的现实,特别是对于个体本身,

---

① 《周易·坤卦注》。
② 杨国荣.《思与所思—哲学的历史和历史中的哲学》,第11页。

人生的开始和结束的两个极点是自身无法控制和选择的（有意而为之的除外），如果仅从此意义上看，这样的情况对人自身而言，也是自然而然的。但人与他物包括其他的一切生物有着本质上的不同，正如前文说的人的理性。人的理性体现在从无到有、从生到死的整个过程中，人的个体意识（理性）逐渐增强，随之而起的是人有目的性地出现。由于人的目的受各种条件的制约，如果人们为了达到自己既定的目的，就有可能用理性的力量压制或扩展自然所赋予人的情欲，这样，人的行为就不再是自然无为的了，而是有人有意识的努力作用在里面；反之，如果人仅受自身自然情欲所支配的话，那么每个个人的情欲泛滥就可能致使社会的无序，人自我的根本生存也会受到重大的威胁，最后同样实现不了个人自我的自然无为。因此，只是简单地把人看作自然的个体，就会出现人自身存在着自然上的非目的性和社会历史上的目的性的双重性质。不同的历史时代具有不同的社会意识形态，会产生出不同的价值取向，会有着不同的人生观、价值观，说到底，现实社会中不受任何约束、按照自然个体本性而为的人是根本不存在的。可见，仅从人来说，王弼构筑的"自然"理论在人类社会会始终存在自然的无目的性和人的社会历史的目的性两种根本性的矛盾，自然（无目的）是无法征服或者超越人类的历史事实（目的性）的，也正因为如此，人类自我的本性的开显和自我个性的张扬总是处在历史和自然之间这种分野的尴尬局面中。也就是说，人的"自然无为"的理论对人类自身来说不过是空想而已。

　　尽管王弼的"自然"理论有着这样那样的缺陷或矛盾，但它于社会实践中所带给个体人生观、价值观的转变以及人格品质的塑造与人格理想的追求对当下和后世还是产生了重要的影响。

第七章 "自然"的境界

第一节 "境界"的界说

"境"在《说文解字》中的解释是："境，疆也，从土。"原为边界、区域之义。例如《孟子·梁惠王上》中说："臣始至于境，闻国之大禁，然后敢入。"后被加以引申，如《世说新语·排调》里，"顾长康啖甘蔗，先食尾。人问所以，云：渐至佳境"。[①] 这里的"境"是指人的精神所及的一种存在背景，已与前者所指有很大的不同，前者是具体的实存，而后者则是人心的一种感受，但二者又存在一定的联系，它们都有"限定""场景"之义；"界"，牟宗三认为在中国的典籍中并没有这个词，它是由佛教造的新词，在佛教的意思中，是"原因的因，也可说是根据（ground）的意思，有了这个因，就可以决定一个范围，就可以成为一个界"。[②] 把"境""界"连在一起之后，最初的"境"的含义已经被隐藏，而是凸显了不能离开我们心的认知或体验的境况、境界等义。这种情况从古至今在大多数的学人身上都可以得到证实，且大多数都是

---

① （南朝）刘义庆注著，（南朝）梁刘孝标注，余嘉锡笺疏.《世说新语笺疏·排调》，第708 页。

② 牟宗三.《中国哲学十九讲》，第122 页。

从人之个性心理的角度去理解,如方回认为 "心即境也。"① 叶燮提出 "境一而触境之心不一。"(《已畦文集》卷八)祝允明则认为 "身与事接而境生,境与身接而情生。"(《枝山文集》卷二)近人梁启超提出 "境者,心造也。一切物境皆虚幻,惟心所造之境为真实。"(《自由书·惟心》)王国维则认为:"有境界,本也。"把境界看成探本的学问,"本" 就是 "真",就是 "自然",并指出 "境" 包含着 "物" 和 "情" 两方面,他说:"境非独为景物也,喜怒哀乐亦是人心中之一的境界。"② 但他又说 "境界" 还可以分为 "有我之境" 和 "无我之境","有我之境" 指的是 "以我观物,故物皆着我之色彩。无我之境,以物观物,故不知何者是我,何者是物"。③ 言外之意,前者 "有我",以有心于我,"着我之色彩",则必以个人私意为转移;后者则是心无任何所思,皆凭借人之 "自然" 实现物我的 "自然" 一体。

总的看,"境界" 总离不开人心,或者说 "境界" 由心而成。巧的是,美学中的 "境界" 也与人心紧密地联系起来,是由心生情,由情生景,由景入境,境皆由人心生起,并逐渐在内心形成一种亦真亦幻的情感世界,这是美学意义上对 "境界" 的界定。但这样是不是说对 "境界" 的理解完全要以美学的范畴归类?换句话说,"境界" 还有没有可能含有其他的指向?

美学是 "以人对现实的审美出发,以艺术作为主要的对象,研究美、丑、崇高等审美范畴和人的审美意识、美感经验以及美的创造、发展及其规律"。④ 但从上所述 "境界" 的基本内涵看,并非都只是艺术对象,而且 "境界" 也未必谈的都是美、丑、崇高之类的内容。以王国维

---

① 下引除特别指出外,皆引自冯契《中国哲学大辞典》"境" 之词条,上海辞书出版社,1992:1698—1699 页。

② 陈鸿翔.《人间词话注评》,江苏古籍出版社,2002:18 页。这里需要补充的是,王国维之所以提到 "境非独为景物",是据唐王昌龄在《诗格》里认为诗歌中的三境之一包括 "物境"。

③ 陈鸿翔.《人间词话注评》,江苏古籍出版社,2002:7 页。

④ 冯契主编.《哲学大辞典》,第 1233 页。

的"有我之境"为例，其所体现的是以人的视域认识事物，"物"所着我之"色彩"，或许指人在后天获得的知识，或是指人主观的看法。换句话说，人们仅为认识一个事物的本然，并非一定要有美、丑或崇高之心之境界才能进行这项工作；再如，在日常生活中，虽然不乏美的地方，正如俄国著名作家车尔尼雪夫斯基所说："美是生活。"即在社会生活中发现美、体验美，但这并不能说明但凡在社会生活中都能够体验到生活中的美。在魏晋时代，魏晋风度指的是人心的飘逸自得及行为的潇洒不群，但它产生在"充满动荡、混乱、灾难、血污的社会时代，表面看来的潇洒风流，骨子里却深埋着巨大的苦恼、恐惧和烦忧"。① 他们既要在忧恐、惊惧中顺应环境以保全性命，又试图从自然中寻求心灵的安息和对现实社会的超越；既放不下自己的社会责任感和远大的理想抱负，又被社会政治所束缚，在这样一种情感世界实际处在一种极其复杂而又矛盾或冲突的情况下，人此时的心灵境界仅仅从美学的角度理解显然是难以反映出内心的真实世界的。虽然悲苦或可谓是另外一种美的境界，但按照美学所给"境界"的定义，美给人内心的应该是一种轻松快乐的享受或感觉，可在朝不保夕的魏晋时期，许多士人即使尽力进行心灵的调整，也并不是每个人心理的调适都能带来那种如诗如画或悠然自得的意境，反而"站在儒家的立场看，并由人生的最终境界来看，名士背后苍凉得很，都带有浓厚的悲剧性"。② "心境"的修养最多只是精神或情感上暂且得到聊慰而已。不过，不可以完全从美学的角度理解"境界"之意，并不代表人已不存在着心灵之境。《新华汉语词典》是这样解释境界的："（境界是指）思想、情操所能达到的程度、层次。"③ 对一个人来说，心灵之境不存在有无之分，只有层次上的高低之别，并不一定在美学意义上方可谈境界。正如牟宗三先生所说："（境界）是从主观方面的心境上讲。主观上的心境修养到什么程度，所看到的一切东西都

① 李泽厚.《美学三书》，合肥，安徽文艺出版社，1999：105页。
② 牟宗三.《中国哲学十九讲》，第215页。
③ 《新华汉语词典》，北京，商务印书馆，2004：516页。

往上升，就达到什么程度，这就是境界，这个境界就成为主观的意义。"① 主观的意义并非一定是美的境界，"境界"从本质上说只是人心境修养所达到的一个阶段或层次，每一个阶段或层次都会有相应的体验或感受，而所感受到的一切东西是情感、道德甚至是对外界事物的认知，当然也包括审美意识。由此可见，"境界"的内涵并非单纯的美学上的概念。那么如何正确把握或理解"境界"的实质呢？

杨国荣说：

> 以中国哲学所注重的境界而言，作为包含形上内涵的概念，境界既蕴含了对存在的理解，又凝结了对人自身生存存在价值的确认，并寄托着人的"在"世理想……境界表现了对世界与人自身的一种精神的把握，这种把握以理性的体认为形式，又以实践精神的方式展开。在求真、向善、趋美的过程中，境界展示了人所达到和理解的世界的图景，也内在地影响、深化着人对生活意义、理想存在方式的领悟和追求。②

杨国荣对境界含义的诠释包括三个层面：一是认为它是人的理性抽象，这是从形式方面说；二是境界所研究的对象从知识的角度追求世界存在之真，从价值的角度追求人性之善，从美学的角度体认理想的精神境；三是境界总关人生活的理解、追求及其实现的方式。以上可以看出，杨国荣认为，境界之美只是其内容的一部分，在更重要的意义上，境界体现了人对人生意义和存在价值的双重认识和理解，而美只是人的思想所能达到的对此理解和体认的更高层级。换句话说，没有了对现实存在的正确体认，缺少了对人世间人存在价值的深切领悟与认知，这种美实际是不存在的，其根据在于，没有社会生活实践的经历和对人世间

① 牟宗三.《中国哲学十九讲》，第122页。
② 杨国荣.《哲学的视域》，第97—98页。

所以存在的认知，人皆如刚出生的婴儿，其内心是一片空白，此时的人与其他存在之物并无不同，虽然理论上可以同庄子所言"天地与我同体，万物与我为一"的存在状态，但人最多只能身在此山中，本身是无法体验到这种美的境界的。而现实生活中的美在严格意义上说，还不是美学所涉及的境界之美，而是具有价值意义上的美。如老子说言："天下皆知美之为美，斯恶已；皆知善之为善，斯不善已。"[1] 美与恶皆是通过社会道德规范为评价标准而作出的价值判断，而境界之美则是个体在内心中的自我体验。

由上可见，"境界"并非仅为美学范畴，更渗透了人对世界存在的把握及人生意义等问题的理解程度，因此根据魏晋的时代特征，我们试以王弼哲学为基础，从人"心境"的修养对个体形成美学之外精神境界的影响进行研究，当属在"境界"内涵的范围之内。当然，我们在关注人心对客观世界存在及其价值存在的影响的同时，并不否认在心的境界同样存在审美的意识或美的感受，但心只有在达到人生之理想境界时，才会上升到完全美学层面的高度。

需要特别强调的是，我们所说的心境主要是指王弼意义上心的"自然"境界，即心之"无私""无欲"之境，心之"虚无"之境。这是大家首先要注意到的。

第二节　人性觉醒及其思想之源

一、人性觉醒

李泽厚说：

---

[1] 《老子·第二章》。

对外在权威的怀疑和否定，才有内在人格的觉醒和追求。也就是说，以前宣传和相信的那套伦理道德、鬼神迷信、谶纬宿命、繁琐经术等规范、价值、标准都是虚假的或值得怀疑的，它们并不可信或并无价值。只有人比人要死才是真的，只有短促的人生总是充满那么多的生离死别、哀伤不幸才是真的。既然如此，那么为什么不抓紧生活，尽情享受呢？为什么不珍重自己、珍重生命呢？①

人生在世，从古代起，人们就知道人之"生为贵"②，生命在感性上成为人存在本身的最终价值和目的。东汉黄巾起义的前后，整个社会处在日益动荡不安之中，连绵不断的战乱、疾病瘟疫的流行及自然灾害的发生，使得死亡枕藉，不但导致寻常百姓常处在朝不保夕的境况之下，而且大批士人贵族也不能幸免。据不完全统计，门阀士族、贵族由于政治问题仅在魏晋时期被杀的就有何晏、稽康、郭璞、谢灵运、裴頠、范晔等，其中既有诗人，又有哲学家、文学家，虽然大都出自名门贵族，在物质上享受荣华，但在思想上却常处在"常畏大网罗，忧祸一旦并"（何晏）的政治旋涡之中，受政治迫害在所难免。生老病死的自然现实也使得部分人才过早地离开了人世间，正如曹丕在《与吴质书》里所说："徐干陈琳应玚刘桢，一时俱逝。"③ 而曹植和曹丕也只活了 40 岁左右，即使是贫民百姓，生命也会得到同样的尊重，早在汉末魏初，曹操就写下了这样的诗句："白骨露于野，千里无鸡鸣。生民百遗一，念之断人肠。"④（非寻常政治意义的角度）生命对于任何人都是首要的，面对死亡的威胁，对于绝大多数人来讲都会暂时把其他的一切抛于脑后，而是竭尽全力维持自己生命的存在，表现出对生命的珍视。例如《古诗

① 李泽厚.《魏晋风度》,《中国哲学》第二辑, 北京, 三联书店, 1980: 373 页。
② 《郭店楚墓竹简》, 北京, 文物出版社, 1998: 213 页。
③ 转引李泽厚《美学三书》, 第 93 页。
④ 曹操.《蒿里行》, 殷义祥.《三曹诗选译》, 成都, 巴蜀书社, 1989: 12 页。

十九首》中有这样的诗句："人生忽如寄，寿无金石固。万岁更相送，圣贤莫能度。服食求神仙，多为药所误。不如饮美酒，被服纨与素。"① 虽然内容体现了要人们及时行乐的意向，但其中人因"服食求神仙"而"多为药所误"的现象，说明了当时人们对生的渴望，并且这种寻求养生延年的意识绝非个例，而是已经成了较为普遍的自觉意识，应该说，《古诗十九首》的整个内容几乎都是在突出人生的短促和生命的无常，如"生年不满百，常怀千岁忧"；"人生非金石，岂能长寿考"；"所遇无故物，焉得不速老"等，这样的内容可以说间接地反映了时人对生命的珍视与渴望。时人对生命关注的另一个重要原因是，面对社会的无奈，人们有可能把注意力从关注他人、关注世界转移到自己，从外部转移到内部，学着"关心自己"。② 魏晋士人对生命短暂、人生坎坷不平、悲悯长多、快乐转瞬即逝的感叹，在彰显人内心无奈与悲凉的同时即体现出对自身的注重这一点。而这种"对人生短促的感慨、喟叹，从建安直到晋宋，从中下层到皇家贵族，在相当长一段时间中和空间内弥漫开来，成就了整个时代的典型音调"。③ 例如曹植在诗中这样写道："人亦有言，忧令人老，嗟我白发，生亦何早"；何晏则感叹"人生若尘露，天道邈悠悠，孔圣临长川，惜逝忽若浮"；即使是唱出"采菊东南下，悠然见南山"的陶潜亦有"悲晨曦之易夕，感人生之长勤。同一尽于百年，何欢寡而愁殷"的哀伤。这种情况表明，即便为皇室贵胄，也同样会表现出对自我生命的极大关注。不过，在此特殊社会历史背景下形成的自我

① 王强模.《古诗十九首评译》，贵阳，贵州人民出版社，1991：107页。

② 福柯对"关心自己"解释说："关心自己存在着一般态度和某种构想事物、立身处世、行为举止、与他人交往的方式的论题，就是一种态度；关于自身、他人，关于世界的态度，也是一种注意、看的方式。关心自己包含有改变他的注意力的意思，而且把注意力由外转向'内'，意味着我们的所思所想的方式，也指某些人自身训练的活动，人通过控制自己、改变自己、净化自己和改头换面。"（见福柯.《主体解释学》，上海译文出版社，2014：12页。）福柯对"关心自己"的理解重点强调通"内"，即自己"控制""改变""净化"自己，而这些行为要依靠自我由心发出的态度和注意力实施与完成。可见，福柯的"关心自己"是从精神方面说的，我们之所以引用这个词语，恰也在强调这个问题：王弼生命境界的存在是在人的心境下形成的，而不是从物质方面纯粹谈人机体生命的存在。

③ 李泽厚.《美学三书》，第92页。

关注并非说明人的精神一定会处在一种消极、悲观甚至颓废的境况之中，而"在它的反面，是面对人生、生命、命运、生活的强烈的欲求和留恋"。① 所以虽然曹操曾发出"对酒当歌，人生几何"的哀叹，但同时又写出"烈士暮年，壮心不已"的豪言壮语，表明了他对未来人生的美好追求，其中蕴含着催人上进、激励人心的积极态度和意志。

总体看，对魏晋名士来说，人生的觉醒不仅表现在对物质性或生理性的存在关注，更是从心理方面注重个体生命及其存在的意义。虽然作为人性的组成部分，生理之身与精神之心共同构成了完整不可或缺的整体，但事实证明，精神对肉体的支撑在某种意义上并不亚于物质的作用，面对政治的黑暗、统治者屠杀的残酷使得"天下多故，名士少有全者"②，如何在保全性命的前提下摆脱精神上的痛苦，使得人生更有意义，即不仅是肉体上的健康存在，而且人性也能够一反过去被禁锢的状态而得以张扬，使得人精神上也能够长生久视，实现生理与心理的和谐一致，是魏晋士人必然会思考的问题。

二、人性觉醒的思想之源

两汉及魏晋时期，有些士人表现出对政治制度极大的厌恶或不信任是可以理解的，但他们对社会上一般的伦理道德规范及社会风俗为什么也会有所怀疑或不齿呢？例如孔融对"孝"的伦理观念解释道：

> 父之于子，当何有亲？论其本意，是为情欲发尔。子之于母，亦复奚为？譬如寄物瓶中，出则离矣。③

把父子之间的亲情说成父亲的"情欲"，把母子血脉之间的联系比喻为两种本质上相互独立的事物，建立在血肉亲情基础上的人伦之

---

① 李泽厚.《美学三书》，第 93 页。
② 房玄龄等.《晋书·阮籍传》，第 1360 页。
③ 范晔.《后汉书·郑孔荀列传》卷七十，中华书局，1965：2278 页。

"孝"被他这样几句话就消解和否定了；再如，何曾为了攻击比自己强大的阮籍，当着司马昭的面弹劾阮籍："明公方以孝治天下，而阮籍以重丧显于公坐饮酒食肉，宜流之海外，以正风教。"[1] 的确，在听到"母终，正与人围棋，对者求止，籍留与决赌。既而饮酒二斗"。以儒家孝道而言，阮籍真的如何曾所攻击的那样违反"风教"，但在完事之后，阮籍"举声一号，吐血数升。及将葬，食一蒸肫，饮二斗酒，然后临诀，直言穷矣，举声一号，因又吐血数升，毁瘠骨立，殆致灭性"。[2] 在这些激进思想或行为的背后，或许由于伦理道德被统治者作为其攫取政治权力、实现其政治目的的工具，使得伦理道德流于形式化、虚伪化而使士人表现出的强烈不满或反击，但同时也表明一些有识之士不愿受到伦理制度的束缚，敢于不受外在礼法的约束而试图冲出此牢笼，彰显在自然本性的驱使下寻求个性解放、展露个体真实情感的思想意向，同时也反映了社会发展的某种倾向。

社会风气的这种改变，不仅体现在男人身上，处在上层社会的妇女的所作所为亦反映出她们对传统观念中儒家礼教对妇女应有之"德"的漠视与反叛。《世说新语·惑溺》中记录了夫妻间这样一段生活细节：

> 王安丰妇常卿安丰，安丰曰："妇人卿婿，于礼不敬，后勿复尔。"妇曰："亲卿爱卿，是以卿卿。我不卿卿，谁当卿卿？"遂恒听之。

王戎的妻子经常称呼自己的丈夫为卿，这在儒家礼仪中实属对丈夫的不敬，自然是不遵礼节。当王戎进行劝导、其妻不听后，就听之任之了，表明当时对类似的事情王戎似乎习以为常，从某种意义上讲是认同了妻子的做法。而他自己日常的所作所为更证实了他对社会道

---

① 余嘉锡笺疏.《世说新语笺疏·任诞篇》，第 629 页。
② 房玄龄等.《晋书·阮籍传》，第 1360 页。

德礼仪的蔑视：

> 王戎晨往裴许，不通径前。裴从床南下，女从北下，相对作宾主，了无异色。①

这里同时突出显现了裴成公的妻子面对男人突闯内室，虽在床，仍"了无异色"，不受封建礼仪节制的形象。

在当时，女性个性的解放不仅表现在上层社会的妇女不尊礼教、不守妇德、不理妇道上，还表现在她们试图投身于社会的各种活动中，这似乎成了当时社会上流行的一种风气。干宝《晋纪总论》曰：

> 其妇女庄栉织纤，皆取成于婢仆，未尝知女工丝枲之业，中馈酒食之事也。先时而婚，任情而动，故皆不耻淫泆之过，不拘妒忌之恶，父兄不之罪也，天下莫之非也。

余嘉锡案曰：

> 考之传记，晋之妇教，最为衰敝。夫君子之道，造端夫妇。故关雎以为风始，未有家不齐而国能治者。妇职不修，风俗陵夷，晋之为外族所侵扰，其端未必不由于此也。故具列当时有识之言，以为世戒。②

余先生从社会治乱的角度指出妇女因"妇职不修"造成的"妇教衰敝，风俗陵夷"给社会带来的危害，但他没有注意到，从大的社会环境来说，"风俗陵夷"的根本在于国不治，才有的家不齐，而不是反之，

---

① 《世说新语笺疏·任诞篇二十三》，第635页。
② 《世说新语笺疏·贤媛十九》，第573页。

把国家衰败的原因归咎于"妇职不修",恰是因果关系的倒置。妇女们热衷于与男子一块喝酒、聊天而疏于家庭事务,一方面是受到男子的放诞不拘、追求个性的影响;另一方面,她们和男人一样,甚至在许多方面超出了男人,长期遭受到政治制度与伦理道德的压抑和禁锢,一旦这种禁锢的绳索稍有松动,她们就会在不自觉中"向外发现了自然,向内发现了自己的深情",就会大胆地冲破网罗,以近似放诞的方式出现在公众面前,而且她们的行为方式在很大程度上也得到了社会的认可和接受,这也说明,追求率性与自然已成为当时社会的一种风尚。

由上可见,魏晋时代,人们追求个性解放、人格自由并非完全是政治制度的直接压制或逼迫而致,社会生活关系的变革同样深刻地影响着人们的个性及生活态度的变化,这种变化到魏晋的竹林和元康时期,达到了玄风中人格的自然主义和个性主义发展的顶峰。

关于个性解放的根源,在学术上亦可多方面地体现出来。从学术大的背景下看,大家公认的事实是由于两汉经学在解经方面方法上的烦琐、思想上的禁锢、内容上又与谶纬迷信结合起来等,使人们对其产生了怀疑和否定。如果仅是这一个理由,魏晋士人完全可以抛弃两汉经学,转向先秦原始儒学,这应该是合情合理的,但事实上他们转向了道学和佛学。这就充分说明了受两汉经学的负面影响,原始儒学虽没有受到如同两汉经学那样的对待,但在部分士人的心目中,儒学在实际生活中已没有多大的用处,这一点可以从葛洪的口中得以证实。他在《遐览篇》中说:

> 鄙人面墙,拘系儒教,独知有五经三史百氏之言,及浮华之诗赋,无益之短文,尽思守此,既有年矣。既生值多难之运,乱靡有定,干戈戚扬,艺文不贵,徒消工夫,苦意极思,攻微索隐,竟不能禄在其中,免此垄亩;又有损于精思,无益于年命。[①]

---

① 葛洪.《抱朴子·内篇》卷十九,《诸子集成》第八卷,北京,团结出版社,1996:387页。

　　这就是说，人把自己的读书范围局限于儒学之内，"五经三史百氏之言"读了那么多年，一旦"值多难之运"，它们在现实社会生活中却不能"禄在其中，免此垄亩"，解决实际的问题，而只能白白消耗思想和精力，无益于人的长生久视。这里的"五经"，既然把它限制在"儒教"范围内，肯定指原始儒学的"易""诗""书""礼仪""春秋"五学了，所以说原始儒学在当时也被看作无用之学。这也是魏晋时期人们把目光转向道学及后来佛学的原因之一。而他们转向的道学与后来的佛学，前者追求人生的自然，后者追求心灵的解脱，两者实际皆以心为中心，必然对人个性的觉醒与思想的解放产生重大的影响。

　　学术研究内容转变的另外一个原因当然离不开当下的社会政治背景，两次党锢之祸后，为了在政治的夹缝中获得生存，避免因之而受到迫害，士人们由政治的积极参与者变成了不问世事的"世外"之人，学术内容也由早先的"清议"变成了"清谈"，老庄思想成了他们的"谈资"。不过，这并不是说老庄学说在先秦与汉魏之间存在一个明显的断截面，老庄思想并不是突然进入他们的视线并成为谈论主题的，东汉的王符就曾经说过："今学问之士，好语虚无之事，争著雕丽之文，以求见异于世，品人鲜识，从而高之。"① 而《后汉书》中对东汉时期太学关注的学术内容及学术风气更给予了高度的概括："自是游学增盛，至三万余生。然章句渐疏，而多以浮华相尚，儒者之风盖衰矣。"② 据余英时先生推断，"迟至 2 世纪中期，知识分子在日常交谈中讨论道家哲学话题已成了一种习惯"。③ 由此看来，无论是在官方还是在民间，以老庄为代表的道家思想被人们关注早已有之，只不过剧烈的社会变革及政治动荡促使道家学说由隐至显快速转变，但这种思想转变的"纯粹政治化的解释很难经得起近距离的仔细考察"。④ 所以，如果说政治环境只是一种

----

① 王符著，汪继培笺.《潜夫论·务本》，《诸子集成》第八卷，第 16 页。
② 范晔.《后汉书·儒林传》卷七九，第 1718 页。
③ 余英时.《人文与理性的中国》，上海，上海古籍出版社，2007：32 页。
④ 同上，第 34 页。

诱因或外因，学术本身发展的趋势是内因的话，那么汉魏之际人性的觉醒与道家思想内容的本身特征存在着直接的关系，这是不容置疑的。下面仅以《老子》为例。

《老子》的思想以"无为"为实践层面的核心，因此，个体的行为成为其重点关注的对象，在许多章节中都出现了"自"字，如"自定""自正""自生""自是""自彰""自矜"等概念，它们在表现出主体的自主性的同时，亦显现了主体的个体性。如《老子·三十三章》中说："知人者智，自知者明。胜人者有力，自胜者强。知足者富。""自知""自胜"皆以个体而言，指向个体自身；再如《老子·二十二章》中说："是以圣人抱一为天下式。不自见故明，不自是故彰，不自伐故有功，不自矜故长。"这里虽然用否定的方式，但仍然不失为对个体意志的一种描述。

不仅如此，《老子》中其他的概念或言语也表示出对个体的关注，如《老子·十三章》中说："何谓贵大患若身？吾所以有大患者，为吾有身，及吾无身，吾有何患？""身"一般自然是指个体之身，这里无非是讲如何珍视自己的个体生命而已。其他凸显个体存在的还有"吾""己"等概念。

综观《老子》的思想，无论是对个体的保护还是对个体的限制或提醒，都是表明老子重视个体存在与发展的特殊意向。

魏晋初期"清谈"对个体个性的影响，可以从官方的记载及部分玄学者的言论中体现出来，《晋书·王衍传》中说：

> 何晏、王弼祖述老庄，立论以为天地万物皆以无为本。无也者，开物成务，无往不存者也。阴阳持以化生，万物持以成形，贤者持以成德，不肖者持以免身。故无之为用，无爵而贵矣！①

---

① 《晋书·王衍传》卷四十三，第1236页。

"万物皆以无为本",它真正的内涵是,在宇宙之中,"天地任自然,无为无造,万物自相治理"。如果没有外力的干涉,无为于万物,每一个体之物都会处在自生、自成的自然状态的过程中,自得其德行。这无疑告诉人们只要不受外在任何条件的束缚或制约,就可以"自足其性",从而张扬个性,获得思想的解放与人格的自由。

官方的记载有其具体的理论根据,何晏《道论》曰:

> 有之为有,恃无以生;事而为事,由无以成。夫道之而无语,名之而无名,视之而无形,听之而无声,则道之全焉。故能昭音响而出气物,包形神而章光影;玄以之黑,素以之白,矩以之方,规以之圆。圆方得形而此无形,白黑得名而此无名也。①

何晏的《道论》只是注重人性自然的萌芽或开端,正始时期"清谈"所定的理论基调对以后玄学理论关于个体人性思想解放的影响到了元康时期则得到彻底的展露,作为这时期玄学重要代表人物之一的嵇康曾经说过这样的话:

> 六经以抑引为主,人性以从欲为欢,抑引则违其愿,从欲则得自然。然自然之得,不由抑引之六经。全性之本,不须犯情之礼律。②

"从欲"与"抑引"相互对立,"抑引"由"六经"而起,"从欲"则须自然无为相撑。很明显,嵇康是站在"全性"之"自然"而反对外

---

① 杨伯峻.《列子集释·天瑞篇》张湛注引,中华书局,2012:10页。
② 《嵇康集·难张辽叔〈自然好学论〉》,《鲁迅辑录古籍丛编》卷四,第96页。

力"六经"的"抑引"这边的，突出他对个体人性自然的重视。

受汉代政治背景影响，成就人个体的自觉或个性解放极其重要的原因还在于个体自我内心意识的形成。或进言之，魏晋人个性的觉醒由来已久，非一朝一夕之故。

上文已明，汉代选官实行察举制，开始以推荐为主，考试为辅。许多士人为了引起他者的关注以获取推荐，竭尽所能地采取各种手段，包括外在的衣着打扮、言语行为等，以充分表现自我的个性，吸引大家的注意力。《后汉书·赵壹传》中对赵壹是这样描述的：

> 赵壹字元叔，汉阳西县人也。体貌魁梧，身长九尺，美须豪眉，望之甚伟。而恃才倨傲，为乡党所摈……光和元年，举郡到京师。是时司徒袁逢受计，计吏数百人皆拜伏庭中，莫敢仰视，壹独长揖而已……壹以拱起公卿中非陟无足以托名者，乃日往到门。陟自强许通，尚卧未起，壹径入上堂，遂前临之。因举声哭……陟知其非常人，乃起，延与语……陟明旦大从车骑奉偈造壹。时诸计吏多盛饰车马帷幕，而壹独柴车草屏，露宿其傍。[①]

赵壹无论到哪儿，不管见谁，无不特立独行，以显示自己的与众不同，达到显名的目的，而从另一方面看，正是其自我的标新立异彰显出个体的自觉。这种依靠自我标新立异而求取功名的风气形成之后，个体之名的本身价值已独立于求名求仕的手段，成为存立于社会的重要标志，这一点在《汉书》中把士人的外貌与个体的才性紧紧联系起来也有所体现。《汉书·马融传》中对马融描述的是"马融……为人美辞貌，有俊才。"[②]《郭泰传》中说："郭泰……善谈论，美音制……游于洛阳，

---

① 范晔.《后汉书》，第2628—2629页。
② 《后汉书·马融传》，第1953页。

名震京师……身长八尺，容貌魁伟，裹衣薄带，周游列国。"① 可见，东汉的士人注重外貌与个体才性的彰显已被时人所认知和欣赏，对此产生的重要影响，正如余英时所说："虽虚伪矫情，或时所不免，而个体之自觉，亦大著于兹。"②

这种通过注重外在而反映士人内心的自觉或个性的觉醒，可随处见于魏晋士人身上。例如，《三国志·魏书》是这样描述何晏的：

> 晏性自喜，动静粉帛不离手，行不顾影。"③

而对阮籍则记述为

> 才藻艳逸，而倜傥放荡，行己寡欲，以老庄为模则。④

由此我们还可以看出，如果汉代士人仅从外在的容貌体现出其自觉，或者说借助外在的现象显现个体在不自觉中的自我意识，而如阮籍、嵇康等魏晋士人则不仅在容貌的基础上，而且更通过个体内心的觉醒展现其思想情感、行为模式、个体品格、价值理想等。

由上可知，魏晋时代人们寻求人性的解放、人格的自由，向往理想的心灵境界，并非突然地出现或政治压制下的偶然发明，它是社会历史发展中各种因素的合力而形成的"势所必至""理所固然"。一方面，由于统治者或忙于争权夺利，或为了巩固自己的政治地位，大多数时间已无暇顾及对意识形态的控制与掌握，学人的思想言论较少地受到政治性的束缚，思想的自由更有利于学术的发展与学术成果的传播，影响的广度与深度会得到显著增大、增强；另一方面，汉魏之际

---

① 《后汉书·郭符许列传》，第 2225 页。
② 余英时.《士与中国文化》，上海，上海人民出版社，2003：270 页。
③ 《三国志·魏书》卷九，第 292 页。
④ 《三国志·魏书》卷十三，第 605 页。

长期的社会战乱及政治腐败等众多原因，使得人们基本的生存都难以得到保障，人们关注的视域被迫从他者向自我转向，大家开始"关心自己"，试图通过"控制""改变""净化"自己等方式，建立自我的安身立命之地。理论上的支持与社会发展的必然在这个政治的罅隙间促使了个体自觉与人性自由的趋势在社会上迅速蔓延开来，人性获得了极大的觉醒。不过，正如余英时所指出的，不能把"因党锢之祸及魏晋之世压迫太重作为解释清谈源起之全部理由"① 一样，汉魏人性的觉醒亦有个体主观努力的结果。但无论如何，魏晋之士在以上情况下，采取"以心复心"（庄子语）的方式，在精神上开显了珍视生命价值、寻求人格自由境界的人生面向。或者说，魏晋思想的独特之处就在于对个体人格的建构与追求，而这种被称作"人格本体"的思想理论正是从王弼开始奠基的。

如上所述，我们这样说并非否认在魏晋之前特别是在汉代时期人们对生命的珍视与对人格精神的追求，正如鲁惟一所言，在汉代的最后一百年时间里，人们不但见证了"精神教化、身体修行以及神学权威的系统化过程"，而且"男人和女人都很关心超越死亡而获得不朽的新途径，他们（实际在寻找）新型的护符来实现那样的目的"。② 也就是说，自从有了人类以来，人们对生命的关注、对精神价值的渴望、对人格理想的追求一直是绵延不断、经久不息的，在汉代也不例外。相比较而言，学人之所以用"觉醒""珍视"等强调或突出它们的存在，只是在魏晋这个特殊的社会背景下更能彰显它们存在的价值及在人们社会生活中的重要地位而已。

---

① 余英时．《士与中国文化》，第282页。
② ［英］鲁惟一著，王浩译．《汉代的信仰、神话和理性》，北京，北京大学出版社，2009：3—4页。

第三节　生命的境界

人生当以生命为前提，因此，在谈论王弼的人生境界之前，必须了解其对生命的态度。

一、生命与"心"的关系

人从根本来说，不过是物质的一种集合体，但他又不是物质简单的聚集，而是一个由众多部分组成、不断自我发展变化的生命有机体。在这个有机体中，虽然各个部分有自己的功能，但它们之间却是相互联系、相互影响甚至是相互依赖的，任何一方的受损或功能失常，都有可能影响机体的正常运行，甚至断送整个机体的存在。因此，它们在这个共同的有机体中必须密切合作，为整个生命有机体的延续和发展保驾护航。也就是说，如果生命的存在得以延续，不是单个器官的作用就可以解决的，而是必须各个器官各自发挥其正常的功能并统一于有机体中才能实现，就如著名物理学家保罗·戴维斯所说："使生命如此的非凡，使有生命者不同于无生命者的，并不在于构成有机体的东西是什么，而在于这些东西是如何组合在一起，作为整体而运作的。"① 这就意味着，作为有机的整体，虽然生命的机体是被规定的，但生命的组成部分如何相互配合，才能保障整体的正常运作，需要一个能够协调各方面行动或者发挥作用的统一指挥员，在古人看来，它就是"心"。② 而这个"心"不再注重它物质意义上的存在，而是强调外显的一种机能，我们称之为

---

① 霍尔盖特.《黑格尔导论》，第 258 页。原文见 Paul Davies ，*The Origin of Life* . London：Penguin Books ，2003，P. 17.

② 实际上，虽然现代科学已经证明，人的意识，即真正对各个器官发号施令的是人的大脑，但在人的生理结构中，正是由于心脏的不停跳动，不停工作，把血液和氧气输送给身体的各个地方、各个器官，才使得生命得以存续，所以，现在看古人认为是心在思考是荒唐可笑的，但他们这样的理论也自有他们实践的根据与合理性。

精神或理性。它能够通过自我的机能产生的意识指挥、协调全身器官，所以任何影响到心的因素都有可能造成各种各样的结果，或是积极地促进和提高人的整个机体的机能，或是负面地影响到机体的正常运转。科学证明，人的精神或理性对生命机体的直接或潜在的影响是巨大的，几乎可以说，人没有了精神，就没有了生命。这里的生命有着双重含义：一个是生命机体存在，另一个是人生命的朝气与活力。医学上大量的临床经验证实，当一个重症患者能够保持积极、乐观向上的态度，往往会创造出许多生命的奇迹。因此，就如牟宗三所言：

> 人生奋斗过程在生命以外一定要重视理性。当生命强度开始衰败，有理性则生命可以再延续下去，理性能够使生命有体而不至于溃烂。[①]

这一点古人早有先见之明：

> 凡人所生者神也，所托者形也。神大则用竭，形大劳则敝，形神离则死，死者不可复生，离者不可复合，做圣人重之。由是观之，神者，生之本也；形者，生之具也。[②]

这个问题作为时代的重要哲学话题从汉朝一直讨论到南朝而达到顶峰，出现了像何成天、范缜这样的无神论思想家，他们更加明确了人的形与神之间的联系。例如范缜说："神即形也，形即神也。是以形存则神存，形谢则神灭也。"[③] 王弼虽然没有对有关问题的直接论述，但在其"有无之辩"和"自然"概念所内含的思想方面，无不体现了人的精神意识方面对生命的价值与作用，特别是在严酷的社会环境已经危及了人

---

① 牟宗三．《中西哲学之会通十四讲》，第 19 页。
② （汉）司马迁．《史记·太史公自序》，《史记》，北京，中华书局，1965：130 页。
③ 《梁书·神灭论》卷四十八。

的生命安全和正常生活而又无力去改变的情况下，人们只有通过个体内心理性的力量，漠视外在力量的影响或存在，即让"心"保持在"无"的"自然"状态下发挥其在生命体内原有的作用，个体生命的存有就获得了外在精神束缚或压制的解脱，实现了精神与生理的自然和谐。

二、以无贵身，求其自然的养生之道

前文已经说过，魏晋社会对个体来说，首要的任务是保障自己生命的存在，而作为名门望族出身的士人，生命的危险之处不是肉体遭受的饥寒交迫，而是思想观念给生命带来的种种威胁。所以就外在的政治环境而言，王弼认为"处不可妄之极，唯宜静保其身而已，故不可行也。"① "妄"，《说文解字》中解释为"乱也"，"马、郑、王肃皆云：'妄，犹望，谓无所谓希望也'。"② 王弼这句话是说，当社会混乱到极点时，人只有在心中保持安静，不可轻易行动，才能使生命得以保全。"静"在这里无疑是和人的心理有关，心理平静了，就不会对社会上的各种丑恶或不公有所动，就不会因此而引火烧身，给自己带来不必要的麻烦。

上述只是外力给予自我生命造成的危险及解决的途径，实际上给生命带来伤害的往往还有自我内部的原因。他在解释老子的"名与身孰亲？身与货孰多？得与亡孰病？是故甚爱必大费，多藏必厚亡"时指出："尚名好高，其身必疏。贪货无厌，其身必少。得多利而亡其身，何者为病也。甚爱不与物通，多藏不与物散，求之者多，攻之者众，为物所病，故大费厚亡也。"③ "名""货""利"等皆身外之物，最主要的是，这些身外之物与人身的存在呈对立状态："甚爱"，私爱名过多，结果不能与万物沟通一气；"多藏"，私藏利过多，则不能与万物分享其所有，只能是人心理上的一种负担；"大费"，过分追求名誉，必将大费智

---

① 《周易·妄卦注》，第345页。
② 同上。
③ 《老子·四十四章注》。

虑，必定耗费身体的机能多，所以如果"人迷之于荣宠，返之于身"，则"大患若身也。"① 可见，真正的生命不需要外带与身不符的目的和欲望，不是人攫取其他事物的手段，而是"毋宁一切事情都是为了我们的存在、行为、生命，在与它的关系上被赋予意义，它自身（生命）是以自己为目的。"② 所以在实际生活中，人们就要"为腹不为目"，因为"为腹者以物养己，为目者以物役己"。③ 如何才能做到这一点呢？

王弼指出："吾所以有大患者，为吾有身，由有其身也。及吾无身，归之自然也。吾有何患？"④ 这里的"身"从避"患"的最终目的看，当然是指人的自身存在，而从"患"对"身"的直接影响看，此"身"应指精神层面的东西，即人的主观意识或精神。⑤ "无身"，不用特别在意自己，反而能够使得自身得以保存。王弼这里是借用老子"将欲取之必先与之"的思维方式来实现"身"的保全，而且能够如此的只有心"无"，无心与自我，身则会自然存在。所以王弼说：

　　善摄生者无以生为生，故无死地也。器之害者，莫甚乎兵戈，兽之害者，莫甚乎兕虎，而令兵戈无所容其锋刃，虎兕无所措其爪角，斯诚不以欲累其身者也，何死地之有乎。夫蚖蟺以渊为浅，而凿穴其中，鹰鹯以山为卑，而增巢其上，矰缴不

---

① 《老子·十二章注》。

② 西谷启治.《宗教是什么》，第286页。

③ 蒋锡昌认为："'腹'者，无知无欲，虽外有可欲之境而亦不能见。'目'者，可见之物，易受外物之诱惑而伤自然。故老子以'腹'代表一种简单清净、无知无欲之生活；以'目'代表一种巧伪多欲之生活。明乎此，则'为腹'即为无欲之生活，'不为目'，即不为多欲之生活。"（见蒋锡昌.《老子校诂》，东升出版事业有限公司，1980：67页。）蒋锡虽是解释老子的"为腹不为目"的，但也可作为王弼此句话的解释。

④ 陈佩君说："这里的'身'字所指涉的，不应该是具体的身体形躯，而是一种产生于社会相对价值标准（如荣辱）的主观意识。这种主观意识并非天生自然，是通过后天的、外在的、人为的、强制性的、相对的规范与标准确立的，可说是一种社会我。"（见赵保佑.《老子思想与人类的生存之道》，社会科学文献出版社，2011：132页）陈佩君看到了"患"与"身"之间的逻辑关系，却忽视了存在之"身"与"意识"之身的联系，最重要的是忽视了老子强调的"致虚极，守静笃"的"自然"之心。

⑤ 《老子·十二章注》。

能及，网罟不能到，可谓处于无死地矣，然而卒以甘饵，乃入于无生之地，岂非生生之厚乎，故物苟不以求离其本，不以欲渝其真，虽入军而不害，陆行而不可犯也，赤子之可则而贵信矣。①

由此可以看出，王弼的养生，非直接养生理之身，而是养心理之精神，通过养神以达到养身的目的，其关键就在于人心，只有保持"自然"之心，才能防止"御体失性则疾病生，辅物失真则疵衅作"② 这样的情况发生。

三、以无为心，无执无着的长生久视之道

正如上文所言，王弼所追求的养生，非完全躯体上的生，还有精神上的生，生的长短非以时空作为判断标准，而是从人生意义的层面给予考虑。他说："虽死而以为生之道，不亡乃得全其寿，身没而道犹存，况身存而道不卒乎。"③ 人的生命可以死，肉体可以消失，但只要是人生之于"道"，获得"大德"，这个人就不会淡出人们的视野，这种精神上的存在就可以称得上人的长寿。为什么是这样呢？正所谓"身没而道犹存"。正如现代著名诗人臧克家写的那样："有的人死了，他还活着，有的人活着，他已经死了。"死了还活着是因为他的言行符合"道"，"道"在，人亦在；反之则是如果违背了"道"，即使活着也如行尸走肉，没有人会记住他的。如何使得"道"存于人之心中？王弼认为："朴之为物，以无为心也，亦无名，故将得道，莫若守朴。"④ "朴之为物，愦然不偏，近于无有。"⑤ 由之看来，得"道"的条件就是人心的"无"，即无偏私。这一点也得到王弼的直接证实。他说："惟以空为德，然后乃

---

① 《老子·五十章注》。
② 《老子·十七章注》。
③ 《老子·三十三章注》。
④ 《老子·三十二章注》。
⑤ 同上。

能动作从于道。"① 因此，王弼对老子"天长地久。天地所以能长且久者，以其不自生，故能长生。是以圣人后其身而身先；外其身而身存。非以其无私邪，故能成其私"② 解释道："自生则与物争，不自生则物归也。无私者，无为于身也。身先身存，故曰，能成其私。"这里可以从两个层面理解。一是认知层面，针对天地长久的原因是"不自生"，是因为"自生"就会"有我"，"有我"就会与他者相区别，有区别就有利的纷争，就会伤及自身，残害生命，而一旦做到了"无我"，则会与天地共生。"无我"，既把自己看作是自身，又不是自身，自身既是世界的中心，又不是世界的中心。当自己自身呈现，则其他的事物是自身的附庸，而自己是世界的中心；反之，自己是他者的附庸，自身淹没在世界之中，同时失去了世界中心的地位。简单地说，自我与其他的事物之间并没有主客之分，自身与它们既相互独立，又不可相离，与它们组成一个完整不可分割的整体，这样的"无我"则会顺自我之性，不受外力的干扰，自然会长生久视。二是社会实践层面，"无私者"，即人心之无私。圣人之所以能够长生久视，就是因为心之无私，自己无为于自己，自我才能"身先身存"。圣人如此，他者也应因之而为，方可达长生之道。

与佛教相比，王弼哲学继承了道教重生的思想，不认为这个世界是虚幻的，因此，即使处在极其恶劣的生存环境中，依然表现出对生死的执着；但他的思想与道教又有所不同，王弼对生命的解读并不仅注重生理上的存在，而且看重人精神方面对个体生命存在的影响，这一点恰恰和东汉时期流行的形神关系的讨论不谋而合。从现代科学的角度看，王弼的这种思想无疑有他的合理性，一方面，良好的精神状态有益于个体的生理，可以在纷扰的社会中实现对"心灵的创伤、生活的苦难的某种慰藉"，这对于魏晋士人在仕途中遭受巨大失败或不幸时具有强烈的现

---

① 《老子·二十一章注》。
② 《老子·七章》。

实意义；另外，心的"虚无"（被看作精神的最佳状态）可以"陶冶、培育和丰富人的精神世界和心灵境界。可以教人们去忘怀得失，摆脱利害，超越种种庸俗无聊的现实计较和生活束缚。"[1] 从更高的层次看，心之"无"还可以与生机盎然的大自然融为一体，高举远慕，怡然自适，获得心灵的解放和自由。这就要求个体生命必须超越具体的外在事物对思想的束缚，把个体提升到与宇宙共生的精神高度。这也是我们以下所谈到的心之"虚无"带来的人格境界。

第四节　人生的境界

一、人格境界的哲学基础

人格既可以从自身、以自我为中心来审视，通过自我反思的立场了解和掌握自我，也可以作为主体性的客观对象被审视，而只有自身内在的自省，才有可能更为接近自我的本质特征。因为人格的最高境界在于能够实现自身自由的自我规定，而要做到这一点只有回到自体的本性才有可能，自我的自由是建立在自体本然的基础上的。因此，如果欲实现人格的理想境界，必须是自身能够把握住自己的本体，就如西谷启治所说："自己内在的自己把握是很自然的。只要没有产生更根源性反省的必要，每个人无论何时对自我与人格，很自然地就存在于这种把握方式当中。"[2] 也就是说，人格只是自身对自体性质的反映而已，如果是开显人格魅力，必然首先能够体现人自我的本质。在古人看来，人格理想的实现就个体而言，首先在于人心的问题，对这一点，孟子有着明确的说明："君子所异于者，以其存心也，君子以仁存心，以礼存心。"[3] "君

---

[1]　李泽厚.《中国思想史论》上，第221页。
[2]　西谷启治.《宗教是什么》，第91页。
[3]　《孟子·离娄下》。

子"之心存"仁"、存"礼","仁者，爱人"，是表示人与人之间的亲近友爱；"礼"指由道德观念和风俗习惯而形成的规范制度或礼节，两者皆非本心直接发出，所以还不是人之本然的体现，因此，孟子说的人格是君子人格与圣人人格两个层次的差别。圣人的人格以老子而言应是"处无为之事，行不言之教，万物作焉而不辞，生而不有，为而不恃"。[1]圣人之心是"致虚极，守静笃"[2]，而圣人之"无为""无恃"正是其心之"虚无"的结果，心之"虚无"表现的却是人心的本然，因此，圣人是人格所能达到的最高境界。而庄子的圣人品质与老子几乎相同，如庄子的"无名""无功""无己"的圣人形象来自其"游心于淡，合气于漠"的作用，而心之"淡""漠"皆为没有、空旷之义，为人心之本然，所以钱穆说："庄子之理想人生，乃一圆形，而中心空虚，无一物焉。故庄子之言心主不藏，不藏则中空无物也。"[3] 郭象则更为直接，他指出：

> 圣人无心，任世人自成。成之淳薄，皆非圣也。圣人能任世之自得耳，岂能使世得圣哉！故皇王之迹，与世俱迁，而圣人之道未始不全也。[4]

圣人"无心"，即对他者而言，圣人"无为"，则他者自为，所以能够成就"道"之全。而世人由于有心，所以才"成之淳薄"，非圣人所为。也就是圣人的人格品质来自他的"无心"，而"无心"则体现了人之本然。

可见，人格的修养有两种境界：一是君子境界，一是圣人境界。君子境界以人的社会实践之心为根，通过社会的伦理规范与风俗习惯界定

① 《老子·二章》。
② 《老子·十六章》。
③ 钱穆.《庄老通辨》，北京，三联书店，2005：285 页。
④ 郭庆藩.《庄子集释》，第 552 页。

人心，显现出个体现实的人格形象，它需要人相对于私欲而保持公正无私的"虚无"，但这种"虚无"非完全本然意义上的，本然意义的心之"虚无"无所谓公正偏私，且心发出的意识是本能使然，是一种无意识的意识，所以称"虚无"为"自然"之心，而社会之心的"虚无"是个体通过自我主观意志的努力发明本然之心而成，以便人能够按照事物的本然考虑问题，因此，西谷启治指出："立足于此虚无，人才能从自然法则的彻底支配中脱离，才能够在自己之外看到自然法则的立场。"① 由此可以看出，君子的人格境界重点在人与社会的关系方面，或者说侧重于个体的修养对社会及他人的关系。而圣人境界以发现个体"自然"本心为基础，通过个体的"无为""无恃"，形成理想的人格境界，他所关注的重点在于自我。这种境界实际是完全发现人的本然之心，使得个体行事的法则能够追寻到宇宙万物的本性之处，人不再需要个体主观意志的努力，完全由人的"虚无"之心，使得人的行为既能够与万物统一于"道法自然"的原则之下，又能够感受到个体人格的独立存在。就如唐君毅所分析的那样："由人心之能自求诚自令自命之处，见我之性；并由我之自命，见天之以命我，而祝我之性，亦为天之所命。"② 而这种"由人心之能自求诚自令自命"所带来的即是理想人格境界。

二、王弼之实践的人格境界

魏晋时代，政治生活的失序与仕途上的不得意已使士人的内心产生了极大的震撼，"杨朱泣歧路，墨子悲染丝"③ 是他们当时内心的真实写照，而在日常社会生活中，他们也难以摆脱人世间各种各样的烦恼和厄运，正如颜之推总结的那样：

平叔以党曹爽见诛，触辅嗣以多笑人被疾，陷好胜之死权

---

① 西谷启治.《宗教是什么》，第 108 页。
② 唐君毅.《中国哲学原论·导论篇》，第 84 页。
③ 阮籍撰，陈伯君校注.《阮籍集校注·咏怀诗二十》，第 233 页。

之网也；山巨源蓄积取讥，背多藏后亡也；嵇叔夜排俗取祸，岂和光同尘之流也；阮嗣宗沉酒荒迷，乖畏途相戒之譬也。①

这些情况的出现就他们本身而言，能够反映出他们内心对社会矛盾日益激化的不安与无奈，以及他们不愿与当权者同流合污的畸形反抗。虽然言行的怪异使得他们在生活中表现出一种社会的另类，似傻、似狂、似疯、似癫，但内心深处却保持着人格的清醒与正直，正如王弼所说："不性其情，焉能久行其正，此是情之正也。若心好流荡失真，此是情之邪也。若情以近性，故云性其情。情近性者，何妨是有欲。"②"性"为人之自然本性，"情"由"性"发出，因此，"情"保持与"性"的一致，人则行其正，即如"夫喜、惧、哀、乐，民之自然，应感而动，则发乎声歌"。③ 但如果心"好流荡失真"，"情"就会"邪"，正如成玄英所说："凡情迷执，有得丧以撄心。"④ 这也说明，"心"的状态与"性"有密切的关系，"心"若与性相贴近，同样可以使得"情"正。而"心"与性一致要求"心"是自然之心，即孟子说的"本心"，也就是说，"情"之正邪，皆在于"心"："情苟滞于有，则所在皆物也；情苟滞于无，则所在皆虚也。是知有无在心，不在乎境。"⑤ 即使是有欲，若存有"虚无"之心，那"情"也是正的。由此可见，生活中的外在表现并不代表魏晋名士在内心中保存的那份人之善良、正直、纯真本性的改变和对人格追求的放弃。

但面对政局的动荡，环境的恶劣，以及"天下多故"，要做到人格的独立和保有尊严，首先要在自己的身上下功夫，"知足知止，无求于

① 颜之推著，王利器集解.《颜氏家训集解·勉学篇》，上海古籍出版社，1980：178页。
② 《论语释疑·阳货》，楼宇烈.《王弼集校释》，第631页。
③ 楼宇烈.《王弼集校释》，第625页。
④ （唐）成玄英.《南华真经注疏·齐物论疏》，中华书局，1998：30页。
⑤ 成玄英.《南华真经注疏·则阳疏》，第526页。

外，个修其内而已。"① 具体来说："不自见，不自是，不自伐，不自矜。"② "自见""自是""自伐""自矜"无不是人自我有为的体现，是由个人主观思想或意念所造成的，而一旦心中无丘壑，任物事之"自然"，无论是个人的才性智慧还是道德品格，都可以达到"诚全而归之"的效果。

社会现实毕竟是残酷的，人仅仅达到对自身人格的要求还是不够的，作为现实中的人，只要生活在这个世界里，总是要面对社会中或顺或逆、或喜或悲、或荣或辱等各种外在的纷杂对人身心的浸染，对此王弼说："宠必有辱，荣必有患，惊辱等，荣患同也。大患，荣宠之属也。生之厚，必入死之地，故谓之大患也。人迷之于荣宠，返之于身，故曰大患若身也。"③ 对此陈鼓应分析道：

> "宠"和"辱"对于人的尊严之挫伤，并没有什么两样。受辱固然损伤了自尊，得宠何尝不是剥落人格的独立与完整。得宠者的心理，总是感觉到这是一份意外的殊荣，一经赐予，就会战战兢兢地唯恐失去，于是在赐予者的面前诚惶诚恐，曲意逢迎，因而自我的尊严无形地萎缩下去。④

怎样避免这种境况？王弼指出，造成这种境况的主要是人"吾有其身"，如果能够"归之自然"，"则无物可以损其身、易其身"。什么叫"归之自然"？这里可以从两个层面理解：一是既然"宠辱"皆是人迷之所致，人就必须保持内心的平静，把"宠辱"挡在心门之外；二是对人自身来说既然"宠辱"是"吾有其身"的原因，如果人能够"及吾无身"，即内心保持空灵虚无，不但能够实现心灵上的宠辱不惊和人格上

---

① 《老子·四十六章注》。
② 《老子·二十二章注》。
③ 《老子·十三章注》。
④ 陈鼓应.《老子今注今译》，北京，商务印书馆，1984：124 页。

的独立并保有尊严，而且能够"无以易其身，无物可以损其身。"此外，"归之自然"还有一种更深层次的含义，"顺时而应世"，人在内心保持着那份"虚无"与宁静，并不是要求人离群索居，而是外在地顺应自己所处的时代环境，服从世俗之序，只是人们内心要"应物而不累于物"罢了。就如康德引芳泰奈尔所说的那样："在贵人面前，我的身子虽然鞠躬，而我的内心却不鞠躬。"① 但需要指出的是，"归之自然"与"顺应自然"是两回事。"顺应自然"实际是人面对社会抱着"安之若命"的态度，对他人的要求总逆来顺受，"呼我牛也谓之牛，呼我马也谓之马"。② 或者是对一切表现出漠然的样子，"不乐寿，不哀夭；不荣通，不丑穷"。③ 甚至对发生的事情也总是听天由命，不愿作任何的努力，"生死存亡，穷达贫富，贤与不肖毁誉，饥渴寒暑，是事之变，命之行也。"④ 因此，与"归之自然"积极向上的精神意识相比，"顺应自然"则明显地表现出其消极的意义，人在社会生活中缺少意识的主动性，在行动中总是处在被动地位，其实质就是心理上的一种颓废和精神上的萎靡表现。这种思想在王弼的"自然"中表现得还不是很明显，但已深深埋下种子，到了魏晋玄学后期才集中爆发出来，出现了像上文提到的王衍等借玄学"虚无"之名而实际上却每日无所事事、不求上进的酒色之徒。

总的来看，在现成的世界中，王弼的主张对于大多数士人来说具有很强的实践性或可操作性。当下士人最切近的事莫过于能够在社会的纷乱与个体的不安中寻找到心灵的栖息之地，但当个体清楚地意识到依靠个人的力量暂时无法改变社会的现实又不得不生活在这个世界上时，只能在自身寻求突破口，这就是通过个人主观意志的努力，保持心灵的澄明洁净，使得内心在面对外界的纷扰时能够"结庐在人境，而无车马

---

① ［德］康德著，关文运译．《实践理性批判》，桂林，广西师范大学出版社，2002：78 页。

② 《庄子·天道》。

③ 《庄子·天地》。

④ 《庄子·人间世》。

喧",这样才能在社会上立足。当然这样做还有一个历史背景,在过去发生的事件中,儒家的部分士人就是因为试图通过个体的努力来改变这个社会,结果却给自己带来灭顶之灾,那些在朝廷身居高位者更是如此。这样与其在外寻找解决社会问题的出路,不如转向自我,寻求个人的解决方法更为安全和直接,所以后来有些有识之士就展现出了"身在庙堂之上,心在山林之中"的人生态度,以应对现实。显然,尽管王弼试图在与万物一"道"的"自然"中寻求人格的最高境界——成圣,但在成圣之前,生活在现实中的每个人首先应该寻找的是既可实现自我又可适应社会的人格层次。

三、王弼之理想的人格境界

王弼对理想人格的追求与儒、道两家是一致的,那就是未来成为圣人。这不但是一种人生理想,更是人格的最高境界。那么作为圣人,应该具备什么样的人格品质呢?对自我而言,王弼说:"与天合德,体道大通,则乃至于极虚无也。""虚无"指内心的空无,只有如此,才能"得道之常",才能够天人一体。对他者而言,王弼说:"圣人不立刑名以检物,不造进以殊弃不肖,辅万物之自然而不为始。"①"圣人达自然之至,畅万物之情,故因而不为,顺而不施。"② 什么是"达自然之至"?无非是"廓然无形之可名,无兆之可举,如婴儿之未孩也"。③ "如婴儿之未孩"最基本的条件就是扫除外在的社会情欲带给本心的影响,使得"心无所别析,意无所好欲,犹然其情不可睹"。④ 之所以可以如此。能够如此,是因为只有内心保持虚无的状态,才能够守"道"、为"道",而"道"即"创生万物又内在于万物而成为其本性"。⑤ 由是,王弼得出圣人总的形象:"圣人达自然之性,畅万物之情,故因而不为,顺而不

① 《老子·二十七章注》。
② 《老子·十三章注》。
③ 《老子·二十章注》。
④ 同上。
⑤ 陈鼓应.《道家的人文精神》,第169页。

施，除其所以迷，去其所以惑，故心不乱而物性自得之也。"① 而对于普通人来说，守"道"、为"道"则可以"一面减损生命各个方向的阻力（如私心、偏见），一面发挥自身生命的动力"。② 它们不但是一个成圣的原则，也是修身、体道的一种功夫，唯有如此，凡人才能还原本心，不断提升生命中的精神境界，直至达于圣境。不过，本心的"虚无"作为自身的内在体现，并非只是在自己之外被观看到的虚无，而是成为"认为自己是空而主体性地被接受到自己自身的一种主体脱自的超越之场（the field of ecstatic transcendence of the subject）。"③ 也就是说，真正的虚无并不是做给别人看的，而是发自肺腑的，是自我本能的体现，它所要超越的不仅包括日常的人格性、意识性，甚至要包括如佛教中所说的"无执""无我"等方面属于自己的存在方式。这种自发的、自觉的心虚状态，才是自我"本真"的反映，也是圣人品质的具体体现。

从本性上看，如果说儒家人格的最高理想是追求道德上的"善"，那么王弼的人格理想则与道家的人格理想具有一致性，那就是赋予理想人格以自然本性的"真"。这个"真"是相对于世俗之人而言，指合乎天性的"自然"之人，而世俗与"自然"最大的区别在人身上所能体现的就在于人心，人一旦和外在的名利、社会规范等联系起来，人之心便不再是其本然之心，而是已经偏离了"自然"之道的心，并"随着历史的衍化，礼乐、治化等文明内容不断发展，本真的存在形态离人越来越远"。④ 心不再"真"，自然体现不出个体真实的人格，因为在王弼看来，人的本性是与天地保持一致或者说是与天地融为一体的。王弼在解释老子"道大，天大，地大，王亦大"时说："天地之性，人为贵，而王是人之主也。"⑤ 这里的"天地之性"很明显包括人性在内，他之所以强调

---

① 《老子·二十九章注》。
② 陈鼓应.《道家的人文精神》，第169页。
③ 西谷启治.《宗教是什么》，第180页。
④ 杨国荣.《思与所思—哲学中的历史与历史中的哲学》，第129页。
⑤ 《老子·二十五章注》。

"人为贵",是为了突出天地之中人的地位和价值所在。正是以此为基础,人的自然本性才必须得到重视或尊重,但现实之中,人性是以世俗的方式存在的,人如果欲回归自然,达到本真状态,则需净化自己的内心世界,消解外物给心带来的天地之间的隔阂或蒙蔽,以超越世俗的方式回归本然,才可实现王弼心目中理想人格的最高境界:"与天合德,体道大通,则乃至于极虚无。"①

从这里我们可以看出,与世俗之人相比,王弼的理想人格突出了对人"自然"本性的尊重;相反,世俗之人则反映出外在的社会规范、道德礼仪、富贵荣辱等对人性的压制或伤害。因此王弼理想人格论的积极意义在于,一方面,它反映了时下伦理规范与社会制度对人性的压抑,从而促使了人性的觉醒;另一方面,人格的形成固然与外在的环境有着密切关系,但真正人格的形成离不开主体的选择,而主体的行为又与人心无法分离,也就是说,人格的塑造并非完全是外在环境的事情,必须依靠内心的努力,所以在这个问题上王弼主张"无责于人,必求诸己",② 表现出人的主观的能动性。不过,它的负面影响也是非常明显的。不论理想人格的塑造还是社会生活的实践,都要求人的内心保持"虚空",但心之"虚空",不仅没有了私,也没有了欲,而人一旦如此,就存在不求上进的潜在可能,就如王弼说:"'为学者日益,为道者日损。'然则学求益所能而进其智者也。若将无欲而足,何求于益,不知而中,何求于进。"同时,由心之"虚无"带来的"顺物性而为"要求人们不可违反物之"自然",这不但会令人思想禁锢,缺少创造的主动性与活力,而且会使人丧失生活的激情,听天由命,在社会实践中时时处于被动的地位。就如王弼在《周易》颐卦之初九中写到的:"夫安身莫若不竞,修己莫若自保。守道则福至,求禄则辱来。"这样的人生哲学带有明显的消极色彩。

---

① 《老子·十六章注》。
② 楼宇烈.《王弼集校释·老子指略》,第 196 页。

总之，就如成中英先生所言："中国哲学中自我修养的终极目的是意识到天人合一，并最终看清某人得到真实本性就存在于其自我的所有属性和行为的结果之中。"① 个人修行的方法非常简单，就在于用心去体悟"天道"，借助人的澄明之心，提高人对"道"的悟见能力，逐渐从观道、体道、悟道，最终获得与天同道，这时的人就不再是世俗之人，而是"真人""至人""圣人"，即达到了人格理想的最高境界。但这种理想人格修养的实现遵循形而上的"道"而成，而不具有人格意义上神的指导，因此这种理想的人格并不具有宗教性，而更具理论上的实践性。在这个实践过程中，它分为两个层次：一是在未能悟道之前，人可以通过观察"道"在自然万物上的显现来坚信"道"的存在，借物道体悟人道，这时的悟道尚在心故意而为之的阶段；二是当其逐渐能够"澄澈其心智，黜挫所有精神上的淆乱"时，② 人心毫无羁绊，自我的所作所为能够"从心所欲不逾矩"时，天道与人道便实现了沟通，人有意的悟道变成了心灵不自觉的活动，即心灵的自由。也就是实现了人格的最高理想——圣人之境。

第五节 有无之辩与自由之境

一、自由的哲学基础及意涵

自由以穆勒而言，分为"心理之自由，群理之自由。心理之自由，与前定对；群理之自由，与节制对"。③ 由此可以看出，穆勒所谓的"心理之自由"是针对人的意志来说的，与必然性相对而言；"群理之自由"应是政治上的术语，指公民自由或者社会自由，即社会能够给予个体权

---

① 成中英.《人文与理性的中国》，第27页。
② 牟复礼著，王立刚译.《中国思想之渊源》，第69页。
③ ［英］·约翰·穆勒著，严复译.《论自由》，上海，上海三联书店，2009：1页。

利的性质与界限，我们所要论说的显然是前者——"心理之自由"。这种自由是在任何一种物质条件或社会环境下，都能保持思想与意志的不受约束，它并无固定衡量的标准，而只是人内在生命中的主观感受，这种感受是否自由很难用语言去描述，但往往以自然本性的满足与思想的愉悦为判断标准，说白了，"心理之自由" 就是一种相对于世人之心的"虚无" 境界，是意志上不受外在影响的自由。

在现实世界中，人的思想意识总是来源于人意识到的对象，通过对象对人感官的刺激在大脑里进行综合后，形成了对该对象观念性的理解。在直观上，好像这种理解是属于个人的事情，即理解上的思想自由，但事实上是否如此则要打上个大大的问号，因为主体面对的对象不仅是独立存在的个体，而且是世界全体中的一分子，它们之间其实是相互影响、相互联系的，共同组成了人所存在的外部环境，人的心理状况与之有着密切的关系，因此，很难说人思想的认识是纯粹自由的。人所面对的不仅有周围的自然环境，还有不断发展变化的社会环境，双重的影响使人的心理从开始就在不知不觉中受到它们的影响或束缚。在此情况下，人所产生的思想意识也并非完全是自己真实意志的体现，换句话说，人的思想意识是不自由的，反映不出人作为自然的人的真实面。

由此看来，从根源上说，人思想的不自由主要来自外在事物或环境的干扰，也就是说，只要存在与人相对的他者，他者就会始终影响着人心灵的自由，只要有了主客的对立，自由永远是个神话，因此要实现心的自由，就必须摆脱外在的影响和对立。[①] 而客观事实是，这些影响或者与之对立的具体存在在现实面前不可能被消灭或消除，人也是生活在这个世界里的现实存在，而且是 "存在于其他存在者的存在者"，所以唯一可行的途径只能从作为主体的人自身上去寻求。那就是 "忘记" 外

---

① 叶秀山说："从一个角度说，'自由' 本是一个 '否定'，西文 '自由' 为 '摆脱'。'摆脱' 什么？一切的 '什么' 都在 '摆脱' 之列。"（见叶秀山，《中西智慧的贯通——叶秀山中国哲学文化论集》，江苏人民出版社，2002：92 页。）从自由本义上说，我们所说的自由与西方所说的自由无疑有一致性。

在的存在，或者说摒弃它们对个体存在的影响，达到超出了一切世俗的羁绊而让自我沉寂在精神上的独立状态，这时的心则应处在最大的自由之中。但并不意味着这种超越脱离了生活的具体而使人进入抽象的真空之地，也不意味着人的存在方式与其他万物的存在方式的区别的泯灭，海德格尔将"此在"定义为"在其存在中关心这个存在的本身的存在者"，是在"为自己的存在操心，在于去成为它自己的存在"。① 一方面体现了这个"为自己的存在操心"事情是在一定的环境中（"存在之场"）发生的，但另一方面这个自我操心的本身并不是把主体个人与他者相比较而言的，否则这种操心还是不能够实现自我心灵上的自由，就如斯蒂芬·霍尔盖特所说：

> 我不是在一个他物之中，而是纯粹地、完全地保持在自我之中，并且那对我来说是本质之是的对象与我的自为之是有着不可分割的统一性；我在概念思维中的活动乃是我自身之中的活动。②

斯蒂芬·霍尔盖特这句话的意思是，自由的思维来自于自我的意识，自我的意识无非就是绝对认识的自身，就是绝对的自我意识。所谓绝对的自我意识，首先就是要脱离外物对自我的影响，使得"我"不再是以自我为中心的认识主体；其次就是要摆脱自我的知性认识，知性认识是普通意识的一种形态，而不是自我意识的形态，因为普通意识仍然是需要外在条件的意识，而不是人自身自为的意识，真正自由的意识正如上面分析的那样，必须是人之心摒弃外在的一切、消弭人与他者之间的对立、自身自为的意识，其实就是人心保持本然的"虚无"状态由人之自然本性而发出的意识，我们称之为心灵的自由。

---

①   张汝伦.《〈存在与时间〉释义》第一卷，上海人民出版社，2014：36、41 页。
②   斯蒂芬·霍尔盖特著，丁三东译.《黑格尔导论》，第 114 页。

上述的自由是一种绝对的自由，但只是理想化的心的状态，而对于常人来说，置身于纷杂烦扰的世俗社会中而能摆脱或者无视日常事务的纠缠，能够在内心保持一种虚静，或者即使面对外在的环境、条件的限制，自己仍能够自觉自愿地选择、决定自己的意愿，这才是现实生活中实在的心灵自由。不过，这里的"自由"并不是任性，或者说任着自己动物性的情感和欲望，当然也不可能是带着个人的成见或被习俗所支配，否则内心也就谈不上所谓的"虚静"与无限制，而是在更高层次上对事物必然认识的一种普遍性的潜在力量与绝对理念。[①] 它深藏于人的内心深处，既体现了人性的本然之质，又需要实践智慧的开显。因此，人的自由其实是一种心境、一种态度、一种情感修养，一旦它们上升到把"无"指向人心不被外在任何东西羁绊所呈现的状态时，就是人心一种本真虚无和空境，就是人绝对自由的根基，也是人能够达到的最高精神境界。这种最高精神境界与其说是自由的境界，不如说是道德修养的最高境界，因为人心"独立"或自由的展开与实践和个体的道德修养是并行不悖的。王弼哲学中以"无心为道"正是个体道德修养所能达到人格自由精神境界的实践智慧与理论抽象。

---

① 黑格尔说："任性和偏见就是自己个人主观的意见和意向，是一种自由，但这种自由还停留在奴隶的处境上。对于这种意识，纯粹形式不可能成为它的本质，特别是就这种纯粹形式是被认作弥漫于一切个体的普遍的陶冶事物的力量和绝对的理念而言，不可能成为它的本质。"（见黑格尔．《精神现象学》，商务印书馆，1979：131—132 页。）黑格尔的意思很明白，自由不等于任性，真正的自由不是动物性的心理，而是人的一种潜在的力量与理念，是一种实践智慧。既要"弥漫"于一切事物之中，具有普遍性，又要符合现实性活动的理念与规范。而牟宗三则进一步具体到道家，他说"道家背后的基本精神是要求高级的自由自在，他那个自由不是放肆，不是现在这个世界所表现的这种自由。它是一种高级的修养。"（见牟宗三．《中国哲学十九讲》，第 61—62 页。）为什么这样说呢？《庄子·田子方》中的一段话或许能给我们提供这种理论的背景："中国之民，明乎礼义而陋于知人心。昔之见我者，进退一成规、一成矩，从容一若龙、一若虎。"庄子的意思是说，由于人心受到了限制，使得人在行动中表现的那么循规蹈矩，一旦心灵上得到了解放，那么他们的行动却又全都如龙似虎。庄子强调国人"明礼仪而陋知人心"，实际是反对道德礼法对人心的桎梏，而追求一种心灵上的自由，并且这种自由是超越了人世间的事务，以"齐物""无待""逍遥"，进而达到与天地合一的自由境界，因此，牟宗三说它是高级的修养实是有据可查。王弼哲学中关于理想人格自由的精神境界的建立正是试图通过"无心"或者说使心摆脱世俗的羁绊来完成的。

二、王弼自由思想的萌芽

郑开说："道家形而上学理论的根本特征就是注重内在的体验，旨在阐明生活的意义和生命价值的学说。"[①] 王弼显然继承了道家学说的这个特征，他的"无""自然"等概念理论就是在体证和实践过程中展示出来的。如果说王弼哲学思想主要是为统治者提供一种"外王"理论，以解决当下政治与社会危机，但真正发挥明显作用的却是他与其他士人一道所建构起的个体精神世界，所谓"应物而不累于物""舍己任物""无所系累"等不外是人心性自由在人精神境界的种种体现。

同样，王弼的心性自由包括两个方面。一是"游世"。按照庄子的理论就是"与世皆行而不替""游与世而不僻""顺人而不失己"[②]，"游世"非离开人间世，而是承认现实，与世同行，但与世无争，即王弼所说的"应物而不累于物"。想做到既不与外物分离，又不受外物的影响，而只有"不以经心"[③] 才可以做到"虽有荣观，燕处超然。"[④] "不经心"即是无心，"虽有荣观，燕处超然"，即心"不汲汲于市场的价值，不被纳入统治阶层所拟定的价值规格"。[⑤] 人就可以在思想上获得逍遥自在、心灵上获得自由、精神上达到超然的境界。就如杨国荣所言："摆脱外在的束缚与限制，逍遥于世。就其形式而言，'逍遥'是一种自由之境。"[⑥] 二是"游心"。以庄子而言，所谓的"游心"，意味着游心于淡，合气于漠，顺自然而无容私焉。[⑦] "淡"，原意为"稀薄"或"缺少"；"漠"，原意为"面积空旷"或"冷淡""不经心"。即只有内心保持虚空，才无可容私，人才可顺"自然"而为。"顺自然"，心因无所羁

---

① 郑开.《道家形而上学研究》，第 348 页。

② 《庄子·杂篇》。

③ 《老子·二十六章注》。

④ 《老子·二十六章》。

⑤ 陈鼓应.《道家的人文精神》，第 21—22 页。

⑥ 杨国荣.《思与所思——哲学的历史与历史中的哲学》，第 11 页。郑开也认为，"逍遥"意味着诉诸心性境界的精神超越。"参见郑开《道家形而上学研究》，第 325 页。

⑦ 《庄子·应帝王》。

绊、无所目的、无所欲求，才"自然"，可见这里"自然"的本质就是心性自由。王弼的"游心"与庄子有着异曲同工之妙。他说："任自然之气，致至柔之和，能若婴儿之无所欲乎？则物全而性得也。""涤除邪饰，至于极览，能不以物界其明，疵其神乎？"① 心之无欲，则可保全人之"自然"之性；排除一切物欲对心的障碍，则可发现其本然之心，亦可以扫除由之带来的对精神（心）自由的限制。所以王弼的"游心"在于保持内心的"虚无"，才能达到心性自由的精神境界。不过，这里的心性"自由"还不是真正完全意义上的自由，因为心的"虚无"，如他说的"任自然之气""涤除邪饰"，非人的主观努力是无法实行的。"自由自在""自适其得"的"无心"还要靠人自身意志的努力来完成。从消极意义上说，带给人们的思想自由的心的"虚无"不过是人们在非常时期为自己的心灵寻找的一处暂时栖息之地而已；从积极层面看，心性自由既可使人避免沦为外在价值的工具，又能提高个体在日用伦常中的生活质量与个人素养，为精神生命创造一个自由之境。

真正的心性自由不只是个体的主观努力使得外在的感性欲望或名誉功利等不再影响到心性，这只能证明个体的内心深处还没有能够彻底地忘却自我，未达到"未始有物，与道合一"的天然的境界。实际上，能达到身心完全自由这个境界的只有理想中的圣人。上文说过在王弼的眼中，圣人之心与天地合一，自然本性与道大通。能够达到这种境界，心就无所谓自由不自由了，因为自由是相比较而言的，与自我比较，圣人内心一直保持着"虚无""静笃"，与他者相比较，而又与之整体为一，所以这样的"自由"是根本不存在的或没有任何意义的，如果一定要说有，那就是天地万物一切的"自然""自由"。不过，王弼的心性自由的确可以通过与他者相比、与自我相比呈现出来。他说：

① 《老子·十章注》。

众人迷于美进，惑于荣利，欲进心竞，故熙熙如享太牢，如春登台，我廓然，无形之可名，无兆之可举，如婴儿之未能孩；众人无不有怀有志，盈溢胸心，故曰，皆有余也。我独廓然，无为无欲；我愚人之心也哉！绝愚之人，心无所别析，意无所美恶，犹然其情不可睹，我颓然若此；澹兮其若海，情不可睹。飂兮若无止，无所系缡。①

"孩"，"借作'咳'"②，指小孩笑，"未能孩"，婴儿还不能笑时，当然指人还没有进入社会之前的本原状态。这里与众人相比，非是身的本原，而是"我"心之本原。"愚人"本以"无为""无欲"而称，而"我"又是"绝愚之人"，所以更能够"心无所别析""无所系缡"，可见，"我"心是自由的；而与自我相比，则"舍己任物，则无为而泰"。③"舍己"，不以自身之心为心，人在此状态下，由于心没有了自我存在的意识，就等于对人本身的存在的一种"虚无"感，换句话说，人的自身已经被心之主体"虚无"化了，而这一"虚无"化的结果是心彻底摆脱一切而真正进入了无所待之中，因此，人的心灵就会变得无忧无虑、处在自由的情形之下。就如西谷启治分析的那样："虚无作为自己存在的脱自性之场所而被主体化，因此虚无是属于主体自身的一面，而主体的自由或自立性则被认为是属于走出自己而进入到虚无当中的存在。"④

总的来看，王弼的自由思想虽处在萌芽状态，或者说，其理论还没有发展到自由观念这个层面，但由此下去，自由的思想是一种必然，又是一种"自然"。王弼所谈"自然"的本质在于恢复人的本然之性，两者是否一致取决于对心性的诉求，只有在保持心"虚无"的状态下，人

---

① 《老子·二十章注》。
② 楼宇烈.《王弼集校释》，第50页。
③ 《老子·三十八章注》。
④ 西谷启治.《宗教是什么》，第89页。

才能恢复或保持其本然之性，实现人之"自然"，这就要求心排斥任何外在力量有可能对之造成的影响。王弼的"应物而不累于物"实际就是在社会活动中自我意识主动地选择，以摆脱社会外力的束缚，实现心之"虚无"最直接而又现实的方法。心没有了外力的束缚，人性自然得到了解放，接下来的"自由"就顺理成章了。

受现实社会状况等多方面原因的限制以及他的玄学重点在政治而非在道德品质的习养上，其理论过多地停留在政治上而忽略了个体自由心性的培养，这也是他的"自然"暂时只能是"自然"而不能更进一步走向自由的重要原因。或者说王弼追求心之"自然"，最多也只是内心在驶向自由的路上，而不能化为实践的自由，真正将"自然"变为自由的，则是与其同时代的阮籍、嵇康等人。

三、正始时期自由思想的形成与发展——以阮籍、嵇康为例

从时间上看，阮籍生于 210 年，卒于 263 年；嵇康生于 224 年，与阮籍同年遇害；而王弼生于 226 年，病死于 249 年。所以，他们俩实际与王弼基本属于同时期之人。虽然从表面的学术渊源或根基上看，王弼哲学侧重于老子，前者侧重于庄学，但是这只是现代学者根据他们自己的理解所下的结论，具体情况未必如上所言。虽然没有直接文献证明王弼认真研究过庄子，但王弼言语里却含有许多庄子的思想或直接引用庄子文字的文本，阮籍的思想不但体现了庄子的精神，而且对老子的思想也多有研究，他的《通老论》就大约作于曹魏正始时期，另外，从阮籍和嵇康作品的写作年代看，他们的许多代表作都是在正始时期所作，如阮籍的《乐论》《通易论》《达庄论》，嵇康的《释私论》《声无哀乐论》《养生论》等。由上看来，王弼与阮、嵇的思想应该是相通的，"反映了正始玄学家的一般看法"。① 而现在部分学人从历史的路径把何晏、王弼归为正始玄学，把阮籍、嵇康等人列入竹林哲学，由此把阮、嵇等人的

---

① 王晓毅.《中国文化的清流》，北京，中国社会科学出版社，1991：155 页。

学术看成是对王弼哲学的承继，似有不妥。

从内容上看，尽管王弼哲学亦走"内圣外王之道"，但"内圣"与"外王"理论相比较，前者对后世的影响在实践中要远远大于后者。① 何为"内圣"？就是"内而治己，作圣贤的功夫，以挺立我们自己的道德人品"。而"外王"则是外而从政，以行王道。② 何晏、王弼虽然试图通过对儒道思想的整合，重新确立儒学的社会核心价值地位，以恢复社会秩序，但事实证明，不仅他们从政失败（王弼英年早逝，何晏虽然从政时间很长，但最后还是成为政治的牺牲品），而且他们的"王道"理论从来就没有被统治者所采用甚至重视过，"外王"的路显然是行不通的。"内圣"却不一样，因为它可以自我做主，无求他人，是"内治"，因此，是"求则得之，舍则失之"③，是"万物皆有备于我矣"。④ 只要个人意志所在，对个体品格修养的影响必然就会彰显。王弼哲学强调以"无"为心，心的无私、无欲自然带给个体心灵的自由、解放与主体人格的独立，可以说，王弼的"贵无论"落实到人的精神世界，对"内圣"来说是必然，对"外王"来说则是或然。

与王弼不同的是，阮、嵇注重的不是"外王"，而是"内圣"，即个体的人格修养及人生理想。在这方面，他们的践行方式与王弼从"心"开始、注重个体心性的虚静为同一路径。如阮籍借大人先生之口，表露出他对自由精神的追求和对人生境界的向往："必超世而绝群，遗俗而独往，登乎太始之前，览乎忽漠之初，虑周流于无外，志浩荡而自

---

① 陈鼓应说："因儒、道均属士人阶层，无权无位来实现外王的理想，唯有寄希望于人王，而大权在握者尽属庸碌之辈，偶有例外者，魔王总多于超圣，掌权者与浑噩之徒似乎成了连体婴，这情况时至今日之选举文化喧嚣的国度里仍触目可见。"（见陈鼓应．《道家的人文精神》，第187页。）何晏、王弼等人，虽然在朝中有一定的地位，何晏甚至已官至上层，但其思想在君主那能不能发挥作用，或是即使起到作用，程度如何，无法给予准确的判断，但不争的事实是，其内圣的思想却在社会中以个体的形式充分地反映出来。

② 牟宗三．《中国哲学十九讲》，第366—377页。

③ 《孟子·尽心上》。

④ 同上。

舒。"①"超世""绝群""遗俗"皆须由心忘记人世间所有的一切，才能从世间的荣辱富贵、善恶是非、贵贱等真正解脱出来，达到物我两忘、与天地万物同体、自由自在的精神境界，这种境界正是阮籍心目中的大人所能达到的外在具体："夫大人者，乃与造物同体，天地并生，逍遥浮世，与道俱成，变化散聚，不常其形。"② 也是古代理想人格的最高境界。当然阮籍的理想就是理想，永远只是逻辑上的推理和心灵上的寄托。

与阮籍相比，嵇康在这方面就显得现实得多，他的自由思想往往是通过对生命"长生久视"的追求体现出来，正如卢桂珍所说：

> 哲人对个体生命"存"的事实进行思考，解密的动机极大部分是来自于对自由的渴望。因此如何在诸多生命的限制中，持续不断地追求超越的可能，是哲人永恒的话题。③

对嵇康而言，最直接的原因则是对社会现状不满而自己又无能改变时，不得不转向对自我身心的关注。也如卢桂珍指出的："玄学家的理论奠基在现实生活场域的困境之上。愈是动荡扰攘的时代，迷扬般的人世愈发刺激玄学家努力地在自然和名教、理想和现实之间，寻求身与心的安顿，寄托圣境就成了共通的关注与追求。"④ 而他所谓的养生论，重点不是从物质而是从精神的角度论述对人身的影响，他注意到，"精神之于形骸，犹国之有君也。神躁于中，形丧于外，犹君昏于上，国乱于下也。"⑤ 既然精神对于人身那么重要，人就应该修心以保神。即嵇康自己所说："修性以保神，安心以全身。"但如何做到安心呢？嵇康认为：

---

① 阮籍撰，伯君校注.《阮籍集校注·大人先生传》，第 153 页。
② 同上，第 137 页。
③ 卢桂珍.《境界·思维·语言——魏晋玄理研究》，台北，台大出版中心，2010：92 页。
④ 同上，第 7 页。
⑤ 《嵇康集·养生论》，第 46 页。

"爱憎不棲于情，忧喜不留于意。泊然无感，而体气和平。"① "爱憎不棲于情，忧喜不留于意"实际是说对外界刺激而引起的"爱憎""忧喜"全不放在心上，这与王弼的"应物而不累于物"并没有太大的区别；"泊然无感，而体气和平"则显然是指内心的一种虚无而静的状态，人在此状态下，不但是"全性之本"，而且能够使心性超越世俗的羁绊而实现自由。正如他所言："夫气静神虚者，心不存乎矜尚；体亮心达者，情不系于所欲。矜尚不存乎心，故能越名教而任自然；情不系于所欲，故能审贵贱而通物情。物情顺通，故大道无违；越名任心，故是非无措也。"② "静虚""体亮"皆是心"无"所寄，所以虽然处在世俗之内，却能够不被世俗人情所累，无视人间的是与非，做到心无争扰，超然自得，实现心灵的自由与解放。

如果说以何晏、王弼为代表的正始玄学在学术上的"祖述老聃，始盛玄论"还只是人性的自然、心灵的自由等在实践中的萌芽，关注的重点还在政治，而以阮籍、嵇康为代表的竹林玄学则以"反抗名教，追求自由"为明确目标。后者通过心性的"虚无"，实现"张扬人性，呈现超拔不俗之精神，独立不屈之人格及自我之无上的价值"。③ 是心之"虚无"理论在实践中的具体展开。而这种自由的人格精神未在王弼身上显现，除前文提到过的原因外，还与王弼英年早逝、人生阅历相对比较少有着很大的关系，而且其社会活动高峰的那段时间，社会秩序相对稳定，对人生的经历或感悟就不可能如年长他许多的阮、嵇那么复杂而深刻。设想一下，假如王弼活到与阮、嵇相近的岁数，这个"不谙世事，却又颇以所长笑人，故时为士君子所疾"之人的命运及人生哲学如何，自然不难想象出。

最后需要强调的是，竹林玄学这种积极精神并没有被后来元康时代

---

① 同上，第47页。
② 《嵇康集·释私论》，第83页。
③ 江建俊.《魏晋思想文化综论》，台北，新文丰出版公司，2009：149页。

所谓的"八达"继承。① 他们只是仿效竹林之士的"迹",而不是真正掌握思想的所以"迹",《世说》中的一段话可以证实这一点:

> 魏末阮籍,嗜酒荒放,露头散发,裸袒箕踞。其后贵游子弟阮瞻、王澄、谢鲲、胡毋辅之之徒,皆祖述与籍,谓得大道之本。故去巾帻、脱衣服、露丑恶、同禽兽,甚者名之与为通,次者名之为达也。②

也就是说,他们模仿的只是阮籍的言行,而未得其精神的实质,就如余敦康所指出的:"谢鲲、王澄、阮修、王尼、胡毋辅之等人,既无政治理想,也无精神追求,只是表面上模仿阮籍、嵇康所倡导的那种旷达之风,貌合而神离,做出种种怪诞的动作。"③ 由于他们"不以物务自缨,遂相仿效",致使"风教陵迟"。因而即使在当下也被时人所诟病。江建俊通过对"竹林七贤"与"八达"具体比较后指出:

> 七贤与八达之差别者,有言一真一伪;一寓建设与破坏,一则一味纵恣而无所立;一为激愤,有所为而为,一为颓废,以放荡为目的;一为精神超越,一为形体享乐;一有著作,一则虚无混世;一多才情,颇有自觉意识,一则才不逸伦,无真性情;一表现为"遗世超俗",一表现为"顺世随俗。"④

可见,"八达"并不代表真正的玄学思想,也不代表魏晋玄学社会思潮发展的主流,真正由玄学的"自然"、心之"虚无"等理论带来的

---

① 刘义庆著,刘孝标注,余嘉锡笺疏.《世说新语笺疏·品藻》:"鲲与王澄之徒,慕竹林诸人,散首被发,裸袒箕踞,谓之八达。"
② 刘义庆著,刘孝标注,余嘉锡笺疏.《世说新语笺疏·德行》,第22页。
③ 余敦康.《郭象的时代与玄学的主题》,《孔子研究》,1988,第5期,第25页。
④ 江建俊.《《魏晋思想文化综论》,第147页。

自由精神不仅影响到魏晋士人人格品质的塑造与形成，而且有力地促进了魏晋时期的文学、艺术等方面的巨大发展，这是有目共睹的。

四、"自然"与自由的悖论

既然万物皆由"道"生、"道"成，那么作为万物之宗、万物的统一体，"道"构成并存在于宇宙的一切具体事物之中，因此它们都应效法"道"，而"道"在"生养"万物的过程中，由于自我的"无""空"的本然之性与功能性作用，被道家看作"不仁"，[①] 因为"天地任自然，无为无造，万物自相治理，故不仁也"。[②] "不仁"即无偏私。从他者的角度看，万物的存在是"道""无为无造""任自然"的结果，"无私""无为"一旦与人联系起来，必然成为人行为的规则；从人的自然本性看，人有着遵循"道"的天然潜质，但进入社会后，这种潜质往往被"社会本性"所扭曲或消解。正如孟旦先生所言："从实际的观点看，一个人的'社会本性'比他的'动物需要'更容易受到环境的影响。"[③] 而人的"社会本性"通过人的心理反映出来。如果说人的自然本性之心相对社会本性之心是"空"，那么"使之能够按照世界的本来的样子理解它的话，心的最佳状态是获得和保持一种空无和平静"。[④] 但此时的心看似恢复到自然的本性，却不是真正意义上的"自然"，因为这种"理解"需要人的主观努力，如对外界的干扰，内心或忍或抑，而"忍、抑非个体生命发自内心的确然省悟，仍是有欲而强禁"，[⑤] 是人的理性战胜人的情欲的产物，并且由于人遵物之性的"目的"或"意图"，"其功能上的

---

① 美国学者孟旦说："道经常被描述成'无'或'空'，尤其指的是不具有善恶、尊卑、美丑等任何性质。"也就是说，"道"的"空""无"是对待万物"不仁"的根源，而"天地以万物为刍狗"则是"道"之"空""无"功能性作用的实践结果。（见孟旦著，丁栋、张兴东译《早期中国"人"的观念》，北京大学出版社，2009：17页。）

② 《老子·五章注》。

③ ［美］孟旦.《早期中国"人"的观念》，第16页。

④ ［美］安乐哲，郝大维.《道不远人——比较哲学视域中的〈老子〉》，第121页。

⑤ 卢桂珍.《境界·思维·语言——魏晋玄理研究》，第86页。

对等物同样地体现在'心'这一概念中"。① 因此，此时的心已不是"自由"的。

上述情况下的"自然"是王弼第一层意义上的"自然"，即人心之无私欲的"自然"。这层意义的"自然"虽对他者或许可以做到"自然"（遵物之性），但在实践中很难做到我之"自然"，而且不"自然"所体现出的逆物之性在人身上即为心灵的不"自由"，所以从这个意义上说，"自然"与"自由"是等同的。对他者如此，对人自我也是如此。

与成就他者"自然"需要自我保持心之"自然"一样，对个人本身而言，同样需要人心悬置外在的社会制度、伦理道德、社会风俗等带给人心的束缚或影响，才能使得个体之心回归自然本性。实际就是在心之"虚无"的情况下保持"自然"状态而实现人性的解放和精神的自由，但这种摒弃外力干涉或压制意义而获得的自由，与"自然"并不能画等号。上文已经清楚地表明，完全意义上的"自然"应是万物的"本然"，是"自己如此""本来如此""自发如此"，不需要任何的前提条件。显然，这里的"自然"非完全意义上的"自然"，由此而得的心性自由也不是完全意义上的自由。如王弼所指出的，真正心性"自然"与"自由"必然是"心无所析""无所系縶""无心与外""无身与内"，身与心化而为一，心性的"自然"与自由才获得绝对的存在。

王弼所理解"自然"的第二层含义为人的本性使然，就如荀子所说："凡人有所一同，饥而欲食，寒而欲暖，劳而欲息。好利而恶害，是人之所生而有也，是无待而然者也。"② 皆可称之为我"自然"。虽然与第一层次的"自然"要求相比，这种"自然"仍出现了人之"欲"，但这种"欲"却是不需要人主观的任何努力，即如嵇康所说："夫不虑而欲，性之动也。"③ 凭借个体的本能满足欲求是不需要经过心的思虑而

---

① 卢桂珍.《境界·思维·语言——魏晋玄理研究》，第86页。
② 《荀子·荣辱》。
③ 《嵇康集·〈答难养生论〉》，第65页。

实现的，这才是真正的人心之"自然"。同样这种本能的"自然"在社会生活实践中也未必能够将之变为"自由"的现实。道理很简单，物质生产的发展水平，社会环境与个体环境的具体情况都可以成为制约本能要求的"自由"。

　　当然，王弼所说的"自然"在本质上并非完全是生理需要的"自然"，也不是人的本能意义下的"自然"，而是精神方面或者说是心理上更高层次的"自然"，因此"自然"中所隐含的自由也不是本能的自由，而是更高层次上心灵的自由。但也正因为如此，一方面自然去人化，使人们认识到自身受到局限性的所在，在摆脱外力羁绊或约束下实现心灵的"自然"，即精神上的自由；另一方面存在心灵的自我本然与个体努力下的实践层面的本然，即精神上所谓自由的差别。另外，即使是社会之心回复心之"自然"，心灵上也可以达到自由的境界，但这种心灵的自由也只能以内在的精神方式存在，而不能够付诸社会实践，除非人类社会已经发展到每一个个体的思想境界都能够达到离形去知、与天合一的程度，否则任何自由都存在与社会或他者发生不一致的潜在矛盾，自由根本无法在社会上得到实现。退一步说，如果人心真的达到天人合一的境界，人完全融入天地万物一体之中，人作为人的概念将会被改写，谁也无法预测在那种境界下人们的存在究竟有何意义或如何体会到自我存在的真实感。而现实的真实情况是，这种依靠摆脱外力羁绊或约束下回复心灵的"自然"所带来的实践层面的自由很难实现，阮籍、刘伶这些玄学名士，在现实生活中不但没有实现自我的"自然"与自由，而且对社会的风气造成了不良的影响，特别对一些借人性的"自然"带来所谓的"自由"，以满足个体生理及心理穷奢极欲的需要为目的，恣意妄行，结果败坏了社会风气，违背了人的日用伦常，造成了社会的混乱不安，与王弼"自然"理论的初衷明显背道而驰，这恐怕是王弼不愿看到的。这实际也告诉我们，人心之"自然"只有停留在个体的思想意识上才能等同自由，在具体社会实践中却缺少这种"自然"下的自由存在的基础。

第六节　对王弼人生哲学的简要总结

　　尽管有的人认为王弼哲学的初衷是调和儒、道关系，最终为其政治思想服务，但正如王晓毅所说："玄学本身的特点，就决定了它在魏晋意识形态中的作用，不可能表现在经邦治国方面，而是作为一种人生哲学，调节士族阶级的心理平衡，并通过士族社会文化心态的平衡，间接地为社会的安定发展创造条件。"① 从当时社会的背景看，王弼的"无为"学说对于君主而言，没有实践的条件，在那种战火纷扰、社会急剧动荡不安的年代，任何人如果想实现霸权，没有相当的谋略或手段是难以做到的，而王弼提倡的"无为而治"，显然非常不合时宜。另外，从理论上说，虽然君王是一国之主，但所统治的百姓都是具有独立思维的个体，即使君主可以做到"无为"，能够起到示范作用，却无法保证每个人都会各司其职或"无私""无为"，因此王弼"无为"的政治哲学在实践中是难以开展或见以成效的，倒是"无为"的理论对个体人格修养产生了非凡的影响。李泽厚说："人的自觉成为魏晋思想的独特精神，而对人格作本体建构，正是魏晋玄学的主要成就"②。

　　就理论的实践层面而言，王弼哲学的"无"主要针对的是人，包括其呈现出的"无私""无欲""无为"等功用，皆是王弼"以无为本"在实践上的展开，而展开的起点都在人心。③ 所以赖贤宗先生说，王弼之"'无'乃是偏向于'作用的保存''主体的实践境界'而言。"④ 从"无"

---

① 王晓毅.《中国文化的清流》，第 292 页。
② 李泽厚.《中国古代思想史论》，第 193 页。
③ 郑开说："心性论既居于道家哲学的中心，同时也是使道家哲学理论基础的各个部分得以衔接与整合的纽带。这句话笔者认为完全适合于王弼哲学。(见郑开.《道家的形而上学研究》，第 327 页。)
④ 赖贤宗.《道家诠释学》，北京，北京大学出版社，2010：53 页。

到"自然"的逻辑发展看，尽管王弼的"无为"思想常被看作政治上的意识形态，但"无为"之心发展的必然是人精神的自由或思想的逍遥，自由与逍遥针对的是个体，以个体的感受存在，而无为而治虽然亦是以个体君主为依托，但它面向的却是大众，就心性而言，个体永远代替不了大众。这就是王弼的人生哲学比政治哲学影响大的根本原因。不过，传统认为，阮、嵇等人的思想来源于《庄子》，追求人格的独立、精神的自由、行动的逍遥；王弼的思想来源于《老子》，追求政治的"无为而为"，但如上文所言，受社会环境及学术发展传承的影响，老子"无为""无欲"未必不是阮、嵇等人超越世俗、追求自由境界的理论诱因，而王弼心"无"及其"自然"思想也未必与《庄子》没有关系。因此，我们可以说，阮、嵇对自由、逍遥理想人格的追求与王弼"贵无"思想的人生哲学有着密不可分的联系，如果一定要说出两者之间具体的关系，那就是王弼的"自然"理论是自由思想的萌芽，而嵇、阮的自由思想则是在"自然"理论基础上的展开与发展。

从根源上看，王弼人生哲学建立在心性论基础上，心之"无私""无欲"是在现实生活中得以安身立命的基础，是在非常时期生命存在的精神家园；心之"虚无"则是人格理想所能达到的最高境界，虽然理想未必能够实现，但却为个体的人格修养指明了前进的方向。不过，"无私""无欲"与虚空并不是相互分开的，也不是存在两个心，而是两者统一于一体之下，是一体之心的精神境界在不同层次上的反映，而无论是哪个层次，皆来自人的"自然"之性。对万物自然之性的信任不但是王弼人生哲学架构的基石，是整个道家哲学的源头和出发点，也是古代哲学形成的"人类经验最优化的原则"。

总之，正如李泽厚指出的："中国哲人肯定生命、感性，把道德放在宇宙观和心性论的基础上，强调'内圣外王'，重视人本身的修养和完成。"[①] 王弼也不例外。他将个体的理性认识与感性的实践智慧结合起

---

① 李泽厚．《李泽厚哲学文存》，合肥，安徽文艺出版社，1999：484 页。

来，以宇宙论为基础，以心性论为纽带，以"无""道""自然"为衔接点，将形而上的认识论转化为实践的价值论，为"内圣外王"的最终目标构筑了完整的理论体系。

第八章 "有无之辩"与现代"自然"

安乐哲说：

> "文本"不向读者提供某种特定历史语境或哲学体系，而要求读者从他们自身经历出发，使文本阅读成为一种极具个性、独一无二且无比生动地为自身寻找意义的创造过程。读者通过多次反复阅读，并结合自身生活经历获得了该文本深邃内涵的个体独特理解……当文本的读者因时代、地域的不同不断对该文本作出自己解释的时候，文本这一不断转换的内在一致性也就形成了一个非常突出的主题。[①]

非但文本会因时代、地域的不同，使读者而产生不同的理解，文本中的概念亦是如此，而且同一概念在不同的文本中也有着不同的解释。虽然"任何概念本身总是凝固的、僵硬的"[②]，但概念在文本中与其他概念不断联系、过渡、推移和转化的过程，体现了概念内涵的相对性与文本内容之间的不可分割性，因此，当把过去的文本及其核心概念放到当下理解时，不论是文本的内涵（包括文本产生时代背景下的）还是文本中概念的内涵，总能给予时代新的意义或启发。

---

① 安乐哲、郝大维著，何金俐译.《道不远人——比较哲学视域中的〈老子〉》，第 8 页。
② 李泽厚.《批判哲学的批判—康德述评》，天津，天津社会科学院出版社，2003：216 页。

第一节　对"自然"与"有无之辩"
理论常见的曲解

　　上文已再三强调，王弼的"有无之辩"及其对"自然"的论述，根本的兴趣并不在于"重新探索宇宙的本源秩序，自然的客观规则，而在于如何从变动纷乱的人世、自然中抓住根本和要害，这个根本和要害归根结底是要树立一个最高统治者的'本体'形象……是在探索和树立某种作为能主宰、支配、统治万物的社会政治上的理想人格。"① 可见，王弼玄学理论在根本上是对"人的探索"，"人格主体是'无'的哲学本质"。② 也是王弼玄学的核心所在。因此就"有无之辩"理论的目的而言，并不是了解作为自然万物的存在方式或者本质，这与古代天文学家研究季节的演变不仅是为了研究时间运作的规律，而且是为了在掌握其规律的基础上更好地为农业生产和人类生活服务是一样的道理。针对现实社会的矛盾，王弼不是从人类社会现有的原则寻找解决问题的方法，而是试图追根溯源，从作为客观存在的自然万物出发思考人，以避开人的主观意识对社会认知所产生的干扰，确保所形成的认知对指导人类社会的运作法则或规范具有绝对性、普遍性和永恒性，因此，王弼自然主义理论的真正目的，是沿着天人合一的路线，把天地万物与人看成宇宙完整不可分割的一个整体，指出人应如自然万物一样，对他物及人类自身以"自然"为体，以"无为"为用，率性而为，不以有为而伤及性命，保持人类社会的和谐有序统一，重点在人，而不在自然界（物）。正如我们已经得出的结论：王弼"有无之辩"的理论，应是以"自然无为"为理论基础，在政治上试图为封建君主提供一套治世的方案，为普

---

　　① 李泽厚.《中国思想史论》上，第199页。
　　② 同上，第200页。

通老百姓提供一种生活的方式和生活的态度,为士人提供一个理想的人格境界,从而实现社会的安定和谐,使人们的生活幸福圆满,人生价值和意义的充盈。也就是说,如果说王弼哲学中人是目的的话,那么自然界(物)则是手段。

从上述王弼哲学的本质看,王弼的"有无之辩"所涉及的自然哲学,不过是对天地万物以"无"为始,"有"生万物过程的描述,揭示出"道"创生万物而万物却自在自为的"自然"之性,指出"道"以"无"的方式在万物存在及发展中的原则作用,由之得出人对万物的态度应是"顺物之性""归之自然"等结论。但上述并不能得出王弼就是现代版的生态保护主义者,或者王弼有着生态保护之义的结论。一方面,我们应该注意到,王弼重视的是自然界中与人事相关的或者可以为人利用的内容或特征,而不是去了解或重视与人无关的自然界的存在;另一方面,根据当时自然科学发展的水平,王弼追溯万物本原存在着更多的猜想与自我预设,而不可能真正告诉我们万物的本原到底是什么。他以"无"称"道",借用"无"及"道"的观念,不但没有能够使人们对自然界万物及人类的根源和特性认识清楚,反而在某种意义上使人们对自然界及人类自身更"有一种无法探明的神秘性或模糊性,这意味着人类对终极存在的认知的局限性。"[①] 包括现在,自然科学发展到如此地步,我们对自然及人类相关的许多问题仍然处在未知或不定的状态。之所以如此,正如柯林武德所说:"人类科学家通过观察和实验所能研究的自然界,(还)是一个人类中心的世界。它仅仅由那些时间段和空间范围都限于我们观察视野的自然过程所组成。"[②] 这种由经验层面出发展开的理论推理与分析,其目光必然受到具体时空条件的制约,而且自然界的自我暴露对人的认识来说也是一个过程,这个过程的无限性本身就要求人们对之认识亦无穷尽,因此,仅从科学性方

---

① 刘笑敢.《老子古今》,第325页。
② [英]柯林武德.《自然的概念》,北京,北京大学出版社,2006:28页。

面，王弼对自然界的认识程度与现代自然科学的认知相比，无疑是非常肤浅的。如果是在没有彻底认清自然界包括人类自身之前，就谈所谓自然的生态观，只是学人的一种臆想。这种臆想之所以能够被现在许多人承认，一方面是在自然界被现代人类无情的破坏而给予人类报复后所激起的一种必然的思维，在本质上是对大自然有可能继续报复人类的一种恐惧，而对于王弼来说，恰恰是对自然的一种敬畏和信仰。另一方面，王弼的"自然"概念在本源上说指的是物之"自然"，而物皆是天地所生成，因此不能说王弼之"自然"与当今的"自然界"没有关系，但与今天所指的自然界的"自然"显然是两回事，这在学界早已达成共识，而王弼强调的"顺物之性"的确有不伤之义，仅此而言，也只表明王弼哲学的某些理论为现代社会解决生态问题提供了某些思路或启发，并且王弼之"物"不仅仅指具体自然之物，还用于指人及社会之事，或者说，"顺物之性"不仅在自然物，还在人及人事上面。上述两方面的曲解也是有可能造成部分学人或大众误以为王弼有自然生态观的重要理由之一。

对王弼思想另一常见的曲解是关于"自然无为"理论。认为王弼强调"自然"忽略了人的主观能动性和人在社会生产生活中的实践意义，主张"法自然"就是无所作为，这是对王弼哲学很大的误解。"自然""无为"应是同一问题两个层面的事情，对天下之物而言，万物之"自然"是因"道"的无为，"道"不但是万物的创生者，而且是"万物"的成就者，因此，对人而言的"无为"是遵"道"而为，这样的"无为"需要个体的自我约束、个体主观的努力方可做到。另外，遵"道"才能够顺物性而为，而遵"道"首先必须真正了解和研究物，懂得万物在天地之间运行的规律和秩序，才能够知道物性，才可以做到顺物性而为。这难道不需要人的主动性和意志的力量吗？何况物之"自然"的天理转化为人心的一种意识本身就需要人主观意志的努力，就如杨国荣所指出的："化自然为人文的基本条件是主体自身的努力，（同时也）蕴含着对主体力量的确信。"① 可见，王弼的"自然无为"，是需要个体意志努力的"顺物性而为"，人不但要有为，而且不能妄为。实际上，在中国古代哲学中，表达"无为"之"有为"的王弼并不是第一人。《淮南子·修务训》中说：

> 若吾所谓无为者私志不得入公道，嗜欲不得在正术，循理而举事，因资而立，权自然之势，百曲故不得容者，事成而身弗伐，功立而名弗有，非谓其感而不应，攻而不动者。若夫以火熯井，以淮灌山，此用己而背自然，故谓之有为。若夫水之用舟，沙之用鸠，泥之用辆，山之用蔂，夏渎而冬陂，因高为田，因下为池，此非吾所谓为之。

排除"私志""嗜欲"，"循理而举事，因资而立功"的行为绝不是消极地作为就能完成，更不用谈真的无所作为，② 因此，对王弼"自然无为"的理解，正如冯友兰总结的那样："所谓无为者，不是无人为之，亦不是说无人努力为之；若是人之事，必须人为之。所谓无为者，即谓此等人为，并不是矫揉造作，而是顺乎自然。"③ 由此可以看出，王弼之"无为"非但不缺乏主动性及社会实践层面的功用，反而，只有积极主动才能真正实现无为，且人是为的主体，为的意义就在于人事与社会的和谐统一。

---

① 杨国荣.《思与所思：哲学中的历史与历史中的哲学》，第10页。
② 稍晚的郭象对"无为"的见解也证实了"无为"并非是什么事都不做，而是"委必然之事"之"无为"："夫高下相受，不可逆之流也；小大相群，不得已之势也；旷然无情，群知之府也。承百流之会，居师人之极者，奚为哉？任时世之知，委必然之事，付之天下而已。"（见郭象《庄子·大宗师注》。）
③ 冯友兰.《三松堂全集》卷九，第123页。

第二节 "自然"与自然界

尽管我们一再强调王弼对"自然"的关注，表面上看关注的是自然界中万物属性的问题，本质上却是通过对物本然性质及存在方式和发展原则的研究，为社会提供了一个可以仿效或遵循的规律与法则，为当下社会秩序的失衡寻找到一条可靠而坚实的路径，为个体人生寻找安身立命之地，物的"自然"成了人的"自然"，就是学人常说的人化了的"自然"。但从反面看，人的"自然"来自物的"自然"，因此也可以称之为物化了的"自然"。物之"自然"的本身实际体现着整个自然界自我存在状态，因为自然界是由天地万物而构成的，而天地万物在"道"的统领下自相治理，"自然"地存在着。因此，物之"自然"实际就是自然界之"自然"。可见，对于"自然"与自然界的上述关系，两者之间非但不是处在对立的地位，反而在本质上并没有根本的区别。而人作为自然界的组成部分，在本然上与物并无二异，与物一样，人之"自然"也是自然界之"自然"，所以与其说王弼之"顺物之性"，以物之"自然"为原则，不如说是以自然界运行或存在的方式为原则。说到底，人之"自然"与物之"自然"的关系，其实就是人与自然界的关系，这种以"自然"人与自然界共享物我一体的理念实际仍是中国传统哲学"天人合一"整体观的真实体现：① 即把构成自然世界的天地万物（包括人在内）称作"有"，认为一切物的"有"是在世界中的有，没有了世界，单独的"有"构成不了世界，世界是众"有"的世界，就是在"此

---

① 余敦康说："何晏、王弼的贵无论的玄学实质是一种天人之学，这也是直接继承了经学思潮发展而来的。"（见余敦康．《王弼何晏玄学新探》，第2页。）《世说新语·文学》亦可证实，"和平叔注《老子》，始成，王辅嗣，见王《注》精奇，乃神伏曰：'若斯人，可与论天人之际矣'。在稍早些的汉代的经学思潮也依据不同的经典来探讨"天人之际"。例如董仲舒说："天人之际，合而为一。"（见《春秋繁露·深察名号》。）

事物的'有'中，世界成了世界。"① 这是王弼哲学的基础和前提，认识不到这点，他的这个理论就如无根的大厦，必然倒塌，因为万物之间如果缺少了这样内在的有机联系，自然界将不是统一整体的世界，人与万物共同的创生之"道"（"无"）（尽管它只是人的一种意向性的观念）则不存在，那么遵循"道"也就无从谈起。回过头来看，"道"（"无"）观念的产生是以人的感性为中介，由自然事物和人间现象世界出发、逆向追溯而成，所以，王弼说："道不违自然，乃得其性。"② 遵循了"道"，也就遵循了物之性，遵循了整体的自然界，也包括脱胎于自然界的人类世界。由此可见，王弼的"自然"虽然不同于今天的"自然界"的概念，但两者在本质上却有着高度的相关性与一致性。

不过，无论是相对于具体之人或物的"自然"还是作为人和物总体的自然界之"自然"，它们必须依靠人来实现，这一点在王弼哲学中有着明显的体现。它首先预设了自然界及内部组成部分有自我调节、和谐发展的能力，并对由此形成万物自我必然而又自然地存在与运作原则"道"的信任。这样"道"虽是在物的生成与存在发展的过程中彰显出来，但这种彰显必须依靠作为主体人的实践智慧来完成，所以就"道"或自然界而言，它们处于被动地位，对人而言，却体现了人的主观能动性。一方面，人之本然与他物一样，最初也是符合天道自然的，只是后来在人的主观能动性之下增加了非本然的东西，这不但改变了物之"自然"，也改变了人之"自然"的行动轨迹，从而造成物与人偏离天道自然的原则而使得自然界与人类社会关系失衡；另一方面，人可以借此能动性来恢复由此造成的破坏。对于后者，王弼提出了"顺物性而为""自然无为"的方法，它的本质是通过人类的实践智慧，使自然界之"自然"化为人之"自然"，把"自然对象主体化，人的目的对象化"。③由此可见，王弼的"自然"从根本上说体现了人与自然界的关系，或者

---

① 西谷启治.《宗教是什么》，第 179 页。
② 《老子·二十五章注》。
③ 李泽厚.《李泽厚哲学文存》，第 605 页。

说，以人观之，"自然"与自然界之间存在逻辑与事实的双重联系。

从历史价值的角度看，关于人与自然界之间的关系，王弼的"自然"理论克服了汉代带有迷信及宗教色彩的"天人感应论"，使得人对天的认识又回到了自然之天的轨道上来，"对于扩展人的思维空间、培育人的博大胸怀、增强人们的辩证思维能力、深入研究宏观世界和微观世界，都有重要的启迪作用"。① 例如他说："物皆不敢妄，然后万物乃得各全性。"② 从物的本身去观察其特性，而不是从人的主观价值层面判断和看待自然万物，这对于汉朝时期人们的思想被禁锢在万物由有意志的神灵支配上的状况来说，无疑是一种思维方式的重大改变，有利于个体思维的发展与人性的解放；再如，王弼有言，"上承天命，下绥百姓"③，"不为事主，顺命而终"。④ 君主的"顺命"告诉人们，在天与人之间，君主已经明确改变了原来所扮演的角色，人们在君主面前不再是完全处于被动地位的，而且对天的认知也不需要经过君主的中介或传达，同样可以把握天的本质以及与人之间的联系，可以说，是王弼正式展开了天与人的直接对话。

从现代意义上讲，我们说王弼"自然"关注的重点不在于万物及其自然界本身，但并不否定在实质层面对之产生的价值导向，也就是今人所说的"生态观"。传统认为，在老子"自然无为"思想中就已经隐含着最早期的人类生态文明。"自然无为"的核心在于尊重和顺从，这种尊重和顺从直接体现在对主体自然界中所有他者自然本性的"顺性而为"，因为万物存在的"自然"恰是其运作法则的真实反映，因此对万物"自然"的伤害，无疑也是对自然法则的一种破坏，长此以往，整个自然界的和谐将会被打乱，"天人之间便会形成各种张力并趋向分离，进而导致各种生态问题"。⑤ 而自然界首先是人类从中获得物质资料的唯

① 赵保佑等．《老子思想与人类生存之道》，第40页。

② 《周易·无妄注》。

③ 《老子·五十九章注》。

④ 《周易·坤注》。

⑤ 杨国荣．《哲学的视域》，第64页。

一来源，也是人生存的物质性空间，任何一方面出现问题都会给人类的生存造成巨大的威胁。也就是说，人与自然的和谐是人类生命的根基，没有自然界和人类的和谐相处，人类社会其他的一切都无从谈起，因此，了解自然，尊重自然，是人类的当务之急。在这个意义上说，这种"自然无为"的理论的确为保护自然界提供了一定的借鉴作用，传统的观点并没有什么问题。这里关键是如何理解"顺物之性"，怎样才能做到"顺物之性""自然无为"。如果以之为指导，是否一定能够实现人与自然界的和谐相处？对于这些问题，有些学人或避而不谈，或回答的比较模糊，所以，即使他们认为"自然无为"有所谓的"生态观"思想在里面，也不过是给统治者或那些"虽然偶然地在大自然中散步，但这并不意味着人们都很了解那个大自然，或者很关心它"① 的人提个醒而已。他们既没有看到今天生态环境迅速恶化的根源，也没有领悟到老子、王弼等人"自然无为"的本质。

笔者认为，生态问题的根本原因在于自然界失去了生态平衡，而不在于动了物之性。一方面，万物在存在与发展过程中，相互之间的影响和作用也在不断地改变着物之性，但由于自然界本身具有自我的运作法则和调控能力，所以，它们可以在改变中取得自我修复与相互之间变化的平衡，它的平衡是一种动态的平衡。如果人类能够在自然调控能力范围内合理地利用物、改造物，即使是对物性有所破坏或改变，也可以通过自然界自身的调节得到自行修复，甚至可以在修复中获得发展与进步的动力。因此，在自然界自我调控能力的范围内，人对物不完全顺物之性而有所作为，也未必出现生态问题。另一方面，人本身也具有调控自我与他者关系的能力，人在改造物的时候也可以起到与大自然相同的调适作用，但如果对物的改造超出了人的调控能力范围，就会破坏自然界的生态平衡。由此可以看出，环境的问题并不在于顺不顺物性，而是人对自然界的

---

① ［荷兰］托恩·勒迈尔著，施辉业译.《以敞开的感官享受世界》，桂林，广西师范大学出版社，2009：17 页。

行为是不是在自然界和人调控能力的范围之内。而现代社会的情况是，人对物质享受的无限贪欲远远超过了个体实际需要，使得大量的自然资源被超限度地开采和蚕食，部分国与国之间进行的军备竞赛也浪费了自然界有限的资源，甚至包括一些科学对物性无限制地开发和利用，所有这些对自然界的生态系统都造成了严重的毁坏，自然界和人已无力通过自我调节来恢复。而且部分学人盲目自信，夸大了人类对自然界改造和征服的能力，助长了人无视自然界自有规律而对自然肆意妄为的风气。由此产生自然灾害的频繁发生、物种的急剧减少、大气环境的不断恶化等问题。这样的结果正如恩格斯指出的："我们不要过分陶醉于我们人类对自然的胜利，对于每一次这样的胜利，自然界都会对我们进行报复。"面对大自然的报复，人类又不得不付出巨大代价去修补，由此形成了恶性循环。

由上可以看出，自然界或者说生态系统遭到破坏，问题的根本不在是否"顺物之性"，而在人的心态上，是人的过度贪婪才导致了对大自然的无限制地索取甚至是掠夺，才造成自然的失衡。所以说，生态问题实际就是人的问题，生态问题的解决首先要"从人的角度加以考察和理解"。① 而王弼"自然"理论带给我们的正是这一点，无论对万物还是对自我，人作为万物之中的能动者，必须有着"自然"之心，才能善待物性。因此，一方面，在社会生产活动的过程中，人类对待自然界应尽量"顺物之性"，减少对物性本身的伤害，保持物性"自然"；另一方面，也是最主要的方面，人类应该控制对物质欲望的无限追求，降低对自然资源无谓的消耗，提高个体的精神境界的需求，保持一颗"自然"之心，这样才能有效地保护自然界，而不是等到破坏以后再去修复。况且，现在问题的急迫性在于对自然界的有些破坏可以通过人的努力进行还原，但有些修复则需要用相当长的时间，最可怕的是有些方面一旦破坏根本就无法进行补救。

---

① 杨国荣.《哲学的视域》，第67页。

第三节 "自然"与我自然

哲学是时代精神的体现,而哲学的基本问题是人如何活,为什么活(李泽厚语),因此,一个人如何存在于这个世界反映了一个时代哲学精神发展的真实面貌。王弼的"自然"思想虽然体现的是魏晋时期士人在人生观、价值观等方面的理想和追求,但任何一种文化精神除了具有时代性、历史性外,更具有继承性、发展性,当下的文化精神总是在过去文化精神积淀的基础上形成的,同时也预示着未来文化精神发展的倾向或目标。因此,我们有理由相信,王弼的"自然"哲学思想必然会给现代社会的人在人生观、价值观以及人格修养、人生理想等方面所遇问题提供有益的启示。

作为个体,人首先是具体的自然存在,因此,我们称之为"我自然"。"自然"以字面的意思理解,应是自我如此的状态,它含有自我存在或发展之义。从前者看,正如安乐哲所指出的:"自"是一个非具体化和反身性的概念。"① 所谓"反身性",是说自我的存在不是独立的,而是需要一定的语境才能说"自我",即"自我"总是处在众者之中;从后者看,作为天然的存在,人总是同于万物,以自我为动力自相治理,发展是自我的发展。不过,同前者一样,这种自发性也具有语境化的倾向。可见,我自然需具备两个条件:一是外在的环境,二是内在的自发。也就是说,只有外在的环境不会对"我"造成影响或伤害,自己才可以自我为之,我自然才得以存在,同时我自然还需要个体自我的主动争取。但在人类社会之中,人的存在从根本上说是被语境化的,总是被限定在一定的自然、社会、文化等环境中,虽然正是有了它们所扮演的角色和相互联结,才建构了我们今天的社会之人,让我们的生活充满

---

① 安乐哲、郝大维.《道不远人——比较哲学视域中的老子》,第79页。

了实际的意义，感受到自我的存在价值，但也正是由于它们的存在与联结，才使得人更容易失去自然的我，这种失去是造成当今社会上人与人之间尔虞我诈、恃强凌弱、你争我夺以及社会秩序混乱的根本原因。显然，这些矛盾或冲突绝不是因为失去生理意义上的自然造成的，而是因为人心理的改变。因此，只有恢复心理上的本然，矛盾或冲突才会消失，人才可以回归自然的我。而在现实社会中，统治者一般采取行政或法制的手段从外在环境解决上述矛盾和问题，但实际效果并不理想，主要的原因就在于外在的力量并不一定能使人心真正改变，而王弼人之"自然"理论却为问题的根本解决提供了较为切实可行的思路。

上文已明，王弼的人之"自然"，主要是心之"自然"，即思想与情感的"自然"[①]，是相对于外在环境刺激而引起的意识和情感之心而言的心的本然状态，这种状态就是心之"虚无"，在实践中体现出"无私""无欲""无为"。"无私欲"，不企望或企图占有或控制别人的思想意识；"无为"，遵从他者，不采取强制性的手段对待他人，顺他者之性，尊重他者。这些充满敬意的心态使得个体能够站在公正的立场考虑问题，为他者着想，不但表现出与社会公共道德的一致性，而且彰显了个体的自我品格。换言之，这正是社会保持和谐有序与人"自然"存在的根本所在。可见，人之"自然"不仅适用于魏晋时代，而且对于今日和谐社会的建立具有积极的意义。

事实上，我自然不仅涉及与他者和社会的关系，与它们和谐相处，还涉及自己，如何与自己身心和谐，即如何感受到自我存在的价值和生活的意义，以便给我自然的存在提供生存的活力和动力。

与万物一样，人的生灭变化过程由超越其上"不变的'一'，即自在而无限的终极之道"[②] 所主宰，但很明显，这种理解偏重于"道"在

---

① 安乐哲说："'心'的本来意思就是'思想和情感'，无论在派生的意义上还是在隐喻的意义上，它都是人类经验得以集结、联合的器官。"（同上）安乐哲说的极是，如果我们不把心看作思考的器官，不是思想、情感的存在之地，中国古代典籍或著作但凡涉及"心"的地方是无法在逻辑上贯通的。

② 牟复礼著，王立刚译.《中国思想之渊源》，第69页。

万物生成过程中所表现出的规则特征及不变性，这些规则与特征并不是按照时间意义上的先后顺序来看待的，而是强调它们在各个阶段上的共时性，以展现在"道"的统领之下万物无限的、没有终结流动的"自然"。实际上，非但物变动不居，"道"本身的内容亦随着物的变化而变化，对人而言，个体之性是在"道"的流变过程中，在不同的时空里随"道"而成，并随时代发展而发展变化，虽然这种变化非短时可以看到，需要极其漫长的过程，但变化是绝对的，因此，人性在不同的时代反映出的内容也不尽相同。由于人物质性的自然本能，如在饥渴冷暖等生理性方面的反映是不变的，所以人本然之性的变化主要是指精神上的变化，这种变化是社会的实践经验经过时间和历史的沉积逐渐融入人的血液而形成人的普遍心理，并在客观生活中自然地体现出来。① 由于个体本身存在不变的生理性的"自然"（如寒暖饥饱等）与变化着的精神上的"自然"，这两种"自然"因处在同一体内相互影响、相互作用而出现矛盾或对立又不能得到及时协调的情况，从而导致人的心理发生扭曲，因此在这个意义上说，人生理上的自然欲望反而成为时代之人自我发展的束缚，而且随着社会的发展和物质产品的极大丰富，这种束缚会日益凸显。

由于不适当地强调物质发展的重要性所带来的物质财富的巨大增长，使得人们无法抵御感性给予人生理上的满足与愉悦，个体身上动物性的"自然"如洪水下山，泛滥而狂暴。但依靠物质刺激带给人肌肤、生理上的满足感只是暂时的，一旦这种意识消退，人则会在内心深处感觉到精神的空虚，于是还会继续寻求生理上的刺激，结果只能是心灵更加的迷茫，不知所措。在这"一满一空"的互动中，现代文明的进步并没有使人们生活的幸福感得以提升，反而让人感觉到每天精神萎靡不

---

① 现在看来，老子"虽有舟舆，无所乘之，虽有甲兵，无所陈之。使人复结绳而用之，甘其食美其服，安其居，乐其俗"（《老子·八十章》）这种社会理想实际上只看到了人的基本生理与心理的不变，而忽略了人类社会历史前进的脚步，不但是物质发展的一种倒退，也是人精神发展的反动。

振,不但生活失去了动力和方向,长此以往也会伤及个体生理上的存在,同时会使社会风气遭受极大的破坏。尽管如此,任何人也阻止不了物质发展的前进脚步,因此,人只有通过意志的努力与这种欲望"独立"或"视而不见",才能使"一个理性的存在者产生能自行选择目的的理由归为最终目的。"① 这就是康德先生所说的"自然向人生成"(李泽厚语)。人不再仅受生理自然的支配,而是以精神为主导,人才能统一于我自然当中。不过,这里的我自然已经不再是原始意义上的我自然,而是经过人的主观努力,在协调与他者和社会关系的同时,实现自我内在生理与心理上的平衡后所呈现的客观存在。王弼"应物而不累于物"的思想显然与上述问题的存在及解决的有效途径明显地具有一致性。"应物",不脱离现实世界;"不累于物",不为物所累,不为外在物的刺激处在被动之中。而要做到这一点,王弼认为,只有内心保持"虚无",才能激发个体的本能意识,实现人心之"自然",即可"不累于物"。也就是说,既然人精神的颓废与迷茫由物欲所致,那么人心的"虚无"已经排除了"病因",则"病"自然会消失。这是从消极方面的作用看的。从积极方面看,对现代人而言,心之"虚无"不但能够使人摆脱外部世界与自我物欲对心的牵制而造成的困顿、纷扰,而且在人格修养、价值取向、精神境界等方面都发挥着建设性的导向作用。以精神境界为例,人心在"虚无"的情况下,可以避免外在力量对心的规约和限制,做到"虚壹而静",就如庄子所言:"万物无以足以铙心者,故曰静也。"② "人生而静","虚静"是人生的极笃,而心一旦进入了"虚静"状态,只要"轻叩人的自发性这一内在的源泉,则能够在直接感受的层面上审美地参与这个世界"③,享受这个世界带给个人类的美好境界。

总之,王弼的"自然"理论,就个体而言,在消解外部环境对人性

---

① [德]康德著,韦卓民译.《判断力批判》,北京,商务印书馆,1964:95页。

② 《庄子·天道篇》。

③ 安乐哲、郝大维.《道不远人——比较哲学视域中的老子》,第99页。

造成的异化、提高个体人格修养、发挥个体的创造力、实现思想自由方面，具有较强的启发和导向作用；而在历史的长河中，对于塑造中华民族人性的文化——心理结构也扮演着重要的角色。

结　语

通常来看，学人把哲学关注的重点分为两类：一个是大自然，另一个是人的生命。传统认为西方哲学偏重于大自然，被称为"知识的学问"，而中国哲学着眼于人的生命，被称为"生命的哲学"。这只是相比较而言，事实上西方哲学在关注自然的同时，当然也会涉及生命、涉及人；而中国哲学在关注生命、关注人的同时，从来也没放弃对自然的认知，在古人的心目中，宇宙自然与人类存在本来就是完整不可分割的统一体，正如《易传》中所言：

> 有天地然后有万物，有万物然后有男女，有男女然后有夫妇，有夫妇然后有父子，有父子然后有君臣，有君臣然后有上下，有上下然后礼仪有所错。①

所以尽管中国古代哲学以人为中心，但总是把人与天地万物联系起来，沿着"宇宙本原、万物发生、人事规律"这样一条思路由宇宙普遍秩序（天道）推演出社会秩序（人道），然后借天道以制约或规范人道，人道服从于天道，天道成为中国哲学重要组成部分的事实。天人之间存在这种密切的关系，就如有些学人所说，中国古代的农耕经济在不自觉

---

① 《易传·叙卦》。

中促使人们在与自然亲密的交往中关心它的各种变化，这是再正常不过的了，而正是"对自然循环往复的意识强化了自然在价值框架中的角色"。① 这种价值角色的强化实际是中国古代哲人注意到了在社会实践中天人之间关系的不可分割性，因此，"天人合一"的思想一直是中国古代哲学的核心内容。虽然不同时代对天人关系的理解并不一致，但基本上可以分为实然和应然两种情况：实然以现实社会中人、自然、社会的具体关系为指向，应然则表示理想的天人关系。

之所以存在这样的区分，是因为在应然和实然之间始终存在着难以完全弥合的张力，"从古至今，人类便不停地面临着三大冲突，人与自然的冲突，人与人之间的冲突，人与自己内心的冲突"。② 表面上看，这些冲突是由多重因素交织而成的，但根本的原因还在于人，就如牟宗三所说："征服自然容易，征服自己困难。人最后的毛病都是自己。"③ 在实际生活中，由于个体或某一群体之人易于被感性的物欲所羁绊而求于自身之外时，在不自觉中就把我与他者对立起来，而原先质朴的心灵开始出现困惑、混乱到最后推动自我的本然，不仅无法认识自己，而且会因个体认知的误差产生天下各种关系的错位和矛盾，势必造成社会秩序失衡与个体自我内在精神纠结及与他者关系紧张。这就是为什么王弼以人为出发点而强烈关注天人关系的根本原因。从消极方面看，是为了寻求解决当下社会的矛盾或问题的出路，而积极的意义在于"人类一直靠轴心时代所产生的思考和创造的一切而生存，每一次新的飞跃都回顾这一时期，并被它重新燃起火焰"。④ 王弼的"有无"思想与"自然"之论在魏晋时代可谓是一支光辉耀眼的火炬，在今天看来，它仍然在人类文明前进的道路上起着灯塔的作用。

王弼论"道"贵"无"，追求人性"自然"，延续了中国古代传统的

---

① 牟复礼著，王立刚译．《中国思想之渊源》，第 2 页。
② 陈鼓应．《道家的人文精神》，第 79 页。
③ 牟宗三．《中西哲学会通之十四讲》，第 15 页。
④ ［德］雅思贝尔斯．《历史的起源和目标》，北京，华夏出版社，1989：94 页。

思维方式，由天道至人道，从天心建人心的人化道路，但又有其自我的扩展。王弼论"道"，是因为"道"不但创生万物，成为万物之本体，而且是万物包括人在内必然遵守的原则和规范；王弼"贵无"，贵的是"无"的功用，"无"义不止一种，它包括"道"的存在形式、万物之属性、心之"自然"的状态，而正是"无"在它们身上所发挥的基本作用，才把"道""物""自然"有机地联系起来：无在"道"上表现的作用是"无为"；在"物"上表现为保持物为该物的独立存在，即物之"自然"；在"自然"上表现为人的顺物之性；而"道法自然"，以"自然为性"，这样"道""物""自然"三者在"无"的作用下相互联结，形成完整的理论体系。在这个理论体系中，王弼追求或强调的人之"自然"则是其玄学的价值核心所在，其实践上的意义首先是为统治者提供治国安邦之策，以恢复社会的秩序，实现社会的和谐发展，但最后成就的并非政治思想，而是人生的哲学。这就是本书的基本思维理路。下面就对此再稍作总结与评价。

无论是"道""无"还是"自然"，它们在大多数场合都是以观念的形式而非概念的形式出现在人们面前的。虽然两者都来自人的知性作用，但就康德看来，概念"只能应用于现象，而不能应用于物自体，所以它们所成的只是现象的知识。"① 实际是说概念来自时空中的具体之物，虽然康德认为时空是由人的主体而发，但这个主体的发随感性而表现，因此说到底，概念是在知性的条件下，借助逻辑思维自具体时空下的具体之物而产生的，非可任人"随心所欲"。② 对于观念，与概念最大的不同是可以不经过感性对具体之物认识，而由智的直觉直达对象的认知，也就是说用人的理性或知性去构想一个没有具体时空下的对象，这

---

① 牟宗三.《中西哲学之会通十四讲》，第 184 页。

② 牟宗三说："一说概念，严格说当该依逻辑学中所言之概念而定其义。逻辑学中的概念要下定义，以后有其内容（intention）与外延（extension），把内容与外延弄明白后才能成为概念，成为一个概念就有客观性、普遍性。"（见牟宗三.《中西哲学之会通十四讲》，第 127 页。）显然，概念定义中的关键两点：一是逻辑性，二是与客观相一致性。后者实际就是对人的限制性。

样的对象在人心里形成的观念在现实中并不能找到与它匹配的具体之物，因此常常超出了经验的范围，我们称之为超越的观念。正是因为超越了经验的可能界限，才能对世界的无限通过人的主观意念进行刻画或描述。不过，即便如此，同样不代表可以任意地设想。以康德而论，所谓的超越是指非靠经验而是先于经验而存在的东西，但它又不能离开经验，必须能够统领或驾驭经验方能成就该观念，也就是说，这种观念的设想必须在经验的范围内受经验的限制而产生，是建立在对万物本原的想象而非概念的认知上的。虽然观念本身不具有实在性，但它们带有主体人明显的主观意图，因此这些观念具有价值意义，所以对于社会实践来说，它又具有理论的实在性。① 由上可见，在大多数情况下，王弼的"道""无""自然"只是指向宇宙人生论的一种观念，而不是真正意义上的概念。至于它们之间的联系，恰如孟旦所说，与其说是"符合逻辑，不如说是纯粹的修辞学"。②

就认知而言，知性为自然立法，王弼将"道"描述为万物之本原与万物发展过程中所遵守的原则；"无"或为"道"之存在的形式、或为具体之物构成的部分、或为物之本然之性；"自然"既可指物之本然，亦可指物存在的根本状态。就实践层面而言，"道"为"人道"，"无"为心之"虚空"，"自然"为人性的本然。本来，无论何物、何事、何人，就其本身而言，无所谓意义的存在，即"物无自性"，必须以人的存在而生"性"，类似佛教中的"依他起性"，但我们这里强调的不是物物之间的因缘相生，而是指有了人的参与与赋予，万事万物才有了"性"、有了意义，道理很简单，这种体现在他者身上的意义其实不过是人的价值取向而已。王弼在知识论上强调"道"的"无形""无名"，天

---

① 所以康德认为，"以中国的词语，超越的解析是用的解析，形而上的解析是体的解析"。（见牟宗三 .《中西哲学之会通十四讲》，第 132 页。）这其实也应验了我们的观点，即"无"作为观念，王弼注重的并非是"体"，而是"用"。康德的这种看法无疑是对此比较贴切的证明。

② 这句话原是孟旦对道家思想缺乏系统论证的一种说法，但笔者觉得，王弼的"道""无""自然"三者的关系同样存在这样的特征。（见孟旦《早期中人的观念》，第 129 页。）

地的"无心"、物的"空无",不过是为了强调它们"以无为用"或"无为"罢了,而人的"无欲""无事""无争""无知"将此意识付诸实践,必然也是"无为"。这样,王弼就可以将抽象出来的天地万物自我生成、自我运动之性转换为人的意识,从而实现从天道向人道,从物之"自然"向人之"自然"的贯通,以及从认知层面向实践层面的过渡,以实现其最终的价值目标或取向。

心性论可谓是王弼哲学最为突出的特征,心性不仅是各个部分衔接的纽带,而且是其玄学思想内容的核心基础。无论是知性上"道"的"无为"向实践层面人的"无为"的转化,还是从物之"自然"向人之"自然"的转化,以及价值取向的最终完成,人的心性的衔接起到关键作用。王弼认为,人们如果要守万物之道,遵道而为,首先必须对其有着正确的认识,而现实世界中,人的"成心"是认识的是非之源,[①] 必须保持内心的"虚无",即人的本然之心,显现出内心的澄明,避免因认识的主体内心存有的自我之意对认知的干扰,才能正确认识物之道。之所以如此,王弼认为,人与其他万物一样共存于天地之中,人性的本身体现着天地之道,道存在于人心之中,发现了本心,"道"即在内心显现。相对于人的社会之心(成心),人的本然之心则呈"虚无"的状态,所以,要想获得对"道"的认知,他强调保持心之"虚无",就是要消解"成心",回归本然之心。就如牟复礼分析的那样:"这些知识(带有成心的认知)只是关于外在世界中事物的相对的知识,要想获得真知,只能反求诸内心。"[②] 人们对"道"有了正确的认知,在实践中就

① 关于"成心",上文我们已经引了《庄子·齐物论》中的一段话,并稍作解释。在庄子看来,有成心就有是非,而是非之心并不是生来就有的。牟宗三也说,"成心"是"由成习而成的心灵状态,由习惯、经验累积而成的这么一个心灵状态,这个状态就形成大的偏见。"(见牟宗三.《中西哲学之会通十四讲》,第 90 页。)但庄子对是非的态度是超越它们,而不是改变或正视它们,所以牟宗三认为庄子在这一点上是消极的。另外,在庄子看来,一切皆是人的主观的思想,因此并没有一个统一的是非的标准,这样就容易陷入相对主义或虚无主义当中,王弼在此虽就社会来说,仍有消极之意,但就个人而言,则表现出在恶劣社会环境中对人生的积极态度及人格理想的追求。

② 牟复礼著,王立刚译.《中国思想之渊源》,第 84 页。

可以顺道而为，就是王弼说的"无为"。这样，在心的连接下，天之道就转换为人之道。

在社会实践中，同样突出心扮演的重要角色。对作为统治者的君主而言，王弼认为，最理想的政治就是"无为而治"，君主若做到"无为""顺物性而为"，即顺"道"而为，不能以个人的意志而为，则必须保持内心的"无私""无欲"，即保持人的本然之心，或人的本然之性，就个体的存在而言，这种本然之心的存在则被王弼称为人之"自然"；对百姓来说，同样需要人心的"虚无"，保持人的本然之性，才能够效法"道"，才能"应物而不累于物"，使个体能够正常存在于社会之中。而所谓的"应物而不累于物"，就个体的人生而言，指既不能沉沦于外在的世俗世界，为世俗所累，亦不能游离于现实社会，失去自我存在的根基，而是要在寻常生活中，面对纷繁杂乱的社会，在内心中保持一种无私无欲的心理，才能够在现实面前不被外在的势力所左右，排除它们的侵扰，实现社会生活的正常化与遵道而行的人格独立。不过需要指出的是，不论是君主的人之"自然"① 还是普通人的人之"自然"，这里的"自然"并不是要求人们回到人心的本原状态。他们的"无私无欲"是从社会的成心有欲返回到无欲、从有私返回到无私，不可能再是人类原始本能的无意识，而是有着明确目的，发现的只是本然之心的功用，而不是心的本原内容。所以心之"无"并不是"人之初的那种自然蒙昧，或者赤子的无知"之"无"，而是拥有了许多社会经验知识却能够排除一切干扰并能够发挥本然之心之功用的"无"，因此王弼哲学与原始道家老子的思想复归于婴儿相比，显然更具有发展之义。反之，如果认为王弼的人之"自然"是原始意义上的"自然"，不但与现实社会生活脱钩，社会的虚无使人在日常生活中难以找到安身立命之所，而且会使得个体的生命对人生价值或理想动力的消退甚至是寂灭，人生的态度就会

---

① 王弼认为，人心的无私无欲就是人心之本然，体现的就是人的自然之性，前文已论，这里特作说明，以免有逻辑混乱之嫌。

日益变得消极、颓废，这与王弼积极的社会政治理想及追求高远的人格理想是背道而驰的。

最后，就王弼哲学的价值取向与意义而言，王弼哲学的主要目的是为统治者提供治国安邦的思想理论，最终给予的方法是"无为"而治。很明显，他的这种理论在现实中不过是空中楼阁，至少在他所处的魏晋时代没有实践的可操作性，所以也就谈不上所谓的作用和影响，但对个体而言，其作用或影响就显而易见了。由于"无为"强调人心的"无私""无欲"，甚至是"虚空"，在动乱的时代，它消极的意义在于安身立命，为心灵找一个栖身之所；积极的意义在于培养个体的人格修养、提高个人的人格魅力以及塑造人生理想等，对个人发展发挥了建设性的作用。而对于整个魏晋社会来说，"虚无"理论使得人的思想获得了自由，人性得到了前所未有的解放，整个社会风气为之一变。非但如此，王弼的"自然"思想不但在魏晋时代产生了重大的影响，而且随着历史的发展逐渐融入中华民族文化心理的结构中，成为士人人格修养与实现价值理想的重要途径。他的心之"无私""无欲""虚无"理论对于今日生活在和平年代的人们也无不具有启发意义！

但同时我们也应看到，心的"虚空"使得人之"自然"带来了负面效应：一方面，人之"自然"强调人的内在性，肯定主体自身的存在意义，虽消融了个体与他者之间关系的紧张，使自我从主体间的关系走向封闭超越的自我，从而形成以自我为中心，忽略了他者对自我存在的意义及自我对他者的责任或义务，这样不但不能保持个体在实际社会中内心的本然，反而导向内心的异化；另一方面，人之"自然"所带来的"顺性而为"的结果是人的行为由"顺性"变成了"任性""随意性"，它与人心的自发性有着很大的区别。自发性（顺性）的行为正如安乐哲所说："是一种镜像式的反应。这种行为本身是对与之呼应的'他者'的涵纳和包容……涉及对自我和'他者'连贯关系的承认，而且这种回应是以个体行为促进自我与他者皆可获益的方式进行的。"① 而"任性"则恰恰相反，总是以自我为中心，顺自己性情而为，而不会顾及他者的利益或感受，且这种顺性没有任何限度，就如吕坤所说："自然者，发之不可遏，禁之不能止。"② 纵容只能使人性远离有效的宽泛，不但伤及了他者与社会，亦伤及了自己。在魏晋玄学发展的后期，社会上出现许多放荡不羁的所谓名士，他们已经偏离了玄学的基本精神，所作所为只会给社会带来弊端、给自己与他人造成危害，毕竟，人总是生活在具体的群体之中，"吾非斯人之徒而谁与"？因此，较为理想的状态是，人的"自然"与"自然"的人相结合，即当社会的原则与人的"自然"原则得到协调一致时，"自我无疑既可体验到人之为人的尊严，又能摆脱外在人为的束缚而始终保持创造的个性和超脱的人生取向，而这正是自我安身于世不可或缺的"。③ 对这种人格及人生理想的追求，不但是王弼人生哲学的根基所在，也是整个魏晋玄学的追求。即如唐君毅所指出的："魏晋思潮及玄学的精神功能、精神实质是庄而非老，因为它所追求和树立的是一种富有情感而独立自足、绝对自由和无限超越的人格本体。"④

从总体上看，王弼对理论的架构并非西方式的纯粹的逻辑推理，而是仍遵循中国哲学传统的思维方式，以人社会生活的实践经验与理性的结合通过人心的综合构筑而成。或者进一步说，"只有从人的能动的社会实践活动中去理解客观世界和人的本身，才能理解人的认识，才能理解人的感性和理性"。⑤ 这或许是其哲学核心范畴如"无""道""自然"等充满模糊性、不确定性、多义性的根本所在，因为实践本身就是一种充满变数的动态过程，需要人们对概念避免静止、僵化式的理解；另外，人的感性、理性、语言本身的特性也使得很难有绝对的

---

① 安乐哲、郝大维.《道不远人——比较哲学视域中的老子》，第 30 页。
② （明）吕坤.《呻吟语·谈道》卷一，《吕坤全集》中，北京，中华书局，2008：641 页。
③ 杨国荣.《理性与价值》，上海，三联书店 1998：53 页。
④ 唐君毅.《中国文化之精神价值》，桂林，广西师范大学出版社，2005：35 页。
⑤ 李泽厚.《李泽厚哲学文存》，第 557 页。

语言能够准确完整地反映出作者所要表达思想的真正内涵。当然有些内容的本身只能以非语言的方式体会出来，就如怀特海所作的比喻："母亲们心里可以沉思默想许多事情，而这些事情往往是语言难以表达的。"[①] 但正是这种不仅是一种认知模式和思维能力，也不仅是一种 wisdom 与 intellect，更是人内心的心理结构和情感态度相互渗透而形成的一种知性结果，使得王弼哲学的范畴既包含了认识论的内容，也包含了如伦理学、人生价值观甚至美学方面的内容，并将它们有机地融合在一起。同时，人的心理总是随着时代和历史的变迁而变化着，这使得人们对这些范畴的把握更具有灵活性、不确定性。不过正是有了上述特征，不仅对王弼哲学，而且对中国哲学而言，它们才具有无限的生命力，才使得我们对传统经典的研究常研常新，成为中华民族传承千年而生生不息的精神的源泉和动力，也是中华民族保持民族个性与独立的承续力量。

从现代意义看，古代这种智力结构与价值层面的交融，"从内容到形式，从道德标准、真理观念到思维模式、审美趣味，都在直接间接地、自觉不自觉地影响、支配甚至主宰着今天的人们"。[②] 因此，反思古代人们的思维模式，科学地探究它们的内容、特性，有意识地比照它们在现代生活中可能产生的影响，对于今天的中华民族来说，无论是改造或重新构造民族的心理结构还是培养和发展新时期的民族智慧，使中华民族能够永久屹立在世界民族之林，都有着重大的理论与现实意义，也是中国哲学应承担的历史责任和伟大使命。而就王弼哲学研究的现代意义而言，我们可以用柏拉图的一段话来作一类比回答并以此作为全书的结束语：

照料各种事物只有一种方式，这就是给它提供与其体性相

---

① 转引安乐哲.《道不远人——比较哲学视域中的老子》，第 33 页。原文出自怀特海.《未完成的宗教（Religion in the Making）》，纽约，麦克米兰出版社，1926：67 页。
② 李泽厚.《中国思想史论》上，第 301 页。

和的食物和运动。与我们体内那个神圣的原则相符的运动就是思想和宇宙的旋转。每个人都应当通过学习宇宙和谐运动来纠正我们头脑的运动过程，这个过程在我们初生时就遭到歪曲，我们要使思想的存在与思想同一，更新它的原初性质，在达到这种统一后过上诸神摆在人类面前的最幸福的生活，既为人类的当前，也为人类的未来。

本书研究的不足及对未来研究的展望

在本书即将结束之际，要提一些不足或遗憾：

第一，笔者尽量想做到"承上"，但却没有能够"启下"。学人已注意到魏晋玄学与宋明理学之间的关系非同一般，其中较早看到此问题的是书中已提到的汤用彤先生，但他只是一提，并没有进行具体的研究，此后持此观点的还有李泽厚、成中英等人，如成中英说："魏晋玄学不仅促进了佛教在中国的迅速发展，还影响到了宋明理学。"①而真正展开研究的有王葆玹，如他的《从王弼〈周易大演论〉看朱熹象数之学的渊源》（载 1991 年《朱子学刊》第 4 辑）；朱汉民，其代表作为《玄学与理学的学术思想理路研究》（中国社会科学出版社 2012 版）。而作为魏晋玄学的主要代表人物，其思想对宋明理学会产生影响这是必然的，而本书并未涉及，应该是不足和遗憾。

第二，学人常常强调王弼哲学是援道入儒、以道释道或儒道交通，这种说法本身的前提就把儒道之间的关系对立起来，而造成这种局面的原因或许是把自司马迁的分法视为圭臬流传至今形成的一种习惯性的思维方式而已。事实上，这种对先秦学术的分法使得它们本来相互联系的不同观点变成了所谓的对立面并逐渐被无形夸大。我们并不能否认司马迁区分的合理性，但这只是司马迁个人的理解，未必是放之四海而皆准

---

① 见田永胜《王弼思想与诠释文本》中成中英为田作的序。

的真理。就如对老子与庄子思想的看法一样，传统认为《老子》在前，《庄子》在后。但从他们的思想内容上看，很难说清孰先孰后，或者哪些就一定属于老子，哪些一定属于庄子。到目前为止，学界也没有最终达成一致。这就说明人们习以为常的观点未必站得住脚，就如现在学人将王弼哲学的性质定为援道入儒、以道释道或儒道交通的观点一样。至于站不住脚的具体理由是什么，暂时还给不出更多的文献或理论作为支撑，或许自己的见解有所不足。总之，这里面还有许多要进一步认真思考的空间。

第三，王弼哲学来源于《周易》《论语》《老子》，但据《晋书·王衍传》记载："魏正始中，何晏、王弼祖述老庄立论。"也就是说，王弼哲学不仅仅建立在老、易之上，亦有庄子思想作为背景。事实上，王弼哲学在很多方面都可以体现这一点。例如王弼说圣人有情而不累于情，庄子则在《庄子·德充符》说："有人之形，故群与人，无人之情，故是非不得与身。"再则，王弼说"顺自然而行，不造不施"，庄子在《庄子·山木》则有"与时俱化，而不肯专为，一上一下，以和为量"。从上都可以看到两者之间的对应之处，但由于种种原因，许多与庄子相类的观点并没有展开分析，这样就有可能造成对王弼思想的理解有不足、不实之处，甚至可能出现理解偏差，虽然从现存有关王弼的史料看，王弼并没有对庄子作注，甚至没有有关庄子的直接评论，但从其对老子所作的文本的注释中，经常能够看到引用庄子的原文或内容作为自己对老子的理解，因此可以这样说，王弼哲学中吸收或借鉴了庄子部分思想或观点。这也是笔者对王弼哲学思想研究的一点不足之处。

总的说来，对王弼乃至魏晋玄学的研究，从作为普遍知识的掌握，到逐渐地深入，在不断的学习和研究中，笔者也深有所感，借王晓毅的话说："自汤用彤先生之后，学术界对正始玄学的研究并没有取得突破性的进展。"[①] 虽然这是王晓毅在 20 世纪 90 年代初提出来的，但给我的

---

① 王晓毅.《中国文化的清流》，中国社会科学出版社：178 页。

感觉是这种状况仍然存在，部分细节的不同观点改变不了整个理论体系的内在结构，而且对王弼知识论研究的重点仍放在"以无为本"的基础理论上；在实践层面，重点关注的仍然是其政治理论——名教与自然的关系；在儒道问题上，没有从学术整体的发展角度看待王弼哲学与儒道的关系，仍然是把儒道对立作为前提。限于个人的学识，也许这些问题已经解决，或者这些问题根本就不成立。笔者还是希望此文能够起到抛砖引玉的作用，为魏晋玄学未来的研究拓展更广阔的思路。

主要参考文献

一、典籍类（包括今人校释笺释之作）：

[1]（唐）孔颖达. 周易正义：上［M］. 北京：中国书店，1987.

[2] 蒋锡昌. 老子校诂［M］. 台北：东升出版事业有限公司，1980.

[3] 高明. 帛书老子校注［M］. 北京：中华书局，2004.

[4]（汉）河上公等. 道德经集释［C］. 北京：中国书店，2014.

[5]（汉）严遵. 老子旨归译注［M］. 王德友译注，北京：商务印书馆，2004.

[6]（元）吴澄. 道德真经注［M］. 上海：华东师范大学出版社，2010.

[7]（唐）成玄英. 南华真经注疏［M］. 北京：中华书局，1998.

[8]（清）郭庆藩. 庄子集释［C］. 北京：中华书局，1961.

[9] 程树德. 论语集释：上［C］. 北京：中华书局，2013.

[10] 王焕镳. 墨子集诂［C］. 上海：上海古籍出版社，2005.

[11]（清）王先谦. 荀子集释［C］. 北京：中华书局，2008.

[12] 杨伯峻. 孟子译注［M］. 北京：中华书局，1980.

[13]《管子校正》，诸子集成：第五卷［M］. 北京：团结出版社，1996.

[14] （晋）葛洪．抱朴子内篇校释 [M] //诸子集成：第八卷．北京：团结出版社，1996.

[15] （汉）王符著，汪继培笺．潜夫论 [M] //诸子集成：第八卷．北京：团结出版社，1996.

[16] 杨伯峻．列子集释 [C].北京：中华书局，2012.

[17] 刘文典．淮南鸿烈校释 [C] //刘文典全集：第一卷．合肥：安徽大学出版社，1999.

[18] （汉）许慎．说文解字 [M].北京：九州出版社，2001.

[19] （汉）董仲舒．春秋繁露 [M].北京：中华书局，1992.

[20] （汉）高诱注．吕氏春秋 [M].上海：上海书店，1986.

[21] （汉）司马迁．史记 [M].北京：中华书局，1965.

[22] （汉）班固．汉书 [M].北京：中华书局，1962.

[23] （汉）王充．论衡 [M].上海：上海人民出版社，1974.

[24] （南朝）范晔．后汉书 [M].北京：中华书局，1964.

[25] （南北朝）刘勰．文心雕龙 [M].北京：人民文学出版社，1957.

[26] （三国）刘劭撰．人物志 [M].合肥：黄山书社，2010.

[27] 楼宇烈．王弼集校释 [M].北京：中华书局，1980.

[28] （北齐）颜之推撰．颜氏家训集解 [C].王立器集解，上海：上海古籍出版社，1980.

[29] （唐）房玄龄．晋书 [M].北京：中华书局，1974.

[30] （晋）陈寿撰．三国志 [M].裴松之注．北京：中华书局，2006.

[31] （隋）吉藏．中论、北论、十二门论：上 [M].上海：上海古籍出版社，2011.

[32] （晋）僧肇著．肇论校释 [M].革和，张春波校释．北京：中华书局，2010.

[33] （南朝）刘义庆．世说新语笺疏 [M].刘孝标注，余嘉锡笺

疏．北京：中华书局，1983．

［34］（晋）阮籍撰．阮籍集校注［M］．陈伯君校注．北京：中华书局，2014．

［35］鲁迅．鲁迅辑录古籍丛编：卷四［C］．北京：人民文学出版社，1962．

［36］（宋）程颢，程颐．二程集：上［M］．北京：中华书局，1981．

［37］（宋）陆九渊．陆九渊集［M］．北京：中华书局，1980．

［38］（宋）朱熹．四书章句集注［C］．北京：中华书局，2011．

［39］（宋）朱熹．朱子全书［M］．合肥：安徽教育出版社（上海古籍出版社），2003．

［40］（明）王阳明．王阳明全集［M］．北京：线装书局，2012．

［41］（清）顾炎武．日知录集释［C］．黄汝成集释．长沙：岳麓书社，1994．

［42］（清）王夫之．船山全书·张子正蒙注：第12册［M］．长沙：岳麓书社，1996．

［43］（清）王夫之．老子衍、庄子衍、庄子通［M］．北京：中华书局，2009．

［44］（清）钱大昕．潜研堂集：上［C］．吕友仁校点．上海：上海古籍出版社，2009．

［45］（清）赵翼．二十四史札记：卷七［M］．王树民校证．北京：中华书局，2001．

［46］（清）段玉裁．说文解字注［M］．上海：上海古籍出版社，1981．

［47］（清）戴震．戴震全书：第六卷［M］．合肥：黄山书社，1995．

二、论著类（国内，以文中出现的先后为序）：

［1］汤一介，胡仲平．魏晋玄学研究［M］．武汉：湖北教育出版社，2008．

［2］汤用彤．魏晋玄学论稿［M］．北京：三联书店，2009．

［3］侯外庐等．中国思想史：魏晋南北朝卷［M］．北京：人民出版社，1957．

［4］冯友兰．三松堂全集：第九卷［M］．郑州：河南人民出版社，2001．

［5］冯契．冯契文集：第五卷［C］．上海：华东师范大学出版社，1997．

［6］王晓毅．儒释道与魏晋玄学的形成［M］．北京：中华书局，2003．

［7］王晓毅．王弼评传［M］．南京：南京大学出版社，1996．

［8］劳思光．新编中国哲学史［M］．桂林：广西师范大学出版社，2005．

［9］田永胜．王弼思想与诠释文本［M］．北京：光明日报出版社，2003．

［10］容肇祖．魏晋的自然主义［M］．北京：东方出版社，1996．

［11］李泽厚．美学三书［M］．合肥：安徽文艺出版社，1999．

［12］陈鼓应．道家的人文精神［M］．北京：中华书局，2012．

［13］蒙培元．心灵超越与境界［M］．北京：人民出版社，1998．

［14］康中乾．有无之辩——魏晋玄学本体论思想再解读［M］．北京：人民出版社，2003．

［15］张立文．中国哲学逻辑结构论［M］．北京：中国社会科学出版社，2002．

［16］汤一介．郭象与魏晋玄学［M］．北京：北京大学出版社，2000．

［17］程宇宏、夏当英．道家与中国哲学［M］．北京：人民出版社，2004。

［18］牟宗三．中国哲学十九讲［M］．上海：上海古籍出版社，1997．

［19］高新民．有无之辩与人生哲学［M］．武汉：华中师范大学出

版社，2013.

[20] 余敦康. 何晏王弼玄学新探 [M]. 北京：方志出版社，2007.

[21] 章启群. 论魏晋自然观：中国艺术自觉的哲学考察 [M]. 北京：北京大学出版社，2000.

[22] 高晨阳. 儒道会通与正始玄学 [M]. 济南：齐鲁书社，2000.

[23] 牟宗三. 才性与玄理 [M]. 长春：吉林出版集团有限责任公司，2010.

[24] 杨国荣. 存在之维 [M]. 北京：人民出版社，2005.

[25] 刘翔. 中国传统价值观诠释学 [M]. 上海：华东师范大学出版社，2010.

[26] 郑开. 道家的形而上学研究 [M]. 北京：宗教文化出版社，2003.

[27] 张岱年. 中国古典哲学概念范畴要论 [M]. 北京：中国社会科学出版社，1989.

[28] 江建俊. 魏晋思想文化综论 [M]. 台北：新文丰出版公司，2009.

[29] 唐君毅. 中国哲学原论·原性篇 [M]. 北京：中国社会科学出版社，2005.

[30] 张世英. 天人之际：中西哲学的困惑与选择 [M]. 北京：人民出版社，1995.

[31] 王晓毅. 中国文化的清流 [M]. 北京：中国社会科学出版社，1991.

[32] 许抗生. 魏晋南北朝哲学思想研究概论 [M]. 天津：天津教育出版社，1991.

[33] 张祥龙. 海德格尔思想与中国天道 [M]. 北京：中国人民大学出版社，2011.

[34] 唐君毅. 中国哲学原论·导论篇 [M]. 北京：中国社会科学出版社，2005.

[35] 牟宗三. 中西哲学之会通十四讲 [M]. 长春：吉林出版集团有限公司，2010.

[36] 杨国荣. 思与所思——哲学中的历史与历史中的哲学 [M]. 北京：北京师范大学出版社，2006.

[37] 刘梦溪主编. 中国现代学术经典：金岳霖卷 [M]. 石家庄：河北教育出版社，1996.

[38] 许抗生. 魏晋玄学史 [M]. 西安：陕西师范大学出版社，1989.

[39] 刘笑敢. 老子古今 [M]. 北京：中国社会科学出版社，2006.

[40] 陈赟. 中庸的思想 [M]. 北京：三联书店，2007.

[41] 李泽厚. 中国古代思想史论 [M]. 合肥：安徽文艺出版社，1999.

[42] 荆州市博物馆. 郭店楚墓竹简 [M]. 北京：文物出版社，1998.

[43] 杨国荣. 哲学的视域 [M]. 北京：三联书店，2014.

[44] 韩国良. 道体·心体·审美——魏晋玄佛及其对魏晋审美风尚的影响 [M]. 北京：中华书局，2009.

[45] 余英时. 人文与理性的中国 [M]. 上海：上海古籍出版社，2007.

[46] 余英时. 士与中国文化 [M]. 上海：上海人民出版社，2003.

[47] 张立文. 心 [M]. 北京：中国人民大学出版社，1993.

[48] 杨国荣. 成己与成物——意义世界的生成 [M]. 北京：人民出版社，2010.

[49] 冯治库. 无之基本问题——中西哲学对无的辨析 [M]. 北京：人民出版社，2013.

[50] 杨国荣. 理性与价值 [M]. 上海：三联书店，1998.

[51] 谭宇权. 老子哲学评论 [M]. 台北：文津出版社，1992.

[52] 胡适. 中国哲学史大纲 [M]. 北京：团结出版社，2009.

［53］钱穆．庄老通辨［M］．北京：九州出版社，2011.

［54］王庆节．解释学、海德格尔与儒道今释［M］．北京：中国人民大学出版社，2004.

［55］张汝伦．《存在与时间》释义：第一卷［M］．上海：上海人民出版社，2012.

［56］边家珍．经学传统与中国古代学术文化形态［M］．北京：人民出版社，2010.

［57］陈鸿翔．人间词话注评［M］．南京：江苏古籍出版社，2002.

［58］殷义祥．三曹诗选译［M］．成都：巴蜀书社，1989.

［59］王强模．古诗十九首评译［M］．贵阳：贵州人民出版社，1991.

［60］卢桂珍．境界·思维·语言：魏晋玄理研究［M］．台北：台大出版中心，2010.

［61］赖贤宗．道家诠释学［M］．北京：北京大学出版社，2010.

［62］李泽厚．批判哲学的批判——康德述评［M］．天津：天津社会科学院出版社，2003.

［63］唐君毅．中国文化之精神价值［M］．桂林：广西师范大学出版社，2005.

三、论文集类

［1］梁启超，章太炎，闻一多等．国学大师说老庄及道家［C］．昆明：云南人民出版社，2009.

［2］汤一介．汤用彤选辑［C］．天津：天津人民出版社，1995.

［3］汤用彤．燕园论学集［C］．北京：北京大学出版社，1984.

［4］叶秀山．中西智慧的贯通：叶秀山哲学文化论集［C］．南京：江苏人民出版社，2002.

［5］哲学研究编辑部．中国哲学史论文集：第一辑［C］．济南：山东人民出版社，1979.

［6］李景林主编．京师中国哲学：第一辑［C］．哈尔滨：黑龙江人民出版社，2010.

［7］陈鼓应主编．道教文化研究：第十四辑［C］．北京：三联书店，1998.

［8］冯友兰．中国哲学史论文二集［C］．上海：上海人民出版社，1962.

［9］成中英主编．本体与诠释——中西比较：第三辑［C］．上海：上海社会科学院出版社，2003.

［10］汤用彤．汤用彤学术论文集［C］．北京：中华书局，1983.

［11］李泽厚．李泽厚哲学文存［C］．合肥：安徽文艺出版社，2009.

［12］李泽厚．中国哲学：第二辑［C］．北京：三联书店，1980.

［13］汤用彤．汤用彤学术论文集［C］．北京：中华书局，1983.

［14］赵保佑等．老子思想与人类的生存之道［C］．北京：社会科学文献出版社，2011.

四、论著类（国外）

［1］［古希腊］柏拉图．理想国［M］．谢文郁，译．上海：世纪出版集团，2005.

［2］［日］沟口熊三．中国的思维世界［M］．刁榴等译．北京：三联书店，2014.

［3］［德］海德格尔．形而上学导论［M］．熊伟、王庆节，译．北京：商务印书馆，1996.

［4］［德］海德格尔．形而上学是什么［M］//存在主义哲学资料选集．熊伟，译．北京：商务印书馆，1997.

［5］［日］柳田圣山．禅与中国［M］．北京：三联书店，1988.

［6］［美］安乐哲，郝大维．道不远人：比较哲学视域中的老子［M］．何金俐，译．北京：学苑出版社，2004.

［7］［日］西谷启治．宗教是什么［M］．台北：联经出版有限公司，2011.

［8］［Rudolf A. Makreel and John Scanlon. *Dilthey and Phenomenology*，［M］. Washington Press 1987.

［9］［英］斯蒂芬·霍尔盖特．黑格尔导论［M］．丁三东，译．北京：商务印书馆，2013.

［10］［德］康德．纯粹理性批判［M］．邓晓芒，译．北京：人民出版社，2004.

［11］［德］海德格尔．路标［M］．孙周兴，译．北京：商务印书馆，2000.

［12］［德］汉斯·格奥尔格·梅勒．《道德经》的哲学——一个德国人眼中的老子［M］．刘增光，译．北京：人民出版社，2010.

［13］［英］柯林武德．自然的观念［M］．北京：北京大学出版社，2006.

［14］［德］黑格尔．哲学史讲演录：第一卷［M］．北京：商务印书馆，1959.

［15］［美］牟复礼．中国思想之渊源［M］．王立刚，译．北京：北京大学出版社，2009.

［16］［德］马克斯·韦伯．儒教与道教［M］．南京：凤凰出版传媒集团，2010.

［17］［英］休谟．人性论［M］．北京：商务印书馆，1980.

［18］［美］威廉·詹姆士．实用主义［M］．李步楼，译．北京：商务印书馆，1979.

［19］［英］洛克．人类理解论［M］．北京：商务印书馆，1981.

［20］［德］马克思，恩格斯．马克思恩格斯选集：第1卷［C］．北京：人民出版社，1972.

［21］［日］池田知久．道家思想的新研究［M］．郑州：中州古籍出版社，2009.

[22] [德]尼采. 上帝死了 [C]. 戚仁,译. 上海：三联书店,1997.

[23] [法]笛卡儿. 第一哲学沉思集 [M]. 北京：九州出版社,2007.

[24] [德]马克思. 一八四四年经济学——哲学手稿 [M]. 北京：人民出版社,1979.

[25] [德]马克思,恩格斯. 马克思恩格斯文集：第四卷 [C]. 北京：人民出版社,2009.

[26] [法]福柯. 主体解释学 [M]. 佘碧平,译. 上海：上海译文出版社,2014.

[27] [英]鲁惟一. 汉代的信仰、神话和理性 [M]. 王浩,译. 北京：北京大学出版社,2009.

[28] [德]康德. 实践理性批判 [M]. 关文运,译. 桂林：广西师范大学出版社,2002.

[29] [英]约翰·穆勒. 论自由 [M]. 严复,译. 上海：上海三联书店,2009.

[30] [德]黑格尔. 精神现象学 [M]. 北京：商务印书馆,1979.

[31] [美]孟旦. 早期中国"人"的观念 [M]. 丁栋,张兴东,译. 北京：北京大学出版社,2009.

[32] [荷兰]托恩·勒迈尔. 以敞开的感官享受世界 [M]. 施辉业,译. 桂林：广西师范大学出版社,2009.

[33] [德]康德. 判断力批判 [M]. 韦卓民,译. 北京：商务印书馆,1964.

[34] [德]雅思贝尔斯. 历史的起源和目标 [M]. 北京：华夏出版社,1989.

五、期刊类

[1] 杨国荣. 论魏晋价值观的重建 [J]. 学术月刊,1993 (1).

［2］宁新昌．论魏晋玄学中的"自然"境界［J］．孔子研究，2009（1）．

［3］庞朴．谈玄说无［J］．光明日报，2006，5.

［4］何其民．玄学笔谈［J］．孔子研究，1994（3）．

［5］向世陵．中国哲学的"本体"概念与"本体论"［J］．中国哲学研究，2010（9）．

［6］高晨阳．论玄学"有""无"范畴的根本义蕴［J］．文史哲，1996（1）．

［7］叶秀山．世间为何会"有"、"无"？［J］．中国社会科学，1998（3）．

［8］杨义银，赵明．从宇宙生成论到本体论［J］．西南师范大学学报，1992（2）．

［9］洪涛．道家自然理路的历史演进［J］．江淮论坛，2004（5）．

［10］余敦康．郭象的时代与玄学的主题［J］．孔子研究，1998（3）．

后 记

　　作为后记，本应说些与本书有关的东西，但我却想说几句题外话，或是人生感悟之类的吧，总之与文章内容的干系不大。

　　读博的时候，我已经近不惑之年，在这个尴尬的年纪，上有老，下有小，中间还有妻子。当朋友或亲戚听说这件事的时候，几乎全是反对的声音。毕竟已经结婚生子，有家庭要照顾，有父母要赡养，自己还有一份很不错的工作。再读书图什么呢？何况那么大的年纪，精力跟得上、能够按时毕业吗？但我并没有听从他们的劝告而踏上了自己人生又一次求学之路。说实话，当我来到学校，导师告诉我们近几年按时毕业的不足半数，而且这个专业毕业后也不很好找工作时，我真的有些后悔了，不毕业肯定找不到工作，毕业了，也未必能够找到工作。毕竟人首先要解决吃饭的问题，对我而言，还有很多的责任和义务必须承担。但开弓没有回头箭。我还是留在了学校。

　　接下来我唯一要做的就是发奋读书。经过四年的时光，我还是如期完成了学业。虽然论文没有评上优秀（在送盲审的三位老师中有一位老师给了我半数的C，其他两位老师给的都是优秀，且有一位给的全部是A），但在学习期间，发表了多篇C刊文章，并出版了近30万字的专著，也算是对我四年努力的一种回报。当然这其中的艰辛与心理的折磨只有我自己知道。现在回忆起来总有些后怕。这里我想说的是，当读书首先还是人的谋生手段时，特别是学习社会科学的，要忍得了清贫，耐得住寂寞，坐得了冷板凳，然后才能够享受到读书的乐趣。逆而思考，这或许是我为什么要继续坚持读书的原因吧。

如今，我时常还想起我的妹夫。在我报道的第一天晚上，他们一家人在我的教室外边等了我两个多小时，让我去他家吃饭；还能记得他送给我的那辆自行车，想起他们买的日用品……而妹夫在我毕业的前一年就因病去世了，毕业请他喝酒的承诺我已无法实现。每每想到这，泪水早已溢满眼眶！感谢我的亲人、亲戚、朋友的支持，没有你们，就没有我的今天！你们的好我会永藏在心里！

最后，本书是我的博士论文，只有少部分做了修改，其中的章节已经公开发表，特作此说明。